Curación de la
dependencia emocional

LEONARDO TAVARES

Curación de la
dependencia emocional

CURACIÓN DE LA DEPENDENCIA EMOCIONAL

© Copyright 2023 - Leonardo Tavares

Este título puede adquirirse en grandes cantidades para uso comercial o educativo.

Para obtener información, envíe un correo electrónico a realleotavares@gmail.com.

Todos los derechos reservados. Ninguna parte de este libro puede ser reproducida, almacenada en un sistema de recuperación ni transmitida de ninguna forma o por ningún medio, ya sea electrónico, mecánico, fotocopia, grabación, escaneo u otro, excepto por breves citas en reseñas críticas o artículos, sin el permiso previo por escrito del editor.

En ningún caso se responsabilizará al editor o autor por daños, reparaciones o pérdidas monetarias debido a la información contenida en este libro, ya sea directa o indirectamente.

Aviso Legal:

Este libro está protegido por derechos de autor. Es solo para uso personal. No puede modificar, distribuir, vender, utilizar, citar o parafrasear ninguna parte o contenido de este libro sin el consentimiento del autor o editor.

Aviso de Exención de Responsabilidad:

Tenga en cuenta que la información contenida en este documento es solo con fines educativos y de entretenimiento. Se ha hecho todo el esfuerzo para presentar información precisa, actualizada y confiable. No se declaran ni implican garantías de ningún tipo. Los lectores reconocen que el autor no se dedica a la prestación de asesoramiento legal, financiero, médico o profesional. El contenido de este libro ha sido derivado de diversas fuentes. Consulte a un profesional con licencia antes de intentar cualquier técnica descrita en este libro.

Al leer este documento, el lector acepta que en ningún caso el autor será responsable de las pérdidas, directas o indirectas, incurridas como resultado del uso de la información contenida en este documento, incluidos, entre otros, errores, omisiones o inexactitudes.

Primera edición 2023

Que este libro sea un faro,
Un consuelo para su corazón afligido,
Que él pueda traer la certeza
De que la superación de la dependencia emocional
Puede ser alcanzada con el autoconocimiento.

La dependencia no es eterna,
Porque el amor que compartimos con aquellos que amamos
Va más allá de la dependencia, supera las circunstancias,
Y se convierte en una fuente inagotable
De aprendizaje y crecimiento.

Que sus dificultades puedan ser transformadas en esperanza,
Y que las memorias sean un refugio,
Que sus lágrimas puedan ser limpiadas por el amor propio,
Y que la sabiduría pueda iluminar el camino
De aquellos que están enfrentando este momento de dolor.

Este libro es un homenaje a todos
Que ya han transitado el camino de la dependencia emocional,
Y a todos que están enfrentando el dolor de la separación,
Que él pueda ser un refugio de confort y esperanza.

Y que, incluso en los momentos más difíciles,
Podamos encontrar fuerza y esperanza
Para seguir adelante, para valorar el pasado,
Las lecciones que hemos aprendido,
Y para vivir nuestras vidas
Con amor propio, gratitud y fuerza.

ÍNDICE

Prólogo 11

1. Reconociendo la Dependencia Emocional 13
Comprendiendo lo que es la dependencia emocional 13
Identificar señales y patrones de dependencia emocional 14
Aceptando la importancia de enfrentar este desafío 28

2. Aceptación y Autoconocimiento 29
Explorando las posibles causas de la dependencia emocional 29
Reflexionando sobre experiencias pasadas y relaciones que contribuyeron a tu dependencia emocional 34
Autoestima y autoimagen: Pilares de la dependencia emocional 39

3. Cultivando el Amor Propio 44
La importancia del amor propio en la superación de la dependencia emocional .. 44
Cómo desarrollar una autoestima saludable 49
Prácticas de autocuidado y valoración personal 56

4. Reconstruir Relaciones Saludable 61
Aprender a establecer límites saludables 61
Identificar relaciones tóxicas y aprender a alejarse de ellas 67
Cómo comunicar tus necesidades de manera asertiva 72

5. Cuidando del Cuerpo y la Mente 81
Descubriendo pasiones y pasatiempos que te llenen 81
La importancia de tener una vida social equilibrada 90
Cómo mantener el enfoque en uno mismo, incluso estando en una relación 100

6. Desarrollando Resiliencia Emocional 117
Lidiando con el rechazo y la ruptura de relaciones 117
Transformar el sufrimiento en crecimiento personal 132

7. Aprender a Decir "No" 144
- Superando el miedo de decepcionar a los demás 144
- Técnicas para rechazar peticiones sin sentirte culpable 150
- Cómo establecer límites en relaciones personales y profesionales 157

8. Redefiniendo el Significado del Amor 168
- Deconstruyendo conceptos erróneos sobre el amor romántico 168
- Comprendiendo que el amor no debe ser una fuente exclusiva de felicidad .. 177
- Construir relaciones basadas en la colaboración y el crecimiento mutuo ... 186

9. Practicando la Aceptación y el Desapego 193
- Aceptando que no puedes controlar los sentimientos de los demás 193
- Aprender a salir de relaciones tóxicas 199
- Cultivando la paciencia y la serenidad ante la incertidumbre 209

10. Fortalecer la Autonomía 219
- Cómo tomar decisiones que beneficien su vida 219
- Desarrollo de la independencia emocional y financiera 227
- Creando un sentido de identidad fuera de las relaciones 241

11. Vivir el Presente 258
- La importancia de la atención plena en la superación de la dependencia emocional 258
- Prácticas para conectar con el presente y reducir la ansiedad 266
- Como evitar la rumia sobre el pasado o la preocupación excesiva por el futuro . 273

12. Buscando Ayuda Profesional 284
- Reconociendo cuándo es necesario buscar terapia o asesoramiento 284
- La importancia de un apoyo profesional cualificado 290
- Cómo encontrar un terapeuta adecuado para sus necesidades 298

13. Celebrando el Progreso 313
- Reconociendo y celebrando logros 313
- Valorizando su viaje de automejora 320
- Manteniendo la motivación para seguir creciendo 328

14. Abraza un Futuro Empoderado 338
Mirando hacia adelante con esperanza y confianza 338
Recordatorio final sobre la importancia continua del amor propio 338
Consejos finales para mantener una vida emocional sana y equilibrada 339

Conclusión 343
Acerca del Autor 345
Bibliografía 346

PRÓLOGO

La dependencia emocional es un tema que toca muchas vidas de manera profunda. Nuestras relaciones, nuestras decisiones y nuestra propia percepción de nosotros mismos pueden ser afectados por patrones de dependencia que a menudo son difíciles de comprender y superar. Sin embargo, este libro no es solo sobre los desafíos, sino también sobre las posibilidades de transformación y crecimiento personal que están a nuestro alcance.

A través de las páginas de "Curación de La Dependencia Emocional" ofrezco orientación valiosa para quienes buscan romper los ciclos de dependencia y explorar una manera más saludable de estar consigo mismos y con las demás personas de su entorno. Desde el principio, abordo los fundamentos de las emociones humanas, la importancia del amor propio y los pasos prácticos para construir relaciones saludables y más equilibradas.

A lo largo de los capítulos, nos sumergiremos en diversos temas, desde comprender los orígenes de su dependencia emocional hasta desarrollar habilidades de comunicación efectivas, crear límites saludables y nutrir una mentalidad de crecimiento continuo. Mi objetivo es proporcionar herramientas prácticas, conocimientos profundos y orientación útil para cada paso del proceso de sanación.

"Curación de La Dependencia Emocional" es un convite a todos los que anhelan liberarse de las cadenas de la dependencia emocional y abrazar la libertad de vivir de acuerdo con su verdadero yo. Sumérjase en las páginas que se siguen con mente abierta y corazón receptivo, listo para explorar y curar las capas emocionales que pueden estar bloqueando su crecimiento. Creo, sin lugar a dudas, que la sanación es posible y que cada uno de nosotros tiene el poder de crear una vida emocionalmente rica, conectada y significativa.

Con esperanza y gratitud,

Leonardo Tavares

1

RECONOCIENDO LA DEPENDENCIA EMOCIONAL

El primer paso para la libertad es el coraje de mirar hacia adentro.

No es fácil admitir cuando estamos atrapados en un ciclo de dependencia emocional. Sin embargo, dar el primer paso hacia la comprensión y la superación de este patrón es fundamental para nuestro crecimiento y bienestar. En este capítulo introductorio, exploraremos en profundidad qué es la dependencia emocional, cómo identificar las señales y patrones asociados a ella, y por qué es tan crucial enfrentar este desafío de frente.

Comprendiendo lo que es la dependencia emocional

La dependencia emocional es un fenómeno complejo y desafiante que afecta a muchas personas en sus vidas. Se manifiesta cuando alguien busca satisfacer sus necesidades emocionales y de autoestima a través de la relación con otra persona, a menudo descuidando sus propias necesidades y bienestar. La dependencia emocional puede ocurrir en diferentes tipos de relaciones, ya sean románticas, familiares, de amistad o incluso en el lugar de trabajo.

En su esencia, la dependencia emocional surge de la creencia de que la felicidad y el sentido de autovalor están vinculados a la aprobación, atención y amor de otra persona. Las personas que luchan con la dependencia emocional a menudo tienen una necesidad intensa de sentirse amadas y validadas, y esa búsqueda constante puede conducir a comportamientos que no son saludables, tanto para ellas mismas como para sus relaciones.

Identificar señales y patrones de dependencia emocional

Reconocer las señales de la dependencia emocional es el primer paso para superarla. A menudo, estas señales pueden ser sutiles, pero al profundizar en el análisis de los patrones de comportamiento, se hace posible identificar las áreas en las que la dependencia emocional está operando. Las señales más comunes incluyen:

Priorización de los demás

La priorización constante de las necesidades, deseos y felicidad de los demás es un rasgo distintivo de la dependencia emocional que puede tener un impacto significativo en su vida y bienestar. Esta dinámica a menudo es alimentada por una combinación de baja autoestima, miedo al rechazo y la búsqueda desenfrenada de validación externa. Vamos a explorar más a fondo cómo este patrón se manifiesta y cómo puede afectarlo.

La búsqueda de aprobación y el abandono de sí mismo: En un intento de mantener un sentido ilusorio de armonía y evitar cualquier forma de confrontación, puede encontrarse constantemente adaptándose a las necesidades de los demás. Este comportamiento está motivado por el deseo de ser aceptado y amado, pero, con el tiempo, puede llevar al sacrificio de su propia identidad. Al poner las necesidades de los demás siempre por delante de las suyas propias, se aleja gradualmente de quien realmente es y de lo que realmente desea.

Insatisfacción personal: Priorizar a los demás a menudo resulta en una sensación constante de insatisfacción personal. Puede verse viviendo la vida de acuerdo con las expectativas de los demás, en lugar de perseguir sus propias pasiones y objetivos. Esta negación de sus propias necesidades y deseos puede crear un vacío emocional que no puede ser llenado por la validación externa. A largo plazo, esto puede llevar a una sensación de desconexión consigo mismo y a la falta de autenticidad en su vida.

Pérdida de identidad: A medida que coloca la priorización de los demás por encima de sus propias necesidades, corre el riesgo de perder su propia identidad. Sus acciones, elecciones e incluso su autoimagen pueden convertirse en reflejos de lo que los demás quieren o esperan de usted. La dependencia emocional a menudo se acompaña de la sensación de que no tiene derecho a una identidad separada, lo que lleva a una pérdida gradual de su individualidad.

Reforzamiento del ciclo de dependencia: La priorización de los demás, paradójicamente, refuerza el ciclo de la dependencia emocional. Cuanto más sacrifica sus propias necesidades en beneficio de los demás, más internaliza la creencia de que su valor está intrínsecamente ligado a su capacidad de complacer y servir a los demás. Esto conduce a una búsqueda constante de validación, perpetuando el ciclo perjudicial y dificultando aún más la construcción de relaciones sanas y auténticas.

Construyendo una relación saludable consigo mismo: Superar la priorización de los demás es un paso crucial en el camino hacia la independencia emocional. Esto no significa que deba volverse egoísta o descuidar completamente las necesidades de los demás. En cambio, se trata de encontrar un equilibrio saludable entre cuidarse a sí mismo y cuidar de los demás. Esto implica el desarrollo de una autoestima sólida, la definición de límites claros y la práctica regular del autocuidado.

Recuerde que merece ser amado y respetado por quien es, y no solo por su capacidad de cumplir con las expectativas de los demás. Aprender a ponerse en primer lugar cuando sea necesario es un acto de amor propio que permite el crecimiento personal, la autenticidad y la construcción de relaciones verdaderamente significativas. Al liberarse de la trampa de la priorización excesiva de los demás, está dando un paso audaz hacia una vida más alineada con su verdadera esencia.

Miedo a la soledad

El miedo a la soledad es uno de los aspectos más desafiantes de la dependencia emocional, a menudo manteniendo a las personas en relaciones tóxicas y perjudiciales. Comprender este miedo es fundamental para romper el ciclo de la dependencia y cultivar una relación más saludable consigo mismo y con los demás.

La raíz del miedo a la soledad: El miedo a la soledad a menudo se origina en el malestar con el vacío emocional interno. La idea de enfrentar la propia compañía puede ser abrumadora cuando ese vacío no ha sido abordado. Es como si la soledad trajera a la superficie sentimientos de inadecuación, abandono y angustia. Esta es una reacción comprensible, especialmente cuando la dependencia emocional ha sido una forma de lidiar con estos sentimientos.

El ciclo de mantenimiento: El miedo intenso a la soledad a menudo lleva a la persona a permanecer en relaciones que no son saludables o beneficiosas. La creencia subyacente es que cualquier relación es mejor que estar solo. Esto puede ser particularmente cierto en las relaciones tóxicas, donde la dinámica de poder es desigual y los daños emocionales son frecuentes. La idea de enfrentar la soledad puede parecer insoportable, lo que lleva a la persona a tolerar abusos emocionales o físicos.

La autonomía y el auto consuelo: Es vital comprender que la soledad no necesita ser temida como un enemigo inevitable. De hecho, la soledad puede ser una oportunidad valiosa para reconectarse consigo mismo, explorar sus pasiones e intereses y cultivar una relación saludable consigo mismo. Al aprender a sentirse cómodo en su propia compañía, comienza a romper los grilletes del miedo a la soledad.

Construyendo una relación consigo mismo: La superación del miedo a la soledad involucra un proceso de construcción de una relación fuerte y saludable consigo mismo. Esto incluye desarrollar la capacidad de disfrutar de actividades solo, aprender a valorarse a sí mismo independientemente del estado de la relación y cultivar una mentalidad de autosuficiencia emocional. A medida que fortalece su relación consigo mismo, la idea de estar solo se vuelve menos aterradora y más gratificante.

La importancia del apoyo: Superar el miedo a la soledad puede ser un desafío emocional, y no tienes que enfrentarlo solo. Buscar apoyo de amigos, familiares y profesionales calificados puede proporcionar el incentivo y el soporte necesarios para enfrentar ese miedo de frente. Tener un sistema de apoyo puede ayudar a crear un ambiente seguro para explorar la soledad de manera gradual y saludable.

Al reconocer el miedo a la soledad y comprometerse a enfrentarlo, se está dando la oportunidad de crear una vida emocionalmente independiente y gratificante. La soledad puede transformarse de una fuente de aprensión en una oportunidad de crecimiento personal y autoconocimiento. Al liberarse del miedo a la soledad, está abriendo las puertas a una vida más auténtica y alineada con sus valores y deseos.

Búsqueda constante de aprobación

La búsqueda implacable de aprobación externa es una característica distintiva de la dependencia emocional, a menudo enraizada en inseguridades profundas y una necesidad continua de validación. Comprender este patrón es esencial para liberarse de la trampa de la autoestima dependiente y cultivar una fuente interna de amor propio.

La autoestima como campo de batalla: La búsqueda incesante de aprobación a menudo está motivada por la creencia de que su autoestima depende por completo de la validación de los demás. Esto lo coloca en un campo de batalla emocional constante, donde su valor personal está en juego cada vez que busca aprobación externa. Esta dependencia puede transformar sus relaciones en un juego de tratar de complacer a los demás, a menudo a expensas de sus propias necesidades y felicidad.

La montaña rusa emocional: Este patrón crea una montaña rusa emocional, donde su autoestima y bienestar están a merced de las opiniones de los demás. Cuando recibe elogios o validación, puede sentirse momentáneamente en las nubes. Sin embargo, un comentario crítico o una falta de reconocimiento pueden derribarlo a un estado de inseguridad y autocrítica. Esta montaña rusa emocional puede conducir a altos y bajos frecuentes en su autoestima, dejándolo vulnerable y sin control sobre su propio valor.

La dependencia como patrón de supervivencia: Esta búsqueda de aprobación a menudo puede remontarse a un intento de sobrevivir emocionalmente. Si ha experimentado traumas o rechazos en el pasado, la validación externa puede parecer un antídoto para el miedo al abandono y la soledad. Sin embargo, esta estrategia de autoprotección puede convertirse en un patrón perjudicial, manteniéndolo atrapado en un ciclo de búsqueda incesante de validación.

Cultivando la autoaceptación: El camino para liberarse de la búsqueda constante de aprobación implica la construcción de una autoestima sólida e independiente. Esto requiere un trabajo interno de cultivar la autoaceptación, independientemente de las opiniones de los demás. Aprender a valorarse por quien eres, en lugar de por lo que los demás piensan de ti, es un paso esencial para romper el ciclo de la dependencia.

Prácticas de autocuidado y autocompasión: El autocuidado y la autocompasión son herramientas poderosas para nutrir su autoestima internamente. Esto implica tratarnos con bondad y comprensión, de la misma manera que trataríamos a un amigo querido. Al participar en prácticas que promueven su bienestar emocional, físico y mental, fortalece su autoestima de manera significativa, creando una base sólida para su trayectoria de independencia emocional.

La redefinición del valor personal: Al liberarse de la búsqueda constante de aprobación, está redefiniendo su valor personal en función de su autenticidad y autoaceptación. Esto le permite entrar en relaciones y situaciones con una base sólida de confianza en sí mismo, en lugar de depender de la validación externa. El viaje hacia la independencia emocional comienza con la transformación de cómo se ve a sí mismo, permitiendo que su autoestima florezca de adentro hacia afuera.

Inseguridad y baja autoestima

La inseguridad y la baja autoestima son pilares fundamentales de la dependencia emocional, creando un ciclo autodestructivo que refuerza la búsqueda constante de validación externa. Entender cómo estos elementos interactúan es crucial para romper el ciclo de la dependencia y reconstruir una autoestima saludable.

Las raíces de la inseguridad: La inseguridad a menudo se origina de experiencias pasadas, como traumas, rechazos o situaciones en las que no te sentiste valorado. Estas experiencias pueden dejar cicatrices emocionales profundas, creando creencias negativas sobre ti mismo y tu autoestima. Estas creencias limitantes pueden manifestarse como pensamientos autocríticos constantes, llevando a una espiral descendente de inseguridad.

El ciclo de búsqueda de validación: La inseguridad alimenta la búsqueda constante de validación externa. Cuando no te sientes seguro en tu propia autoestima, buscas desesperadamente la aprobación de los demás como una forma de llenar el vacío interno. Esta búsqueda continua acaba reforzando la dependencia emocional, ya que la validación momentánea proporciona alivio temporal de la inseguridad.

El ciclo descendente de la autoestima: La búsqueda constante de validación externa crea un ciclo de dependencia emocional que lleva a una espiral descendente de autoestima. Cuando no confías en tu propia percepción de ti mismo, dependes cada vez más de los demás para dictar tu valor. Esto, a su vez, perpetúa los sentimientos de inseguridad y baja autoestima, creando un ciclo vicioso difícil de romper.

La recuperación de la autoestima: El proceso de recuperación de la autoestima implica desafiar creencias limitantes y reconstruir una visión más saludable de ti mismo. Esto requiere un enfoque consciente para identificar los pensamientos autocríticos y sustituirlos por afirmaciones positivas y realistas. Al hacer esto, empiezas a cambiar la manera en que te ves, construyendo una autoestima más sólida e independiente.

Cultivando el amor propio: La autoaceptación es una pieza fundamental en la reconstrucción de la autoestima. Cultivar el amor propio implica abrazar tus imperfecciones y reconocer que tu autoestima no debe depender de la validación externa. Prácticas regulares de autocuidado, autocompasión y gratitud pueden ayudar a nutrir una visión positiva de ti mismo, creando una base emocional sólida.

Redefiniendo el valor personal: Superar la inseguridad y la baja autoestima es una parte vital de la jornada hacia la independencia emocional. Esto requiere paciencia, autorreflexión y un compromiso contigo mismo de reconstruir una autoimagen saludable. A medida que desafías creencias negativas y nutres la autoaceptación, estás redefiniendo tu valor personal con base en tu autenticidad, en lugar de buscar validación externa. Esto abre el camino para una autoestima fortalecida y la construcción de relaciones más saludables y equilibradas.

Dificultad para establecer límites

La dificultad para establecer límites saludables es uno de los síntomas más reveladores de la dependencia emocional, a menudo resultando en un ciclo de irrespeto por los propios límites personales. Comprender esta dinámica es fundamental para reivindicar tu autonomía y construir relaciones más equilibradas.

Los límites y el bienestar personal: Establecer límites saludables es esencial para proteger tu bienestar emocional, físico y mental. Los límites definen los espacios donde te sientes cómodo, los límites que no deseas que sean sobrepasados. Son la expresión de tus necesidades, valores y respeto propio. La dificultad para establecer límites a menudo viene de un deseo de complacer a los demás o del miedo a ser rechazado si defiendes tus propios intereses.

Decir "sí" cuando quieres decir "no": La tendencia a decir "sí" cuando, en realidad, quieres decir "no" es una característica común de la dificultad para establecer límites. Esto puede suceder por miedo a decepcionar, causar conflicto o ser visto como egoísta. Sin embargo, esta complacencia constante hacia los demás a menudo lleva a un resentimiento creciente y a una sensación de que tus propias necesidades no importan.

La sensación de impotencia: Permitir que otros traspasen tus límites personales puede resultar en una sensación de impotencia y falta de control sobre tu propia vida. Puedes sentirte como si estuvieras a merced de las voluntades y demandas de los demás, perdiendo la capacidad de tomar decisiones que beneficien tu propio bienestar. Esta sensación de impotencia puede alimentar aún más la dependencia emocional, ya que te sientes incapaz de defender tus propias necesidades.

Reconociendo y comunicando límites: La construcción de límites saludables requiere autoconciencia y habilidades de comunicación eficaces. Es importante primero reconocer cuáles son tus propios límites y por qué son importantes para ti. A partir de ahí, puedes aprender a comunicar estos límites de manera asertiva, respetuosa y no agresiva. Esto puede implicar practicar el arte de decir "no" cuando sea necesario y expresar tus necesidades de manera clara.

La construcción de la autonomía: Establecer límites saludables es un proceso de construcción gradual de tu autonomía emocional. Esto significa que te estás posicionando como el guardián de tu propia vida y bienestar, mientras aún mantienes en mente la importancia de las relaciones equilibradas. La construcción de límites requiere consistencia, autoconfianza y la disposición de defender tus necesidades, incluso si eso causa incomodidad temporal.

Fortaleciendo relaciones y autoestima: Al establecer límites saludables, no solo estás protegiendo tu propio bienestar, sino que también estás fortaleciendo tus relaciones y autoestima. Las relaciones saludables se construyen sobre el respeto mutuo y la comprensión de las necesidades individuales. La capacidad de establecer y mantener límites también es un indicador de autoestima robusta, mostrando que te valoras a ti mismo lo suficiente para defender tus necesidades.

Al aprender a establecer límites saludables, te estás capacitando para vivir de acuerdo con tus valores, necesidades y deseos. Esto te permite participar de relaciones más equilibradas y enriquecedoras, mientras trabajas en la construcción de una base sólida de independencia emocional y autoestima.

Fusión emocional

La fusión emocional es un patrón complejo que implica la disolución de la propia identidad y necesidades en el contexto de la relación. Este fenómeno a menudo se origina de la dependencia emocional y puede tener un impacto significativo no solo en ti, sino también en tus relaciones. Exploremos más a fondo cómo se manifiesta este patrón y cómo liberarse de él.

La necesidad de estar con el otro: La fusión emocional puede llevarte a sentirte incompleto sin la presencia de la pareja. Tu autoestima y sentido de identidad pueden volverse profundamente ligados a la relación, hasta el punto de que te pierdes de vista quién eres realmente. En ese estado, puedes sentirte como si no pudieras existir sin el otro, perdiendo la capacidad de distinguir entre tus propias necesidades y las de la pareja.

La desaparición de las pasiones personales: Un aspecto preocupante de la fusión emocional es la tendencia a descuidar tus propias pasiones, intereses y autocuidado. Mientras priorizas la relación, tus propias necesidades y deseos personales pueden quedar en segundo plano. Esto no solo lleva a un debilitamiento de la autoestima, sino que también limita tu crecimiento personal y el desarrollo de tus propias habilidades y talentos.

La falta de límites: En la fusión emocional, los límites entre tú y la pareja pueden volverse borrosos. Puedes tener dificultad para definir y mantener límites saludables, permitiendo que las necesidades de la pareja dominen las tuyas. Esta falta de límites puede resultar en resentimiento y una sensación de estar siendo asfixiado por la dinámica de la relación.

El impacto en la relación: Aunque la fusión emocional pueda inicialmente parecer una forma de conexión profunda, a menudo crea un ciclo vicioso. A medida que pierdes tu propia individualidad y priorizas las necesidades de la pareja, puedes comenzar a sentir una creciente insatisfacción y vacío. Esto, a su vez, puede llevar a una búsqueda aún más intensa por la cercanía emocional de la pareja, alimentando aún más la fusión y perpetuando el ciclo.

Cultivando la independencia emocional: El camino para superar la fusión emocional implica reencontrar tu propia identidad y cultivar la independencia emocional. Esto requiere la reconstrucción de una relación saludable contigo mismo, el desarrollo de intereses personales y la práctica de establecer límites que preserven tu individualidad. Al hacer esto, te vuelves capaz de participar de relaciones más equilibradas, donde ambos socios crecen y se desarrollan individualmente, mientras también disfrutan de la conexión emocional mutua.

El camino de la intimidad saludable: La verdadera intimidad y conexión se construyen sobre una base de respeto mutuo, comprensión y espacio para el crecimiento individual. Aprender a equilibrar la unión emocional con la preservación de la individualidad es esencial para relaciones saludables y duraderas. Al trabajar para superar la fusión emocional, estás dando un paso significativo hacia una vida más auténtica, plena e independiente.

Celos e inseguridad

Los sentimientos intensos de celos e inseguridad son características definitorias de la dependencia emocional, a menudo arraigadas en creencias autodestructivas y miedos profundos. Comprender la relación entre estas emociones y la dependencia es fundamental para romper el ciclo perjudicial y cultivar relaciones más saludables y equilibradas.

La raíz de la inseguridad: Los sentimientos de inseguridad a menudo tienen sus raíces en una autoestima dañada y experiencias pasadas que pueden haber causado traumas emocionales. Creer que no eres digno de amor y atención puede llevar a una sensación constante de inadecuación y ansiedad en las relaciones. La inseguridad también puede surgir de experiencias anteriores de rechazo, creando un ciclo de autoprotección que refuerza la dependencia emocional.

La dinámica de los celos: Los celos, a menudo, son un síntoma claro de la dependencia emocional. Surge cuando temes perder a la pareja, creyendo que tu supervivencia emocional está ligada a esa persona. Los celos excesivos pueden llevar a una vigilancia constante sobre la pareja, búsqueda obsesiva por evidencia de traición y una sensación continua de ansiedad. Estos comportamientos pueden ser altamente perjudiciales para la relación y agravar aún más la dinámica de la dependencia.

La espiral del control: Los celos a menudo llevan a comportamientos controladores, en los que intentas ejercer control sobre la pareja como una forma de aliviar tus propios miedos e inseguridades. Esto puede incluir monitorear las actividades de la pareja, insistir en saber todos los detalles de sus interacciones e incluso intentar aislar a la pareja de otras personas. Estos comportamientos no solo socavan la confianza en la relación, sino que también perpetúan la dinámica de dependencia.

Reconociendo y abordando las emociones: Reconocer y abordar los sentimientos de celos e inseguridad es esencial para superar la dependencia emocional. Esto requiere un análisis personal profundo para entender las creencias negativas que alimentan estas emociones. Al desafiar estas creencias y trabajar para mejorar tu autoestima, estás abriendo la puerta a una vida más libre de celos e inseguridades.

Construyendo confianza y autonomía: Construir confianza en ti mismo y en tu relación es fundamental para superar los celos y la inseguridad. Esto implica la práctica de la autocompasión, el valor de tus propias cualidades y la confianza de que mereces amor y respeto. Al mismo tiempo, es importante cultivar la confianza en la pareja y permitir que ambos tengan espacio para el crecimiento individual.

El amor propio como antídoto: Liberarse de la dependencia emocional implica un profundo proceso de autodescubrimiento y amor propio. A medida que trabajas para fortalecer tu autoestima, desafiar creencias limitantes y nutrir relaciones saludables, te estás moviendo hacia la independencia emocional. Al enfrentar los celos e inseguridades de frente, estás dando un paso importante para crear una vida más equilibrada, auténtica y enriquecedora.

Necesidad de control

La necesidad de control es un patrón común entre aquellos que luchan con la dependencia emocional, a menudo arraigada en el miedo al abandono y la búsqueda de seguridad. Comprender las razones detrás de esta necesidad y aprender maneras saludables de lidiar con ella es esencial para romper el ciclo de dependencia y construir relaciones más equilibradas.

El miedo al abandono: La necesidad de control a menudo surge del miedo profundo al abandono. Si has enfrentado rechazos o pérdidas dolorosas en el pasado, puedes desarrollar una creencia de que, si puedes controlar las acciones y emociones de la pareja, podrás evitar ser dejado nuevamente. Este miedo al abandono puede crear una necesidad insaciable de control para intentar mantener la relación segura.

El círculo vicioso del control e inseguridad: Irónicamente, la necesidad de control a menudo alimenta aún más inseguridad. Cuanto más intentas controlar el comportamiento de la pareja, más estás demostrando tu propia inseguridad y miedo. Esto puede llevar a un círculo vicioso en el que la necesidad de control genera más inseguridad, que, a su vez, exige aún más control.

Los límites entre cuidado y control: Es importante diferenciar entre el deseo legítimo de cuidar y la necesidad de control. El cuidado genuino involucra apoyo, respeto y preocupación por el bienestar de la pareja, mientras que la necesidad de control intenta manipular el comportamiento de la pareja para satisfacer sus propias inseguridades. Reconocer estos límites es crucial para construir una relación saludable y equilibrada.

La trampa de los comportamientos controladores: Los comportamientos controladores pueden manifestarse de varias formas, desde monitorear constantemente la ubicación de la pareja hasta hacer exigencias rígidas sobre cómo se gasta el tiempo. Estos comportamientos minan la confianza mutua, limitan la libertad individual y crean un ambiente de tensión constante. La pareja a menudo se siente asfixiada y atrapada en una relación donde su autonomía está comprometida.

Desapegarse de la necesidad de control: Desapegarse de la necesidad de control es un paso crucial para superar la dependencia emocional. Esto implica un profundo autoanálisis para entender los orígenes de esta necesidad, así como el compromiso de desarrollar confianza en ti mismo y en las relaciones. Al permitir que la pareja tenga espacio para ser quien es y confiar en su propia capacidad de lidiar con los desafíos, estás creando un ambiente más saludable para el crecimiento mutuo.

Construyendo relaciones basadas en la confianza: Construir relaciones saludables requiere la construcción de confianza mutua, respeto y espacio para la individualidad. Al trabajar en la liberación de la necesidad de control, estás moviéndote hacia la independencia emocional. Esto no solo te permite experimentar la libertad de ser quien eres, sino que también permite que tus relaciones prosperen basadas en la confianza y el respeto mutuo. Al liberar la necesidad de controlar, estás abriendo las puertas a una vida más auténtica, gratificante y equilibrada.

Tendencia a relaciones tóxicas

La tendencia a involucrarse en relaciones tóxicas es un síntoma crucial de la dependencia emocional, a menudo arraigada en creencias autodestructivas y patrones aprendidos a lo largo del tiempo. Comprender esta dinámica es vital para romper el ciclo de dependencia y construir relaciones saludables y gratificantes.

Atracción a patrones conocidos: La tendencia a involucrarse repetidamente en relaciones tóxicas puede ser resultado de patrones que has aprendido a lo largo de la vida. Si creciste en un entorno donde las dinámicas disfuncionales eran comunes, es posible que hayas internalizado esos patrones como normales. Como resultado, es posible que te sientas más cómodo en relaciones que replican esos patrones, incluso si son dañinos.

La dinámica de la dependencia alimentada: Las relaciones tóxicas a menudo alimentan aún más la dependencia emocional. La dinámica disfuncional, como el ciclo de abuso emocional, puede reforzar la creencia de que no eres digno de amor o respeto, perpetuando sentimientos de inseguridad. Estas relaciones pueden parecer emocionalmente intensas, pero a menudo se construyen sobre la búsqueda de validación externa y la pérdida gradual de tu propia identidad.

El ciclo vicioso de la autoestima: La tendencia a involucrarse en relaciones tóxicas a menudo es un reflejo de una autoestima dañada. Puedes creer inconscientemente que solo mereces relaciones que validen tu falta de autovaloración. Esto crea un ciclo vicioso en el que buscas validación en las relaciones, pero la dinámica tóxica alimenta aún más la baja autoestima.

Rompiendo el ciclo: Romper el ciclo de relaciones tóxicas comienza con el autoconocimiento y la disposición a cambiar patrones arraigados. Esto implica un análisis profundo de tus creencias sobre relaciones, autovaloración y amor propio. Al identificar y desafiar estas creencias negativas, estás creando la base para elegir relaciones más saludables y constructivas.

Cultivando la autoestima y el amor propio: Cultivar la autoestima y el amor propio es fundamental para romper la tendencia a relaciones tóxicas. A medida que desarrollas una visión más positiva de ti mismo y te comprometes a priorizar tu bienestar, te vuelves más capaz de reconocer y evitar relaciones dañinas. Esto no solo protege tu propia salud emocional, sino que también crea espacio para relaciones basadas en el respeto mutuo y el crecimiento.

Elecciones conscientes: Al trabajar para superar la tendencia a relaciones tóxicas, estás haciendo elecciones conscientes que moldean tu vida de manera positiva. Esto significa elegir relaciones que honren tu individualidad, respeten tus límites y contribuyan a tu crecimiento personal. A medida que desarrollas autoconocimiento, autoestima y habilidades de comunicación saludables, estás creando la fundación para relaciones equilibradas y enriquecedoras que te apoyan en tu jornada de independencia emocional.

Al identificar qué patrones de la dependencia emocional se aplican a ti, será posible comprender la extensión de la influencia en tu vida. Este es un paso crucial para construir una base sólida para superar la dependencia emocional y embarcarte en un proceso de sanación, crecimiento personal y desarrollo de relaciones más saludables.

Aceptando la importancia de enfrentar este desafío

Enfrentar la dependencia emocional es un desafío que exige coraje, autenticidad y un compromiso consigo mismo. Muchas veces, la persona puede sentir una resistencia interna en admitir que está enfrentando esa dependencia, pues esto puede implicar en confrontar patrones de comportamiento profundos y des confortables.

Aceptar la importancia de este desafío es el primer paso para el crecimiento personal y la liberación de esa dependencia. Es reconocer que merecemos relaciones saludables y una relación más equilibrada con nosotros mismos. Superar la dependencia emocional no significa que no podamos buscar apoyo emocional o afecto en nuestros relacionamientos, pero sí que no debemos basar nuestra autoestima y felicidad exclusivamente en ellos.

A lo largo de este libro, exploraremos estrategias para ayudarte a liberarte de la dependencia emocional y desarrollar una relación más saludable contigo mismo. Recuerda que este es un proceso continuo y que la caminata hacia el amor propio y la autonomía emocional es gratificante y transformadora.

2
ACEPTACIÓN Y AUTOCONOCIMIENTO

Nuestras raíces moldean nuestros ramos,
pero nosotros decidimos cómo florecer.

La dependencia emocional es un laberinto complejo de emociones y comportamientos que a menudo tiene sus raíces en experiencias, creencias y patrones que se desarrollan a lo largo de la vida. Desentrañar los orígenes de esta dependencia es fundamental para entender cómo se formó y cómo podemos empezar a romper los lazos que nos mantienen presos. En este capítulo, nos sumergiremos profundamente en la exploración de las posibles causas de la dependencia emocional, en la importancia de reflexionar sobre experiencias pasadas y relaciones, y en el papel crítico que la autoestima y la autoimagen desempeñan en este escenario complejo.

Explorando las posibles causas de la dependencia emocional

La dependencia emocional no surge de la nada; tiene raíces profundas que a menudo están enraizadas en experiencias pasadas, creencias internalizadas y patrones conductuales aprendidos a lo largo del tiempo. Entender estas posibles causas es fundamental para desentrañar los orígenes de la dependencia e iniciar un proceso de cura y transformación.

La influencia de la infancia

La infancia es un período de formación crucial en el que se establecen las bases de nuestra personalidad, creencias y patrones de relación. Los primeros años de vida son un terreno fértil para la semilla de la dependencia emocional, ya que es en este momento que comenzamos a aprender lo que es el amor, la seguridad y la conexión emocional. La calidad de las interacciones con los cuidadores primarios, como padres o figuras de autoridad, desempeña un papel central en moldear nuestras percepciones sobre las relaciones y nuestra propia autoestima.

Aprendizaje de modelado: En la infancia, somos una esponja emocional, absorbiendo activamente los comportamientos, actitudes y formas de relación que se exhiben a nuestro alrededor. Si crecimos en un ambiente donde las demostraciones de amor eran escasas, donde los conflictos se resolvían de manera dañina o donde las figuras de autoridad eran inconsistentes en su apoyo emocional, es probable que hayamos internalizado esos patrones como normales.

Apego y necesidades no satisfechas: Las relaciones emocionales establecidas en la infancia crean las bases para cómo nos relacionaremos con los demás a lo largo de la vida. Si nuestras necesidades emocionales básicas, como amor, cuidado y atención, no fueron atendidas adecuadamente en la infancia, esto puede crear un vacío emocional. Ese vacío puede convertirse en un impulso poderoso para buscar el llenado en las relaciones adultas, incluso si eso significa buscar aprobación de manera excesiva o renunciar a nuestras propias necesidades.

Creación de patrones de relación: La forma en que interactuamos con los demás en la vida adulta a menudo refleja los patrones de relación que se arraigaron en la infancia. Si crecimos en un ambiente de dependencia emocional, es probable que hayamos aprendido a asociar el amor y la seguridad con la búsqueda desesperada de aprobación y validación de los demás. Estos patrones pueden reproducirse en relaciones futuras, resultando en una tendencia continua de poner las necesidades de los demás por encima de las nuestras.

El ciclo de repetición: Una vez que los patrones de relación de la infancia están internalizados, pueden ser difíciles de cambiar. Sin embargo, la conciencia es el primer paso para romper el ciclo de dependencia emocional. Reconocer que estamos repitiendo patrones aprendidos en la infancia nos permite tomar decisiones conscientes para crear relaciones más saludables y equilibradas.

Búsqueda de curar heridas antiguas: La búsqueda de relaciones que puedan curar las heridas emocionales de la infancia es una dinámica común. Podemos esperar inconscientemente que una pareja llene el vacío dejado por las necesidades no satisfechas en la infancia. Sin embargo, esa búsqueda de cura externa a menudo conduce a relaciones desequilibradas e insalubres, en las que nos volvemos excesivamente dependientes del otro para llenar un vacío que solo puede ser verdaderamente llenado por nosotros mismos.

Reconocer la influencia de la infancia en la formación de la dependencia emocional es un paso vital en la experiencia de autodescubrimiento y cura. La conciencia de estos patrones arraigados nos permite tomar medidas para romper con el ciclo de repetición y crear relaciones más saludables. Al comprender que las necesidades no satisfechas de la infancia pueden estar contribuyendo a la búsqueda excesiva de validación en las relaciones adultas, nos estamos capacitando para comenzar la jornada de autosuficiencia emocional y construcción de relaciones equilibradas y enriquecedoras.

Traumas y experiencias pasadas

Los traumas emocionales son heridas invisibles que pueden dejar marcas profundas en la psique, afectando tus emociones, comportamientos y perspectivas sobre las relaciones. Cuando estas experiencias dolorosas ocurren, especialmente en la infancia o en momentos de vulnerabilidad, tienen el poder de moldear profundamente cómo te conectas con los demás y cómo buscas validación y seguridad.

El impacto duradero del abuso: El abuso emocional, físico o sexual deja cicatrices emocionales profundas que pueden manifestarse como una búsqueda desesperada de seguridad y validación en las relaciones. El trauma del abuso puede minar tu autoestima, llevando a creencias negativas sobre ti mismo y reforzando la idea de que no eres digno de amor verdadero. Esto puede resultar en patrones de dependencia emocional, donde buscas desesperadamente la validación en los demás para compensar la falta de ella en ti mismo.

El poder del abandono: El abandono, ya sea físico o emocional, puede crear un profundo miedo a la soledad y al rechazo. Esta experiencia puede llevar a una necesidad insaciable de conexión y validación en las relaciones. La búsqueda de alivio del dolor del abandono puede resultar en una dependencia emocional, ya que te sientes obligado a aferrarte a cualquier relación que parezca ofrecer la posibilidad de evitar la soledad.

Lidiando con pérdidas significativas: Las pérdidas significativas, como la muerte de un ser querido o el fin de una relación importante, pueden abalar profundamente tu autoimagen y seguridad emocional. La dependencia emocional a menudo surge como un intento de compensar esa pérdida, buscando la validación y la seguridad que sientes que has perdido. Al aferrarte a las relaciones como una tabla de salvación emocional, puedes inadvertidamente perpetuar patrones de dependencia.

La búsqueda de alivio: Los traumas y las experiencias pasadas pueden dejarte con un deseo intenso de alivio emocional. Puedes buscar inconscientemente relaciones como una forma de escapar del dolor del pasado, esperando que el amor y la validación externos llenen el vacío emocional dejado por las experiencias traumáticas. Esa búsqueda de alivio emocional inmediato puede crear un ciclo de dependencia, ya que te vuelves cada vez más apegado a la idea de que solo puedes sentirte bien a través de otra persona.

Traumas y experiencias pasadas tienen el poder de dejar una marca indeleble en tu psique. Al reconocer la influencia que estas experiencias tienen sobre tus necesidades emocionales y relaciones, puedes empezar a desafiar los patrones de dependencia que pueden surgir como resultado. El camino de la cura implica reconocer que no estás definido por tus experiencias pasadas, sino por la manera en que eliges relacionarte con ellas en el presente. Al buscar ayuda, desarrollar resiliencia emocional y cultivar una visión más saludable de ti mismo, estás pavimentando el camino para romper con los patrones de dependencia y construir relaciones basadas en equilibrio, respeto mutuo y auto empoderamiento.

Creencias limitantes

Nuestras creencias sobre nosotros mismos y sobre el amor forman la base de nuestras interacciones emocionales y relaciones. Estas creencias, a menudo arraigadas en experiencias pasadas y mensajes que recibimos de nuestros entornos, tienen un poder profundo sobre cómo nos vemos y cómo nos relacionamos con los demás. Cuando se trata de dependencia emocional, las creencias limitantes pueden ser como una lente distorsionada que moldea nuestra búsqueda de validación externa.

Autoimagen fragilizada: La forma en que nos vemos y el valor que nos atribuimos a nosotros mismos pueden verse profundamente afectados por creencias limitantes. Si crecimos escuchando mensajes negativos sobre nuestra apariencia, habilidades o valor personal, es probable que hayamos internalizado esas creencias. Una autoimagen fragilizada puede llevar a una búsqueda incesante de validación en las relaciones, como un intento de compensar la falta de autoestima.

La necesidad de amor externo: Las creencias limitantes a menudo llevan a la idea de que solo es posible encontrar amor y validación fuera de nosotros mismos. Si creemos que no somos dignos de amor o que solo somos valiosos cuando alguien nos ama, podemos esforzarnos por llenar ese vacío emocional buscando la aprobación de los demás. Esta búsqueda constante de validación externa puede crear una dependencia emocional, donde colocamos la felicidad y el valor personal en manos de los demás.

El ciclo de autosabotaje: Las creencias limitantes pueden crear un ciclo de autosabotaje, donde nuestras acciones y elecciones refuerzan esas mismas creencias. Por ejemplo, si creemos que no somos dignos de amor, podemos involucrarnos en relaciones que no son saludables, confirmando inconscientemente esa creencia. Este autosabotaje perpetuo la dependencia emocional, ya que seguimos buscando la validación en escenarios que solo confirman nuestras creencias negativas.

Rompiendo con creencias limitantes: Romper con creencias limitantes es una experiencia de autodescubrimiento y cura. Esto implica desafiar activamente las creencias que tenemos sobre nosotros mismos y sobre el amor. Pregúntate a ti mismo: ¿estas creencias están basadas en hechos o son productos de experiencias pasadas? Al identificar creencias negativas, podemos empezar a sustituirlas por afirmaciones más positivas y realistas.

Cultivando la autocompasión: La autocompasión desempeña un papel fundamental en desmantelar creencias limitantes. Trátate con gentileza y comprensión, como lo harías con un amigo querido. Reconoce que todos tenemos fallas e imperfecciones, pero eso no define nuestro valor. Al cultivar la autocompasión, estás fortaleciendo tu autoestima y construyendo una base sólida para relaciones saludables.

Creencias limitantes moldean tu narrativa personal y tu enfoque a las relaciones. Reconocer el poder de estas creencias es el primer paso para desafiar y transformar la manera como te relacionas contigo mismo y con los demás. Al sustituir creencias negativas por afirmaciones positivas, practicar la autocompasión y trabajar en la construcción de una autoimagen positiva, estás redefiniendo tu narrativa personal. Esto te capacita a construir relaciones basadas en el equilibrio, el respeto mutuo y el amor propio, en lugar de depender de la validación externa para tu felicidad y valoración.

Reflexionando sobre experiencias pasadas y relaciones que contribuyeron a tu dependencia emocional

Reflexionar sobre tus experiencias pasadas y relaciones es un viaje profundo de autoconocimiento. Al examinar las relaciones que moldearon tu visión de amor y conexión, puedes empezar a identificar patrones recurrentes y momentos que influenciaron tu dependencia emocional.

Identificando relaciones tóxicas o disfuncionales

La identificación de relaciones tóxicas o disfuncionales es un paso crucial en el proceso de desentrañar las raíces de la dependencia. Estas dinámicas perjudiciales a menudo actúan como un combustible para la dependencia, manteniendo patrones que refuerzan la búsqueda de validación externa. Reconocer y comprender estos relacionamientos es el primer paso para romper con estos patrones e iniciar un camino de autodescubrimiento y cura.

Signos de relaciones tóxicas: Relaciones tóxicas a menudo tienen señales claras, pero pueden ser difíciles de reconocer cuando estás emocionalmente involucrado. Algunos signos de relaciones tóxicas incluyen abuso verbal o emocional, falta de respeto, manipulación, celos excesivos y control. Presta atención a las dinámicas que te hacen sentir inadecuado, ansioso o emocionalmente agotado.

Patrones de dependencia: Relaciones tóxicas pueden alimentar la dependencia emocional de varias maneras. La manipulación y el control pueden hacer que creas que necesitas esforzarte más para ganar la aprobación del otro. La falta de respeto puede minar tu autoestima, llevándote a buscar validación en la esperanza de compensar la falta de ella. Identificar estos patrones es fundamental para desafiar la dinámica de la dependencia.

Aprendizaje a partir de la reflexión: Mirar hacia atrás y reflexionar sobre los relacionamientos que pueden haber sido tóxicos o disfuncionales es un ejercicio poderoso. Analiza cómo estos relacionamientos afectaron tu autoestima, tu percepción de amor y tu búsqueda de validación. Recuerda situaciones específicas en las que te sentiste incómodo, irrespetado o emocionalmente perjudicado.

Identificando patrones recurrentes: Al identificar los relacionamientos tóxicos o disfuncionales del pasado, busca por patrones recurrentes. Esto puede involucrar patrones de comportamiento que se repiten en diferentes relacionamientos. Por ejemplo, puedes darte cuenta de que siempre buscas la aprobación de los demás o que tiendes a involucrarte con personas que no respetan tus límites. Identificar estos patrones te permite tomar medidas para romper con el ciclo.

El poder de la autoconciencia: La autoconciencia es la clave para romper con patrones tóxicos. Al reconocer las relaciones que fueron perjudiciales, estás empoderándote a tomar decisiones más saludables en el futuro. Libérate de la creencia de que necesitas validación de relacionamientos perjudiciales. Concéntrate en fortalecer tu autoestima y en crear relacionamientos que se basen en el respeto mutuo, el apoyo y el crecimiento saludable.

Identificar y comprender relaciones tóxicas o disfuncionales es un paso crucial en la jornada de desentrañar las raíces de la dependencia emocional. Al reconocer los patrones perjudiciales que pueden haber contribuido a tu búsqueda de validación externa, te estás abriendo a la oportunidad de transformar tus relacionamientos y tu autoimagen. Al practicar la autoconciencia, establecer límites saludables y buscar relaciones que promuevan crecimiento personal, estás rompiendo el ciclo de la dependencia y construyendo un futuro basado en la autosuficiencia emocional y en la búsqueda de relacionamientos genuinamente enriquecedores.

Analizar relaciones de la infancia

Las relaciones que se forman en la infancia son las semillas que germinan a lo largo de la vida, moldeando nuestra visión del amor, la seguridad e las interacciones emocionales. Examinar y analizar las relaciones que tuvimos durante nuestros primeros años, especialmente con nuestros cuidadores primarios, es un paso profundo para desentrañar las raíces de la dependencia emocional. Mirando hacia atrás, podemos descubrir patrones e influencias que resuenan en las relaciones actuales y comprender mejor los cimientos de nuestra búsqueda de validación externa.

Los cuidadores primarios: Nuestros cuidadores primarios, generalmente nuestros padres o figuras de autoridad más cercanas, tienen un impacto profundo en la forma en que entendemos y experimentamos las relaciones. Observe cómo se relacionaban entre sí y cómo interactuaban con usted. Los modelos de relación basados en el amor, el respeto y el apoyo pueden crear una base sólida para futuras conexiones saludables. Por otro lado, las dinámicas disfuncionales pueden perpetuar patrones de dependencia.

Atención a las necesidades emocionales: La forma en que nuestras necesidades emocionales fueron atendidas en la infancia moldea nuestra percepción de autovaloración y la importancia de buscar validación en los demás. Si recibimos amor, atención y apoyo emocional adecuados, es más probable que desarrollemos una autoestima saludable y una comprensión equilibrada de las relaciones. Por otro lado, las carencias emocionales pueden llevar a una búsqueda constante de validación externa.

Patrones de apego: La forma en que nos conectamos con nuestros cuidadores primarios establece patrones iniciales de apego que pueden reflejarse en las relaciones futuras. Si experimentamos un apego inseguro, como ansioso o evitativo, esto puede influir en nuestra tendencia a buscar validación excesiva o a alejarnos emocionalmente de los demás. Reconocer estos patrones es crucial para romper con la dependencia.

Reflexiones e perspectivas: Al examinar nuestras relaciones de la infancia, reflexionemos sobre cómo estas experiencias pueden haber influido en nuestras actitudes y comportamientos actuales en las relaciones. Preguntémonos: ¿hay similitudes entre las dinámicas de mi infancia y mis relaciones actuales? ¿Cómo moldearon estas relaciones mis creencias sobre el amor y la validación? Esa autorreflexión puede proporcionarnos perspectivas valiosas sobre las raíces de la dependencia.

Transformando patrones: Identificar patrones de apego de la infancia nos permite tomar medidas conscientes para transformar nuestra aproximación a las relaciones. Al comprender cómo estos patrones se formaron, nos estamos capacitando para desafiar la dependencia emocional. Enfoquémonos en desarrollar autoestima, establecer límites saludables y buscar relaciones que se basen en el respeto mutuo y el crecimiento personal.

Analizar relaciones de la infancia es un acto de autoexploración profunda que ilumina las raíces de la dependencia emocional. Al comprender cómo nuestras primeras experiencias moldearon nuestra visión de las relaciones y la validación, estamos preparando el terreno para una jornada de cura y autodescubrimiento. Al romper con patrones de apego que ya no nos sirven, estamos creando espacio para construir relaciones enriquecedoras, basadas en el amor propio y la búsqueda de conexiones sanas y significativas.

Traumas pasados y ciclos repetitivos

Nuestro camino emocional a menudo está marcado por eventos traumáticos que tienen el poder de moldear nuestro comportamiento a lo largo del tiempo. Identificar y comprender estos traumas pasados es esencial para desentrañar los ciclos repetitivos que pueden alimentar la dependencia emocional. Al mirar al pasado con compasión y autoaceptación, podemos comenzar a curar estas heridas y crear espacio para relaciones más sanas y auténticas.

Traumas que moldean comportamientos: Los traumas pasados, sean emocionales, físicos o psicológicos, tienen el poder de dejar marcas profundas en nuestra psique. Estas experiencias traumáticas a menudo resultan en comportamientos de autoprotección y adaptación que pueden influir en nuestra forma de abordar las relaciones. Por ejemplo, un trauma de abandono puede resultar en una búsqueda constante de validación para evitar la sensación de rechazo.

Ciclos repetitivos: Los traumas no resueltos a menudo dan lugar a ciclos repetitivos de comportamiento. Por ejemplo, si experimentó abuso emocional en una relación pasada, puede encontrarse atrayendo repetidamente parejas que exhiben comportamientos similares. Estos ciclos perpetúan la dependencia emocional, ya que usted continúa buscando validación en escenarios que recuerdan el trauma original.

Mirando al pasado con compasión: Mirar al pasado con compasión es fundamental para romper con los ciclos repetitivos. Esto implica reconocer que usted no es responsable de los traumas que sufrió, pero es responsable de cómo elige lidiar con ellos ahora. Date permiso para sentir sus emociones y procesar lo que sucedió. La trayectoria de cura comienza con la aceptación y el enfrentamiento de las heridas pasadas.

Autoaceptación y autocuidado: La autoaceptación es una parte crucial del proceso de cura. Perdónese a sí mismo por las elecciones hechas a partir de patrones de dependencia. Priorice el autocuidado, creando un espacio seguro para expresar sus emociones y buscar apoyo cuando sea necesario. Al nutrirse a sí mismo, está construyendo la confianza y la resiliencia necesarias para romper con los ciclos repetitivos.

Rompiendo con patrones: Al enfrentar los traumas pasados y los ciclos repetitivos, está rompiendo con los patrones que mantienen la dependencia emocional. La jornada de cura es una oportunidad de redefinir la forma en que se relaciona consigo mismo y con los demás. Al construir relaciones basadas en la autenticidad, el respeto mutuo y el apoyo mutuo, está creando un futuro libre de los fardos del pasado.

Traumas pasados pueden ser gatillos para la dependencia emocional, pero también son oportunidades para crecimiento y cura. Al identificar estas heridas, explorar cómo ellas influyen en sus patrones y adoptar una aproximación de cura, usted se está liberando de los ciclos repetitivos. La trilla de auto cura no es fácil, pero es un camino que vale la pena para alcanzar la libertad emocional y construir relaciones basadas en la autenticidad y el amor propio.

Autoestima y autoimagen: Pilares de la dependencia emocional

La autoestima y la autoimagen desempeñan un papel poderoso en la dependencia emocional. Cómo te ves a ti mismo afecta directamente cómo te relacionas con los demás y buscas validación externa. Reflexionar sobre cómo estos aspectos de tu identidad pueden haber contribuido a la dependencia es esencial para construir una base más sólida para la independencia emocional.

La autoestima como base

Una autoestima saludable es la base sobre la que se pueden construir relaciones equilibradas y gratificantes. Cuando te valoras y te respetas, no quedas desesperado buscando validación externa para llenar un vacío interno. Comprender la importancia de la autoestima y trabajar activamente para fortalecerla es una parte fundamental del proceso de superación de la dependencia emocional.

La autoestima y la búsqueda de validación: Tu autoestima influye directamente en tu búsqueda de validación en las relaciones. Si tu autoestima es baja, puedes creer que necesitas el amor y la aprobación de los demás para sentirte valioso. Esto puede llevar a relaciones en las que te sacrificas, pones las necesidades de los demás antes de las tuyas y buscas desesperadamente la aceptación.

Examinando creencias limitantes: A menudo, la dependencia emocional está enraizada en creencias limitantes sobre ti mismo. Examina estas creencias y cuestiónalas: ¿crees que no eres digno de amor? ¿Que necesitas ser perfecto para ser amado? Estas creencias autocríticas pueden minar tu autoestima y perpetuar la búsqueda de validación externa.

Cultivando una autoestima positiva: Cultivar una autoestima positiva implica reconocer y valorar tus propias cualidades, logros y habilidades. Haz una lista de tus logros y recuerda momentos en los que superaste desafíos. Practica la autocompasión y trátate con la misma gentileza con la que tratarías a un amigo querido. Estos pasos ayudan a construir una base sólida de amor propio.

Autenticidad y relaciones saludables: Una autoestima saludable te permite entrar en relaciones desde un lugar de autenticidad y confianza. No necesitas moldearte para complacer a los demás o buscar validación constantemente. Acéptate a ti mismo con tus imperfecciones y virtudes. Las relaciones basadas en la aceptación mutua son más propensas a ser saludables y enriquecedoras.

Fortalecer la autoestima en las relaciones: Una vez que hayas fortalecido tu autoestima, es esencial mantenerla en las relaciones. Evita caer en la trampa de depender excesivamente de la validación de tu pareja. Ten en cuenta que tu valor no está determinado por las opiniones de los demás. Continúa invirtiendo en tu propia autosuficiencia emocional y en el fortalecimiento del amor propio.

La autoestima es el cimiento sobre el que pueden prosperar relaciones saludables y equilibradas. Al trabajar para desarrollar una autoestima positiva, te estás liberando de la necesidad desesperada de validación externa que alimenta la dependencia emocional. Construye una relación amorosa y compasiva contigo mismo, y esa base sólida te permitirá construir relaciones enriquecedoras que se basan en la autenticidad, el respeto mutuo y el crecimiento mutuo.

Desafiando creencias limitantes

Las creencias limitantes sobre tu propia imagen pueden ser como grilletes invisibles que te mantienen atrapado en la telaraña de la dependencia emocional. Romper con estas ideas negativas es un paso esencial para liberarte de la necesidad constante de validación externa. Al desafiar estas creencias y cultivar una imagen más realista y positiva, abres camino a una relación más saludable contigo mismo y con los demás.

Identificar creencias limitantes: Las creencias limitantes son como filtros a través de los cuales ves a ti mismo y al mundo. Identifica los pensamientos negativos que tienes sobre ti mismo, como "no soy lo suficientemente bueno" o "no merezco amor". Reconoce que estas creencias a menudo se construyen a lo largo del tiempo y no siempre reflejan la realidad.

Cuestionar la validez de las creencias: Desafiar creencias limitantes implica cuestionar la validez de ellas. Busca evidencias contrarias a las ideas negativas que mantienes sobre ti mismo. Lista tus logros, elogios que ya has recibido y momentos en los que demostraste fuerza y resiliencia. Estas evidencias pueden ayudar a debilitar el poder de las creencias limitantes.

Cultivar una imagen positiva: Cultivar una imagen más positiva implica concentrarte en tus virtudes, cualidades y logros. Lista las cosas que te gustan de ti mismo, tus habilidades y características positivas. Trabaja para equilibrar pensamientos negativos con pensamientos positivos y realistas sobre quién eres.

Practicar la autocompasión: A menudo, las creencias limitantes están arraigadas en la autocrítica. Practica la autocompasión, que implica tratarte a ti mismo con la misma gentileza y compasión que tratarías a un amigo querido. En lugar de criticarte por errores, acepta tus fallas como parte del viaje de crecimiento y aprendizaje.

Integración de la nueva imagen: A medida que trabajas para integrar una imagen más realista y positiva, comienzas a liberarte de la necesidad constante de validación externa. Tu autoestima fortalecida se convierte en un escudo contra los desencadenantes de la dependencia emocional, permitiéndote construir relaciones más saludables y auténticas.

Desafiar creencias limitantes es un camino de autotransformación que puede conducir a la libertad emocional. Al reconocer el poder de tus propias percepciones sobre ti mismo y trabajar para cultivar una imagen más positiva y realista, estás deshaciendo las cadenas que mantienen la dependencia emocional. Esta transformación interna no solo mejora tu relación contigo mismo, sino que también crea espacio para conexiones más genuinas y saludables con los demás.

Construyendo autoestima y autoconfianza

La construcción de la autoestima y la autoconfianza es una experiencia continua y transformadora que te lleva de vuelta a tu poder interior. Este camino implica una serie de prácticas y enfoques que ayudan a nutrir tu relación contigo mismo, celebrar tus logros y crear una vida alineada con tus valores y deseos. A medida que fortaleces tu autoestima y autoconfianza, te vuelves menos dependiente de la validación externa y más capaz de desarrollar relaciones saludables y equilibradas.

Autocompasión como base: La autocompasión es la base sobre la que la autoestima y la autoconfianza florecen. Trátate a ti mismo con gentileza, comprensión y paciencia, independientemente de las circunstancias. Al tratarte con la misma compasión que tendrías por un amigo querido, estás creando un ambiente interno de aceptación y amor.

Celebrar tus logros: Celebra cada logro, no importa cuán pequeño sea. Reconoce tus logros, incluso los que parecen triviales. Cada paso hacia el crecimiento personal y la superación de la dependencia emocional merece reconocimiento. Estas victorias acumuladas refuerzan tu autoestima y autoconfianza.

Una vida alineada con los valores: Construye una vida que refleje tus valores, intereses y pasiones. Al tomar decisiones alineadas con quien eres verdaderamente, refuerzas tu identidad y sentido de propósito. Esto no solo fortalece tu autoestima, sino que también crea un espacio donde las relaciones auténticas pueden florecer.

Los desafíos como oportunidades: Enfrenta los desafíos como oportunidades de crecimiento y aprendizaje. Cada obstáculo superado aumenta tu autoconfianza y demuestra tu resiliencia. Recuerda que superar dificultades es una manera poderosa de fortalecer tu autoimagen y demostrar que eres capaz de enfrentar lo desconocido.

Cultivando relaciones saludables: A medida que construyes tu autoestima y autoconfianza, estás creando una base sólida para relaciones saludables. Las relaciones construidas sobre el amor propio son más equilibradas y gratificantes. Te vuelves más capaz de establecer límites saludables, expresar tus necesidades y atraer personas que valoran la autenticidad.

Explorar los orígenes de la dependencia emocional es un viaje profundo de autoconocimiento. Al identificar las posibles causas, reflexionar sobre experiencias pasadas y comprender la influencia de la autoestima y la autoimagen, estás pavimentando el camino para la transformación personal. La independencia emocional no es un destino final, sino un camino continuo de crecimiento, autodescubrimiento y construcción de relaciones saludables. Al traer luz a las raíces de la dependencia, te estás capacitando para crear una nueva narrativa, en la que el amor propio, la autoaceptación y las relaciones equilibradas ocupan el centro del escenario.

3
CULTIVANDO EL AMOR PROPIO

Sé tu propio jardinero y deja que el amor propio florezca.

El amor propio es una fuerza poderosa que actúa como un antídoto contra la dependencia emocional. En este capítulo, exploraremos la importancia fundamental del amor propio en el camino de la superación de la dependencia, proporcionaremos consejos prácticos para desarrollar una autoestima saludable y compartiremos prácticas de autocuidado y valoración personal que te guiarán hacia la autosuficiencia emocional.

La importancia del amor propio en la superación de la dependencia emocional

El amor propio emerge como un faro de esperanza y fortaleza en el trayecto hacia la superación de la dependencia emocional. No solo proporciona una base sólida para la salud emocional, sino que también es la llave que desbloquea relaciones equilibradas y auténticas. Razones por las que el amor propio es vital en este camino:

Reducción de la necesidad de validación externa

Imagina el amor propio como una luz interna, una llama ardiente de autosuficiencia emocional que ilumina el camino hacia la libertad. Cuando esa llama se enciende, una transformación sutil ocurre dentro de ti: un cambio de perspectiva que altera fundamentalmente la forma en que te relacionas contigo mismo y con el mundo que te rodea.

La luz interior del amor propio: El amor propio es más que un simple concepto; es una fuente interna de validación que trasciende las opiniones de los demás. Cuando te amas y valoras quien eres, esa luz interior brilla intensamente, iluminando cada rincón de tu autoestima. Esa luz es la fuerza motriz detrás de la autosuficiencia emocional, permitiéndote desvincularte de la búsqueda constante de validación externa.

Transformando la dependencia en autonomía: Al nutrir tu amor propio, comienzas a liberarte de las ataduras de la dependencia emocional. La necesidad constante de validación externa pierde su intensidad, ya que ya llevas la validación dentro de ti mismo. Esa transformación es revolucionaria: dejas de ser un vaso vacío que necesita ser llenado por las opiniones y aprobaciones de los demás. En cambio, te conviertes en un recipiente lleno, completo en ti mismo.

Desafiando la trampa de la dependencia: La búsqueda constante de aprobación de los demás es una trampa en la que muchos caen inadvertidamente. La necesidad de validación externa te coloca en un ciclo ininterrumpido de ansiedad e incertidumbre. Sin embargo, a medida que nutres el amor propio, la trampa de la dependencia comienza a perder su fuerza. Te das cuenta de que eres digno de amor y aceptación, independientemente de las opiniones ajenas.

Relaciones equilibradas y saludables: Cuando la necesidad de validación externa disminuye, estás libre para involucrarte en relaciones más equilibradas y saludables. Ya no hay la presión constante de complacer a los demás para sentirte bien contigo mismo. En cambio, entras en las relaciones desde un lugar de autoestima y confianza, contribuyendo a una dinámica de respeto mutuo y crecimiento conjunto.

El amor propio es la llave que desbloquea la autosuficiencia emocional, liberándote de la prisión de la dependencia emocional. A medida que la necesidad de validación externa disminuye, te conviertes en el maestro de tu propia felicidad y satisfacción. Te conviertes en el guardián de tu luz interior, la llama que te guía en un viaje de autodescubrimiento y transformación. Con cada paso hacia el amor propio, te acercas a la libertad emocional y a una conexión más auténtica contigo mismo y con los demás.

Establecimiento de límites saludables

El amor propio no solo nos permite amarnos a nosotros mismos, sino que también nos da el coraje de crear un espacio seguro y saludable en nuestras relaciones a través del establecimiento de límites. Imaginemos esos límites como cercas cuidadosamente construidas alrededor de nuestro jardín emocional, protegiendo nuestras flores más preciosas y valiosas.

Amor propio: Cuando nos amamos, valoramos y respetamos, el establecimiento de límites saludables se convierte en una expresión natural de ese amor. Los límites no son barreras que nos aíslan de los demás; son los cimientos de relaciones que promueven el respeto mutuo y el crecimiento. El amor propio nos da el coraje de decir "no" cuando sea necesario y de proteger nuestra energía emocional.

Protegiendo nuestra dignidad y bienestar: Los límites saludables son una manera poderosa de proteger nuestra dignidad y bienestar emocional. Cuando nos valoramos, no permitimos que otros crucen la línea del respeto y del trato adecuado. Reconocemos que merecemos ser tratados con gentileza, consideración y respeto, y nos negamos a aceptar relaciones que comprometan estos principios fundamentales.

Creando espacio para el crecimiento mutuo: Al definir límites claros, creamos espacio para el crecimiento mutuo en las relaciones. Esto permite que ambas partes se expresen, compartan sus necesidades y deseos, y trabajen juntas para encontrar soluciones que beneficien a ambos. Los límites no alejan; crean un terreno fértil donde la confianza y la conexión pueden florecer.

Libertad para ser auténtico: Límites saludables también nos proporcionan la libertad de ser auténticos. No tenemos que someternos a situaciones incómodas o comprometer nuestros valores para complacer a los demás. A partir de esta base de amor propio, podemos expresar nuestras opiniones, decir "no" cuando sea necesario y ser fieles a quienes somos verdaderamente.

El establecimiento de límites saludables es un acto profundo de amor propio y autocuidado. Es una afirmación de nuestra dignidad, respeto y valor personal. Al crear fronteras claras, promovemos relaciones que están construidas sobre los pilares de la comunicación abierta, el respeto mutuo y el crecimiento conjunto. Cada límite establecido es un recordatorio poderoso de que merecemos relaciones que nutran nuestra alma, respeten nuestras emociones y celebren nuestra autenticidad. Con amor propio como guía, forjamos relaciones que son fuentes de apoyo, alegría y crecimiento.

Promoción de la autenticidad

El amor propio es la llave que abre la puerta de la autenticidad. Imagine esa puerta abriéndose para revelar su verdadera esencia, libre de las capas de pretensiones y máscaras que pudo haber usado para complacer a los demás.

El amor propio como puente hacia la autenticidad: Cuando te amas, te aceptas y te valoras, la valentía de ser auténtico emerge naturalmente. El amor propio es la base que sustenta esa valentía, permitiéndote abrazar quien eres verdaderamente, sin temer el rechazo o el juicio. Susurra el mensaje de que eres digno de amor y respeto, exactamente como eres.

Liberándose de las máscaras de la conformidad: La búsqueda de la aprobación externa a menudo nos lleva a usar máscaras para encajar en las expectativas de los demás. El amor propio es la llave para quitar esas máscaras, revelando tu identidad auténtica debajo. Dejas de fingir ser alguien que no eres, permitiendo que tus conexiones se basen en la verdad, no en la ilusión.

Relaciones genuinas y profundas: Al entrar en relaciones con autenticidad, creas un espacio para conexiones genuinas y profundas. Las personas que te rodean no tienen que adivinar quién eres; pueden ver, sentir y conectarse con la verdadera esencia de tu personalidad. Estas conexiones son enriquecedoras y significativas, ya que se basan en una apreciación mutua por la autenticidad.

Atrayendo a los que te valoran: Al abrazar quien eres, naturalmente atraes a personas que valoran y respetan esa autenticidad. No tienes que esforzarte por complacer o impresionar, ya que los que se acercan a ti lo hacen porque aprecian tu verdadera esencia. Esto crea un círculo virtuoso en el que florecen relaciones basadas en el respeto y el aprecio.

La autenticidad es un regalo inestimable que el amor propio te da. Cuando te amas, te vuelves lo suficientemente valiente para quitarte las máscaras y mostrarle al mundo quién eres realmente. Las conexiones que formas se fundamentan en la verdad, la comprensión mutua y el respeto. Con el amor propio como tu guía, no solo abrazas tu propia autenticidad, sino que también inspiras a los demás a hacer lo mismo. En un mundo que a menudo valora la conformidad, tu autenticidad es una luz brillante que ilumina el camino hacia relaciones más profundas, más reales y más significativas.

Desarrollo de la resiliencia

El amor propio es una armadura emocional que fortalece tu resiliencia y capacidad de enfrentar desafíos con coraje y confianza. Imagínalo como un escudo que protege tu autoestima de las críticas y rechazos externos.

Amor propio: Cuando construyes tu amor propio, estás creando un cimiento sólido para la resiliencia. Tu autoestima no depende de la opinión de los demás; en cambio, está arraigada en tu propia autopercepción positiva. Esto te da la capacidad de enfrentar desafíos sin ser afectado por la incertidumbre externa.

Amortiguando los golpes emocionales: La resiliencia que el amor propio ofrece no significa que seas inmune al dolor. Sin embargo, tu confianza en ti mismo actúa como un amortiguador contra los golpes emocionales. Puedes experimentar rechazos, críticas o adversidades, pero tu creencia en ti mismo te permite mantener tu dignidad y autoestima intactas.

Confianza en medio de la adversidad: El amor propio es la voz interior que susurra: "Eres lo suficientemente fuerte para enfrentar esto". Cuando cultivas esta confianza interna, enfrentar desafíos se vuelve menos aterrador. Sabes que eres capaz de lidiar con las dificultades, aprender de ellas y seguir creciendo.

Aprendizaje y crecimiento personal: La resiliencia cultivada por el amor propio crea un terreno fértil para el aprendizaje y el crecimiento personal. En lugar de ser derribadas por adversidades, las personas resilientes las ven como oportunidades para fortalecerse. Con amor propio como tu brújula, te lanzas a nuevos desafíos con una actitud de curiosidad y determinación.

El amor propio es más que una mera frase de efecto; es una herramienta poderosa para la superación de la dependencia emocional. Al construir una relación amorosa contigo mismo, estás pavimentando el camino para relaciones más saludables, equilibradas y auténticas con los demás. El amor propio es el portal que te llevará de la necesidad constante de validación externa a la autosuficiencia emocional. Con cada paso hacia el amor propio, te acercas a la libertad emocional que siempre mereciste.

Cómo desarrollar una autoestima saludable

Construir una autoestima saludable es una experiencia continua de autodescubrimiento y transformación. Aquí hay algunas prácticas para fortalecer su autoestima:

Practica la autocompasión

La autocompasión es un acto de amor propio que implica tratarte a ti mismo con la misma amabilidad y cariño que tratarías a un amigo querido. Es un recordatorio constante de que eres humano, merecedor de amor y aceptación, y estás en un viaje de crecimiento y aprendizaje.

Compasión: A menudo, somos nuestros propios críticos más severos. La autocompasión es un antídoto para la autocrítica, permitiéndote ofrecerte a ti mismo el mismo tipo de compasión que extenderías a un amigo que está pasando por dificultades. Esto implica reconocer tu dolor, tus luchas y tus imperfecciones con una actitud de cuidado y gentileza.

Recordando tu humanidad: La autocompasión es un recordatorio de tu propia humanidad. Eres humano y estás sujeto a cometer errores, enfrentar desafíos y tener momentos difíciles. Al recordarte eso, puedes dejar de lado las expectativas irreales de perfección y abrazar tus experiencias con compasión.

Substituyendo la autocrítica por la autocompasión: Cuando la voz interna de la autocrítica se hace escuchar, la autocompasión es el contrapunto necesario. En lugar de recriminarte por fallas o fracasos, reconoces tu dolor y ofreces palabras de aliento. Esto crea un entorno emocional más acogedor y positivo para ti para desarrollarte.

La autocompasión como pilar del amor propio: La autocompasión es uno de los pilares del amor propio. Refuerza la idea de que mereces cariño, incluso cuando cometes errores o enfrentas desafíos. Esta creencia nutre tu autoestima y fortalece tu conexión contigo mismo.

La autocompasión es un acto de amor propio que nutre tu alma y enriquece tu camino. Al tratarte con gentileza, estás construyendo una relación más saludable contigo mismo. La práctica de la autocompasión no solo alivia tu viaje hacia la autosuficiencia emocional, sino que también establece un ejemplo poderoso de cómo debes tratarte a ti mismo en todos los momentos de la vida. Recuerda que la autocompasión no es un signo de debilidad, sino un testimonio de tu fuerza y sabiduría interior.

Celebra tus logros

Celebrar tus logros, no importa cuán pequeños parezcan, es una parte vital de la construcción del amor propio y la autosuficiencia emocional. Cada paso que das hacia tu crecimiento merece ser reconocido y celebrado. En este tema, exploraremos la importancia de celebrar tus victorias, cómo hacerlo y cómo esta práctica fortalece tu relación contigo mismo.

Reconociendo el viaje del crecimiento: A menudo, nos centramos tanto en las metas finales que olvidamos reconocer el progreso que hacemos a lo largo del camino. Celebrar tus logros es una manera de honrar el viaje del crecimiento, recordándote que cada paso, no importa cuán pequeño, es una pieza esencial en el rompecabezas de tu desarrollo personal.

La importancia de las pequeñas victorias: Las grandes victorias a menudo están compuestas por muchas pequeñas victorias. Reconocer y celebrar las conquistas menores crea un sentido de logro continuo, manteniéndote motivado y entusiasmado con tu historia. Esta práctica también ayuda a construir una autoimagen positiva y a fortalecer tu autoestima.

Manteniendo un registro de tus logros: Mantener un registro de tus logros es una manera tangible de seguir tu crecimiento a lo largo del tiempo. Anota tus logros, grandes y pequeños, en un diario o en un lugar especial. Cuando te sientas desanimado, puedes volver a esos registros para recordarte cuánto ya has logrado.

Cada paso es una victoria: Entiende que cada paso que das hacia el crecimiento es una victoria valiosa. No te compares con los demás ni minimices tus logros. Cada vez que enfrentas un desafío, aprendes algo nuevo o superas un obstáculo, estás progresando hacia una versión más fuerte y segura de ti mismo.

Celebrar tus logros es una manera de reconocer tu propio camino y honrar el esfuerzo que pones en tu crecimiento personal. Cada vez que celebras tus victorias, estás fortaleciendo tu autoestima, reforzando tu amor propio y reafirmando tu determinación de seguir adelante. Sepa que su progreso es único y digno de celebración, independientemente del tamaño de sus logros. Cada paso que das es un testimonio de tu compromiso contigo mismo y del poder transformador del amor propio.

Afirmaciones positivas

Las afirmaciones positivas son una herramienta poderosa para transformar tus pensamientos y fortalecer tu autoestima. Pueden ser como un espejo que refleja de vuelta a ti mensajes de amor, aceptación y empoderamiento.

El poder de las palabras: Nuestros pensamientos y palabras tienen un impacto significativo en nuestra psicología y comportamiento. Las afirmaciones positivas son declaraciones intencionales que moldean nuestras creencias e influyen en nuestras actitudes. Tienen el poder de reprogramar patrones de pensamiento negativos y fortalecer una perspectiva más positiva sobre nosotros mismos.

Construyendo una autoimagen positiva: Las afirmaciones positivas son como semillas que plantamos en nuestra mente. Al repetir regularmente frases como "Soy digno de amor y felicidad", estás cultivando una autoimagen más positiva y saludable. Estas palabras de empoderamiento se convierten en una parte intrínseca de tu diálogo interno, influenciando cómo te ves y cómo te relacionas contigo mismo.

Reemplazando pensamientos negativos: Las afirmaciones positivas son una herramienta eficaz para reemplazar los pensamientos negativos que a menudo nos sabotean. Cuando te atrapas pensando de manera crítica sobre ti mismo, puedes interrumpir ese patrón al recitar afirmaciones positivas. Esto ayuda a redireccionar tu mente hacia un espacio más amoroso y constructivo.

Haciendo las afirmaciones personales y significativas: Al crear tus propias afirmaciones, busca palabras que resuenen contigo y reflejen tus metas y valores. Las afirmaciones personales y significativas tienen un impacto más profundo, ya que están alineadas con tu viaje individual de crecimiento y autodescubrimiento.

Integrando las afirmaciones en tu vida diaria: Para que las afirmaciones positivas sean eficaces, es importante hacerlas una parte regular de tu rutina. Reserva un tiempo todas las mañanas o por la noche para recitar tus afirmaciones. También puedes escribirlas en notas adhesivas y colocarlas en lugares visibles, como espejo, computadora o nevera, para recordarlas a lo largo del día.

Las afirmaciones positivas son una manera tangible de nutrir tu mente y tu alma con palabras de amor y empoderamiento. Fortalecen tu autoestima, reprograman patrones negativos y ayudan a construir una base sólida de amor propio. A medida que te dedicas a incorporar afirmaciones positivas en tu vida diaria, estás reafirmando tu compromiso de tratarte con gentileza y respeto, y de cultivar una mentalidad positiva que te apoya en tu experiencia de autosuficiencia emocional.

Establecer metas realistas

Establecer metas realistas es un paso esencial para construir una autoestima sólida y cultivar un sentido de realización personal. Al establecer metas que son alcanzables y alineadas con tus valores, estás creando oportunidades para fortalecer tu confianza en ti mismo y demostrarte a ti mismo que eres capaz de crecer y evolucionar.

El papel de las metas en el autodesarrollo: Las metas desempeñan un papel crucial en nuestro camino de autodesarrollo. Nos proporcionan una dirección clara y una sensación de propósito. Cuando definimos metas que están alineadas con nuestros intereses y valores, creamos un camino para el crecimiento personal y para la construcción de una autoestima saludable.

Metas alcanzables y sostenibles: Una de las claves para el éxito en la definición de metas es elegir aquellas que son realistas y alcanzables. Las metas inalcanzables pueden llevar a la frustración y minar tu confianza en ti mismo. Al elegir metas que estén a tu alcance, estableces un patrón de éxito que ayuda a construir una autoimagen positiva.

El impacto en la confianza en ti mismo: Cuando alcanzas una meta, incluso si es pequeña, experimentas un impulso en la confianza en ti mismo. Cada logro refuerza tu creencia en tus propias habilidades y aumenta tu autoestima. A medida que alcanzas metas, por menores que sean, estás acumulando evidencia de que eres capaz de enfrentar desafíos y superar obstáculos.

Definiendo metas significativas: Al definir metas, ten en cuenta lo que es verdaderamente significativo para ti. Pregúntate a ti mismo qué áreas de tu vida deseas mejorar y qué objetivos se alinean con tus valores y pasiones. Las metas que tienen un propósito más profundo son más motivadoras y gratificantes de alcanzar.

El viaje es tan importante como el destino: Mientras trabajas en dirección a tus metas, recuerda que el viaje es tan importante como el destino. Cada paso que das, cada desafío que enfrentas y cada obstáculo que superas es una oportunidad de crecimiento y aprendizaje. Celebra cada etapa del proceso, ya que contribuyen a la construcción de tu confianza en ti mismo y al fortalecimiento de tu autoimagen.

Establecer metas realistas es una manera poderosa de invertir en tu propio crecimiento y autodesarrollo. Al elegir metas alcanzables, nutres tu confianza en ti mismo y demuestras a ti mismo que eres digno de éxito. Cada vez que alcanzas una meta, estás reafirmando tu compromiso de cuidar de ti mismo y de construir una vida que refleje tu fuerza interior y determinación. Ten en cuenta que cada paso en dirección a tus metas es un testimonio de tu potencial ilimitado y del camino extraordinario que estás transitando hacia la autosuficiencia emocional.

Cuida de tu cuerpo

El autocuidado físico es una parte fundamental de la construcción de una autoestima sólida y del desarrollo personal en general. Cuidar de tu cuerpo no solo promueve una salud física mejor, sino que también fortalece la conexión entre cuerpo y mente, contribuyendo a un sentido de bienestar holístico.

La importancia de la salud física en la autoestima: La forma en que cuidas de tu cuerpo refleja directamente en cómo te sientes contigo mismo. Una rutina saludable de autocuidado físico no solo mejora tu salud general, sino que también fortalece tu confianza en ti mismo y respeto por ti mismo. Al tratar tu cuerpo con amor y atención, estás enviando un mensaje positivo de que mereces ser bien tratado.

Rutina de sueño restauradora: El sueño es esencial para tu salud mental y emocional. Tener una rutina de sueño regular y de calidad ayuda a mejorar tu humor, concentración y capacidad de lidiar con el estrés. Dormir lo suficiente también es una forma de demostrar cuidado y respeto por tu cuerpo, permitiéndole recuperarse y regenerarse.

Alimentación equilibrada: Una alimentación equilibrada no solo nutre tu cuerpo, sino que también afecta tu bienestar emocional. Comer alimentos saludables proporciona la energía necesaria para enfrentar el día con vitalidad y claridad mental. Además, elegir opciones nutritivas demuestra tu compromiso con el cuidado de ti mismo.

Ejercicio como autocuidado: El ejercicio regular es una manera poderosa de cuidar de tu cuerpo y mente. La actividad física libera endorfinas, hormonas del bienestar, que elevan tu humor y reducen el estrés. Encuentra una forma de ejercicio que te guste, ya sea caminar, yoga, correr o bailar, y hazlo parte de tu rutina de autocuidado.

Conexión cuerpo y mente: Cuidar de tu cuerpo no es solo sobre apariencia física, sino también sobre cultivar una relación positiva entre cuerpo y mente. Al moverte, alimentarte bien y dormir lo suficiente, estás fortaleciendo la conexión entre estos dos aspectos fundamentales de quien eres. Esa conexión sólida contribuye a una autoimagen positiva y una sensación de integridad.

El autocuidado físico es un acto de amor propio que trasciende la superficie. Al cuidar de tu cuerpo, estás nutriendo la base de tu autoestima y contribuyendo a tu salud mental, emocional y espiritual. Entiende que tu cuerpo es tu templo, y cada elección de autocuidado es una inversión en tu propio bienestar. Al crear una rutina saludable de sueño, alimentación y ejercicios, estás demostrando un compromiso continuo con tu jornada de autosuficiencia emocional y construyendo una base sólida para tu transformación positiva.

Prácticas de autocuidado y valoración personal

Las prácticas de autocuidado son actos de amor propio que revitalizan tu energía y aumentan tu autoestima. Al dedicar tiempo para cuidar de ti mismo, te reconectas con tu propia esencia y fortaleces tu sentido de valor.

Tempo para si mesmo

En medio de las demandas de la vida cotidiana y de las relaciones, a menudo olvidamos la importancia de reservar un tiempo para nosotros mismos. Sin embargo, ese tiempo para ti mismo es esencial para tu salud emocional, mental y espiritual. En este tema, exploraremos la importancia de reservar momentos regulares para actividades que te traen alegría y relajación, así como algunas maneras de incorporar ese autocuidado en tu vida diaria.

Priorizando el autocuidado: Reservar tiempo para ti mismo no es un lujo, sino una necesidad. Es una oportunidad para reconectarte con tus pasiones, intereses y sentimientos interiores. El tiempo dedicado a ti mismo te permite recargar tus energías, mantener el equilibrio emocional y construir una relación más profunda contigo mismo.

Actividades que alimentan el alma: Encuentra actividades que te traigan alegría, relajación y una sensación de realización. Puede ser cualquier cosa que te haga sentir bien y conectado contigo mismo. Esto puede incluir leer un libro que te guste, practicar la meditación para calmar la mente, caminar en la naturaleza para reconectarte con el mundo que te rodea o simplemente pasar un tiempo tranquilo en un pasatiempo que amas.

Practicando la presencia plena: Cuando reserves un tiempo para ti mismo, aprovecha para practicar la presencia plena. Sé totalmente presente en el momento y sumérgete en la experiencia. Deja de lado preocupaciones futuras o arrepentimientos pasados y concéntrate en el aquí y ahora. Esto puede hacerse al observar los detalles a tu alrededor durante un paseo, saborear cada bocado durante una comida tranquila o simplemente apreciar el momento de paz que te estás proporcionando a ti mismo.

Incorporando el tiempo para ti mismo en la rutina: Reservar tiempo para ti mismo no tiene que ser una tarea complicada. Comienza identificando pequeños intervalos a lo largo del día en los que puedes desconectarte y concentrarte en ti mismo. Puede ser unos minutos de meditación por la mañana, un paseo por el parque durante el almuerzo o un momento tranquilo antes de acostarte para reflexionar sobre el día.

Conexión contigo mismo: El tiempo para ti mismo es un regalo que te das a ti mismo en una base regular. Fortalece tu conexión contigo mismo, promueve el bienestar emocional y crea un espacio para el autodescubrimiento. Al comprometerte a reservar tiempo para actividades que nutren tu alma, estás reafirmando tu importancia y valor en tu propia vida. Recuerda que cuidar de ti mismo no es egoísmo, sino un acto de amor propio necesario para mantenerte equilibrado, feliz y en armonía contigo mismo y con el mundo que te rodea.

Explora tus intereses

La experiencia del autodescubrimiento y del amor propio también implica la exploración de tus intereses y pasiones. A menudo, en el ajetreo de la vida, podemos perder de vista las actividades que realmente nos hacen sentir vivos. En este tema, vamos a explorar la importancia de involucrarte en actividades que despierten tu pasión e interés, así como las maneras de incorporar esa exploración en tu rutina.

Despertando la pasión interior: Cuando nos involucramos en actividades que genuinamente nos interesan, estamos nutriendo nuestra autoestima y enriqueciendo nuestra experiencia de vida. Estas actividades pueden variar desde hobbies creativos, como la pintura o tocar un instrumento musical, hasta actividades al aire libre, como la jardinería o la escalada. El acto de dedicar tiempo a algo que amas es una demostración poderosa de amor propio, ya que estás invirtiendo en tu propia alegría y satisfacción.

Ampliando la visión de mundo: Explorar nuevos intereses no solo alimenta tu autoestima, sino que también expande tu visión de mundo. Al involucrarte en actividades diferentes, puedes entrar en contacto con perspectivas y experiencias que quizás nunca hayas considerado antes. Esto puede enriquecer tu mente, aumentar tu creatividad e incluso ayudarte a descubrir nuevos aspectos de ti mismo.

Una jornada de autodescubrimiento: Explorar tus intereses es una jornada continua de autodescubrimiento y crecimiento personal. Es una manera de nutrir tu pasión interior, ampliar tu visión de mundo y fortalecer tu relación contigo mismo. Ten en cuenta que tus pasiones e intereses son valiosos y merecen un lugar en tu vida. Al dedicarte a ellos, estás expresando amor propio y construyendo una vida que resuena con autenticidad y satisfacción.

Practica la gratitud

La práctica de la gratitud es uno de los caminos más poderosos para cultivar el amor propio y mejorar el bienestar emocional.

Transformando la perspectiva: La gratitud es como una lente que pones sobre tu vida, permitiéndote ver las cosas de una manera más positiva y enriquecedora. Al enfocarte en lo que tienes, en lugar de en lo que te falta, comienzas a percibir que la vida está llena de momentos preciosos y bendiciones diarias.

Aprender a apreciarse a uno mismo: Practicar la gratitud no se trata solo de reconocer las cosas que te rodean; también implica apreciar la persona que eres. Al anotar cosas por las que estás agradecido, estás reconociendo tus cualidades, logros y el valor intrínseco que posees como ser humano. Esto crea una base sólida de amor propio, ya que estás mirando hacia adentro y valorándote a ti mismo.

Promoviendo el bienestar emocional: Numerosos estudios han demostrado que la práctica regular de la gratitud está asociada a un aumento del bienestar emocional. Puede reducir sentimientos de estrés, ansiedad y depresión, y también fortalecer tu resiliencia emocional. La gratitud crea un espacio interno para sentimientos positivos y promueve una sensación general de satisfacción con la vida.

El viaje de descubrimiento y apreciación: La práctica de la gratitud es un viaje que te lleva a un lugar de descubrimiento y apreciación. No solo transforma tu perspectiva sobre la vida, sino que también ayuda a crear una relación más amorosa y respetuosa contigo mismo. A medida que cultivas la gratitud, estás nutriendo tu amor propio y construyendo una base sólida para una vida plena y significativa.

Establece límites

Establecer límites saludables es una parte esencial del camino para cultivar el amor propio y mejorar el bienestar emocional.

La importancia de los límites saludables: Establecer límites saludables es un acto de autocuidado y respeto por sí mismo. Esto significa reconocer que tus necesidades, energía y tiempo son preciosos y merecen ser protegidos. Cuando estableces límites claros, estás asegurando que tus interacciones y relaciones sean equilibradas, respetuosas y positivas.

Fortalecimiento de la autovaloración: Al establecer límites, estás demostrándote a ti mismo y a los demás que te valoras. Esto envía un mensaje poderoso de que mereces ser tratado con respeto y consideración. Cuando dices "no" cuando es necesario y proteges tu energía, estás reforzando tu autovaloración y cultivando una relación más amorosa contigo mismo.

La jornada de autodescubrimiento y empoderamiento: Establecer límites saludables es un paso vital en tu jornada de autodescubrimiento y empoderamiento. Al definir límites que protegen tu energía, estás invirtiendo en ti mismo y construyendo una base sólida para relaciones más saludables y una vida más equilibrada. Entiende que establecer límites es una demostración de amor propio y respeto por ti mismo, y te lo mereces.

Afirmaciones y visualizaciones

Afirmaciones positivas y visualizaciones son herramientas poderosas que pueden usarse para transformar tu autoimagen, cultivar la confianza interior y fortalecer tu mentalidad positiva.

El poder de las afirmaciones positivas: Las afirmaciones positivas son declaraciones intencionales que reflejan cualidades positivas y creencias sobre ti mismo. Tienen el poder de reprogramar patrones de pensamiento negativos y reemplazarlos con pensamientos positivos y potenciadores. Al repetir afirmaciones regularmente, estás construyendo una nueva narrativa sobre quién eres y lo que eres capaz de lograr.

El poder de la visualización creativa: La visualización creativa implica imaginar vívidamente situaciones deseadas, sintiendo las emociones asociadas a ellas. Esta práctica no solo aumenta tu confianza, sino que también envía señales positivas a tu cerebro, que no distingue entre experiencias reales e imaginadas. Al visualizar el éxito, la confianza en ti mismo y la felicidad, estás entrenando a tu mente para creer en esos resultados.

La construcción de una mentalidad positiva: Las afirmaciones y visualizaciones son herramientas poderosas para construir una mentalidad positiva y fortalecer tu autoimagen. Al repetir afirmaciones y visualizar tu éxito, estás programando tu mente para creer en tu potencial y las posibilidades positivas. Recuerda que tus palabras e imágenes mentales tienen el poder de moldear tu realidad, así que elige cuidadosamente y cree en el poder del amor propio.

Cultivar el amor propio es un viaje que te lleva de vuelta a tu verdadero yo, liberándote de las cadenas de la dependencia emocional. Al desarrollar una autoestima saludable y practicar el autocuidado, fortaleces tu capacidad de relacionarte contigo mismo de manera amorosa y respetuosa. Esta autosuficiencia emocional no solo te libera de la búsqueda incesante de validación externa, sino que también te prepara para construir relaciones auténticas, equilibradas y gratificantes.

4
RECONSTRUIR RELACIONES SALUDABLE

*Nuestro pasado no determina nuestro futuro,
pero nuestras elecciones sí pueden.*

Las relaciones saludables son la base de una vida emocional equilibrada y gratificante. En este capítulo, exploraremos las herramientas y estrategias para reconstruir y cultivar relaciones saludables después del camino de superación de la dependencia emocional. En este capítulo, abordaremos cómo establecer límites saludables, identificar relaciones tóxicas y desarrollar habilidades de comunicación asertiva para fortalecer sus conexiones interpersonales.

Aprender a establecer límites saludables

Las relaciones saludables se construyen sobre una base de respeto mutuo, comunicación abierta y límites claros. Establecer límites saludables es esencial para proteger su integridad emocional, garantizar que sus necesidades sean atendidas y evitar que usted caiga nuevamente en patrones de dependencia emocional. Cómo establecer límites saludables:

Identifique sus necesidades:

Autoconocimiento profundo: Tómese un tiempo para reflexionar sobre quién es, lo que valora y lo que busca en una relación. Pregúntese sobre sus preferencias, sus valores centrales y las características que considera esenciales en una conexión saludable.

Reflexión sobre experiencias pasadas: Analice sus experiencias pasadas en relaciones. ¿Cuáles fueron los momentos en que se sintió feliz, respetado y valorado? Y ¿cuáles fueron las situaciones en las que se sintió incómodo, irrespetado o abrumado?

Compresión de límites personales: Reconozca hasta dónde está dispuesto a ir en una relación antes de sentir que sus límites están siendo sobrepasados. Esto puede aplicarse a tiempo, espacio personal, esfuerzo emocional e incluso acciones específicas.

Conciencia de deseos y necesidades emocionales: Pregúntese a sí mismo cuáles son sus deseos emocionales en una relación. ¿Necesita apoyo emocional constante? ¿Valora la comunicación abierta? ¿Cuáles son las maneras en las que la relación puede satisfacer sus necesidades emocionales?

Observación de las emociones: Esté atento a sus emociones durante la interacción con los demás. Si se siente incómodo, irrespetado o ansioso, eso puede ser una señal de que sus límites han sido invadidos. Preste atención a esas pistas emocionales.

Aprendizaje continuo: El autoconocimiento es una experiencia continua. A medida que usted crece y cambia, sus necesidades y deseos también pueden evolucionar. Esté abierto a revisitar estos aspectos de sí mismo a lo largo del tiempo.

La identificación de sus necesidades es un paso fundamental para cultivar relaciones saludables y equilibradas. Esto no solo fortalece su autoestima, sino que también lo capacita a crear conexiones que son verdaderamente significativas y beneficiosas para todas las partes involucradas.

Sé asertivo

El asertividad es una habilidad crucial cuando se trata de establecer límites saludables en las relaciones. Ser asertivo significa comunicar tus necesidades, deseos y límites de manera directa, respetuosa y firme. Es un enfoque que involucra expresarse de manera clara y honesta, al mismo tiempo que respeta los sentimientos y las perspectivas de los demás. Estrategias para ser asertivo al comunicar tus límites:

Comunica de forma directa: Evita mensajes ambiguos o indirectos. Sé claro sobre lo que estás comunicando y evita rodeos.

Usa declaraciones "yo": Al expresar tus sentimientos y límites, usa declaraciones que comienzan con "yo". Esto evita que tu comunicación parezca una acusación directa a la otra persona.

Sé específico: Al comunicar tus límites, sé específico sobre lo que estás cómodo o incómodo. Da ejemplos concretos para que la otra persona entienda claramente lo que estás diciendo.

Mantén la calma: El asertividad implica mantener la calma y la compostura durante la comunicación. Evita reacciones emocionales exageradas o agresivas.

Escucha activamente: El asertividad también implica escuchar el punto de vista de la otra persona. Demuestra interés genuino en escuchar su perspectiva.

Prepárate para la resistencia: Algunas personas pueden no reaccionar bien a tu asertividad, especialmente si están acostumbradas a patrones diferentes de comunicación. Prepárate para la resistencia y mantente firme en tus límites.

Recuerda que el asertividad no es una forma de agresión ni de imponerse sobre los demás. Es una manera de expresarse y comunicarse de manera respetuosa y empoderada. Al adoptar el asertividad, estás construyendo relaciones más saludables y aprendiendo a cuidar de ti mismo al mismo tiempo que valoras a los demás.

No tengas miedo de decir "no"

Decir "no" es un acto de autosuficiencia, respeto propio y autocuidado. Sin embargo, muchas personas tienen dificultad en decir "no", ya sea por miedo a desagradar, a ser malinterpretadas o a ser rechazadas. Sin embargo, es importante entender que decir "no" cuando sea necesario es una manera saludable de establecer límites y garantizar que tus necesidades y bienestar sean priorizados. Cómo decir "no" de manera eficaz:

Sé directo y simple: Al decir "no", sé claro y directo. Evita rodeos o excusas largas que pueden debilitar tu mensaje.

Evita excusas excesivas: No es necesario justificar excesivamente el motivo por el que estás diciendo "no". Una explicación breve y honesta es suficiente.

Mantente firme: Sé firme en tu decisión, incluso si la otra persona insiste o intenta persuadirte a cambiar de idea.

Recuerda tu valor: Al decir "no", estás defendiendo tus propios intereses y respetando tus necesidades.

Practica anticipadamente: Si crees que puedes tener dificultad en decir "no", practica lo que vas a decir anticipadamente. Esto puede ayudar a aumentar tu confianza en la situación real.

Prepárate para reacciones: Algunas personas pueden no reaccionar bien cuando dices "no". Prepárate para posibles reacciones negativas y mantente firme en tu decisión.

Entiende que decir "no" no es egoísmo, sino una manera de garantizar que estés en sintonía con tus propias necesidades y valores. Con la práctica, aprenderás a decir "no" de manera más confiada y respetuosa, contribuyendo a relaciones más saludables y a tu propio bienestar.

Monitorea tus emociones

La capacidad de monitorear tus emociones y reconocer las señales de incomodidad es una habilidad esencial cuando se trata de establecer límites saludables. Tus emociones son indicadores valiosos de cómo te sientes en relación a una situación o relación. Al estar atento a estas señales internas, puedes tomar decisiones más conscientes y alineadas con tus necesidades y bienestar. Maneras de monitorear tus emociones y señales de incomodidad:

Practica la autoconciencia: Tómate un momento para sintonizarte con tus emociones regularmente. Esto puede hacerse a través de la meditación, la escritura en el diario o la simple reflexión.

Observa señales físicas: Tus emociones a menudo se manifiestan en señales físicas, como tensión muscular, aumento de la frecuencia cardíaca, sudoración o náuseas. Esté atento a estas señales cuando estés en una situación que involucre límites.

Identifica la incomodidad: Si algo te está causando incomodidad, ansiedad, irritación o tristeza, es una señal de que algo puede estar fuera de alineación con tus necesidades.

Confía en tu intuición: La intuición es una guía poderosa. Si algo no parece correcto, incluso si no puedes identificar exactamente el motivo, confía en tu intuición.

Evalúa tus pensamientos: Los pensamientos que tienes en relación a una situación pueden ser indicativos de tus emociones. Si estás constantemente preocupado, dudando o sintiéndote abrumado, esto puede ser una señal de que tus límites están siendo sobrepasados.

Date permiso para sentir: Recuerda que todas las emociones son válidas. Date permiso para sentir lo que estás sintiendo, incluso si es incómodo.

Sé que tus emociones son un recurso valioso que puede orientar tus decisiones y acciones. Al conectarte con tus emociones y darles la debida atención, estás honrando tus necesidades emocionales y poniéndote en el camino de relaciones más saludables y equilibradas.

Mantente firme

Muchas veces, establecer límites saludables es solo la mitad del desafío; mantenerlos firmemente es el paso crucial para construir relaciones saludables y preservar tu propia integridad emocional. Mantenerte firme en tus límites implica una combinación de confianza en ti mismo, asertividad y autovaloración. Cómo mantenerte firme en tus límites:

Confianza en ti mismo: Cultiva un sentido de confianza en ti mismo y autovaloración. Recuerda que tus sentimientos y necesidades son válidos y merecen ser respetados.

Define consecuencias claras: Cuando establezcas un límite, también define cuáles serán las consecuencias si ese límite se sobrepasa. Tener consecuencias claras en mente puede ayudarte a mantenerte firme, ya que esto muestra que te tomas tus límites en serio.

Practica la resiliencia emocional: Espera que haya resistencia cuando establezcas y mantengas límites. Puede haber intentos de manipulación, presión o incluso críticas. Desarrolla resiliencia emocional para enfrentar estos desafíos sin ceder.

Refuerzo tus motivos: Recuerda los motivos por los que estableciste el límite. Ya sea un compromiso con tu propio bienestar o una necesidad de respeto, mantener esos motivos en mente puede fortalecer tu determinación.

Practica la autodefensa: No tengas miedo de defenderte si tus límites son irrespetados. Esto no significa ser agresivo, sino ser asertivo en comunicar tu posición.

Lidia con la culpa: A veces, puedes sentirte culpable por mantener tus límites, especialmente si los demás están decepcionados. Recuerda que cuidar de ti mismo no es egoísmo, es una forma de autocuidado.

Foco en el autocuidado: Mantén el foco en tu propio bienestar. Recuerda que al mantenerte firme en tus límites, estás priorizando tu salud emocional.

Busca apoyo: Si enfrentas dificultades para mantener tus límites, busca apoyo de amigos, familiares o profesionales. Ellos pueden ofrecer incentivo y orientación.

Establecer límites saludables requiere práctica y autocuidado constante. A medida que desarrollas esta habilidad, estarás más preparado para crear relaciones equilibradas y gratificantes, en las que ambos lados son respetados, escuchados y valorados. Ten en cuenta que tus límites son un reflejo de tu amor propio y autovaloración, y merecen ser honrados.

Identificar relaciones tóxicas y aprender a alejarse de ellas

Identificar y alejarse de relaciones tóxicas es fundamental para proteger tu salud emocional. Las relaciones tóxicas pueden minar tu progreso en la superación de la dependencia emocional y revertir los avances que has logrado. Estos son algunos signos de relaciones tóxicas:

Desprecio constante

El respeto es uno de los pilares fundamentales de cualquier relación saludable. Cuando el desprecio es constante en una relación, puede indicar toxicidad y perjudicar gravemente tu salud emocional. Identificar el desprecio constante es crucial para proteger tu bienestar y construir relaciones saludables. Estos son algunos signos de desprecio constante:

Humillación y menosprecio: Si te sientes humillado, menospreciado o ridiculizado con frecuencia por tu pareja o por personas cercanas, es un signo claro de desprecio. Las relaciones saludables se basan en el respeto mutuo.

Ignorar tus opiniones: Si tus opiniones, sentimientos y perspectivas son ignorados o descartados de forma consistente, esto demuestra una falta de consideración y respeto por tus contribuciones.

No respetar tus límites: Si tus límites personales no son respetados y se sobrepasan con frecuencia, esto indica una falta de consideración por tu comodidad y bienestar.

Criticar constantemente: Las críticas constructivas son normales en las relaciones, pero las críticas constantes que buscan minar tu autoestima y valor son un signo de desprecio.

Desvalorizar tus logros: Si tus logros y conquistas son minimizados o no reconocidos de forma consistente, esto puede afectar tu autoestima y causar sentimientos de desprecio.

Falta de empatía: Si la otra persona no demuestra empatía por tus sentimientos o no se preocupa por tus necesidades emocionales, esto puede indicar una falta de respeto por tu experiencia.

Comparación constante: Si te comparas constantemente con otras personas, ya sea para disminuir tus logros o resaltar tus fallas, es un comportamiento irrespetuoso.

Comportamiento controlador: El control excesivo sobre tus acciones, decisiones e independencia es una forma de irrespeto a tu autonomía e individualidad. Recomendaciones para alejarse de relaciones tóxicas

Reconoce los signos de una relación tóxica. Es importante ser consciente de los signos de una relación tóxica para poder identificarla y tomar medidas para alejarte.

Busca apoyo. Hablar con un amigo, familiar o terapeuta puede ayudarte a procesar lo que estás viviendo y a desarrollar un plan para alejarte de la relación tóxica.

Establece límites. Una vez que hayas decidido alejarte de la relación, es importante establecer límites claros con la otra persona. Esto puede ayudarte a protegerte de su comportamiento dañino.

Busca ayuda profesional. Si estás experimentando dificultades para alejarte de una relación tóxica, puede ser útil buscar ayuda profesional. Un terapeuta puede ayudarte a desarrollar estrategias para lidiar con la situación y a superar los efectos emocionales de la relación.

Recuerda que mereces ser tratado con respeto, valorado y apoyado en tus relaciones. No dudes en alejarte de situaciones que constantemente minan tu dignidad y bienestar emocional.

La manipulación

La manipulación es un comportamiento dañino que puede corroer la confianza, minar la autoestima y afectar negativamente la salud emocional en una relación. Reconocer los signos de manipulación es fundamental para protegerse y crear relaciones saludables y equilibradas. Signos de manipulación en una relación:

Control excesivo: Si alguien está tratando de controlar tus acciones, decisiones y emociones de manera constante, eso es una señal clara de manipulación. Esto puede incluir intentos de influir en tus elecciones, limitar tu independencia y dictar tus acciones.

Culpabilización: Las personas manipuladoras a menudo intentan atribuirte la responsabilidad por sus propios sentimientos o acciones. Pueden hacerte sentir culpable por no cumplir con sus expectativas o por expresar tus necesidades.

Elogios exagerados: La manipulación puede implicar elogios excesivos e insinceros para ganar tu confianza y hacerte sentir más inclinado a atender a sus demandas.

Amenazas veladas: Las personas manipuladoras pueden hacer amenazas sutiles o veladas para conseguir lo que desean. Esto puede crear un ambiente de miedo y ansiedad.

Aislamiento social: Los manipuladores pueden intentar aislarte de amigos y familiares para aumentar su control sobre ti y limitar tu acceso a fuentes de apoyo.

Mudanzas constantes de humor: Algunas personas manipuladoras pueden usar cambios repentinos de humor para hacerte sentir culpable o confundido, y así atender a sus demandas.

Exploración de culpa: Los manipuladores a menudo exploran sentimientos de culpa para obtener lo que desean. Pueden hacerte creer que eres responsable de sus dificultades o insatisfacción.

Silencio punitivo: La manipulación puede implicar un patrón de silencio como forma de castigo, dejándote inseguro y ansioso por su aprobación.

Recuerda que mereces estar en una relación donde tus elecciones, opiniones y emociones sean respetadas y valoradas. No dudes en alejarte de relaciones manipuladoras para proteger tu integridad emocional y mental.

Falta de apoyo

En una relación saludable, el apoyo mutuo es una de las bases fundamentales. Sentirse apoyado, escuchado y valorado es esencial para el crecimiento individual y la construcción de conexiones significativas. Sin embargo, a veces puede ser difícil identificar la falta de apoyo en una relación. Estos son algunos signos de falta de apoyo:

Falta de interés: Si la otra persona no demuestra interés genuino por tus experiencias, emociones u objetivos, eso puede indicar falta de apoyo. Sentirse ignorado o desvalorizado es una señal de que tus necesidades emocionales no están siendo atendidas.

Falta de disponibilidad: Cuando necesitas a alguien con quien hablar, compartir tus logros o desafíos, pero la persona está constantemente ocupada o no disponible, eso puede hacerte sentir solo y no apoyado.

Falta de respeto por tus necesidades: Si la otra persona frecuentemente desconsidera tus necesidades u objetivos, eso indica falta de respeto y apoyo en tu relación.

Ausencia de empatía: La empatía es fundamental para un apoyo saludable. Si la persona no puede ponerse en tu lugar y entender tus perspectivas, puede haber una falta de conexión emocional.

Falta de aliento: En una relación de apoyo, las personas se animan mutuamente a crecer y alcanzar sus objetivos. La falta de aliento puede hacerte sentir desmotivado e inseguro en tus ambiciones.

Negligencia en momentos difíciles: Cuando estás pasando por un momento difícil y no recibes apoyo emocional de la otra persona, eso puede hacerte sentir vulnerable e aislado.

Drenaje emocional

En una relación saludable, te sientes energizado, apoyado y positivamente involucrado. Sin embargo, hay situaciones en las que una relación puede causar drenaje emocional, dejándote agotado, ansioso y perturbado. Reconocer el drenaje emocional es esencial para preservar tu salud mental y bienestar. Signos de drenaje emocional en una relación:

Desgaste emocional constante: Si te sientes emocionalmente drenado después de las interacciones con la otra persona, puede ser una señal de que la relación está consumiendo más energía de la que está proporcionando.

Sentimientos de ansiedad: Si la cercanía de la otra persona o el pensamiento de interactuar con ella te causan ansiedad con frecuencia, es un indicativo de que la relación puede estar afectando negativamente tu estado emocional.

Incapacidad de ser tú mismo: Si sientes que necesitas cambiar quién eres o reprimir tus emociones y opiniones para complacer a la otra persona, esto puede resultar en drenaje emocional.

Falta de equilibrio: Si siempre estás dando más de lo que recibes en términos de apoyo emocional, atención y cuidado, esto puede crear un desequilibrio perjudicial.

Desgaste psicológico: Las relaciones emocionalmente drenantes pueden conducir al estrés crónico, insomnio, pérdida de interés en actividades que antes eran placenteras e incluso a la depresión.

Relaciones deben enriquecer tu vida, no drenarla. Si una relación está causando drenaje emocional constante, es importante considerar si vale la pena seguir invirtiendo en ella o si es mejor seguir adelante en busca de relaciones más saludables.

Abuso en una relación

El abuso en una relación es un problema grave y nunca debe ser ignorado o tolerado. Cualquier forma de abuso, ya sea emocional, verbal, físico o psicológico, es inaceptable en una relación saludable. Reconocer y lidiar con el comportamiento abusivo es esencial para proteger tu salud emocional, física y mental. Cómo reconocer el abuso en una relación:

Abuso emocional y verbal: Esto incluye humillación, críticas constantes, amenazas, manipulación emocional, insultos y ridiculización. El abuso verbal y emocional puede ser tan perjudicial como el abuso físico.

Abuso físico: Cualquier forma de agresión física, como empujones, puñetazos, bofetadas, estrangulamiento o cualquier acto que cause daño físico, es una señal clara de abuso.

Abuso psicológico: El abuso psicológico implica controlar a la otra persona, aislarla de amigos y familiares, amenazar con dañarse a sí misma o a otras personas, o ejercer control excesivo sobre su vida.

Manipulación: El comportamiento manipulador incluye mentiras frecuentes, juegos emocionales, control excesivo sobre tus acciones y decisiones, y hacerte dudar de tu propia realidad.

Aprender a alejarse de las relaciones tóxicas es un acto de amor propio. No te culpes por invertir tiempo y energía en relaciones que no son saludables; en cambio, usa esta experiencia como un trampolín para construir relaciones basadas en el respeto, el apoyo mutuo y el crecimiento personal.

Cómo comunicar tus necesidades de manera asertiva

La comunicación asertiva es fundamental para la construcción de relaciones saludables. Implica expresar tus necesidades, deseos y sentimientos de manera clara y respetuosa. A continuación, se presentan algunas pautas para comunicar tus necesidades de manera asertiva:

Elige el momento adecuado

La elección del momento adecuado para iniciar una conversación es crucial para garantizar que la comunicación sea eficaz y constructiva. El ambiente y las circunstancias en las que se produce una conversación pueden tener un impacto significativo en la receptividad y el resultado de la interacción. Estas son algunas consideraciones importantes al elegir el momento adecuado:

Ambiente tranquilo y relajado: Prefiere un ambiente en el que ambos participantes puedan sentirse cómodos y concentrados. Evita lugares ruidosos o donde otras personas puedan interrumpir la conversación. Elegir un espacio tranquilo ayuda a crear un ambiente propicio para una comunicación abierta y honesta.

Emociones equilibradas: Evita iniciar una conversación cuando tú o la otra persona estén emocionalmente cargados, irritados o cansados. Las emociones intensas pueden interferir en la capacidad de escuchar y entender lo que se está diciendo. Espera hasta que ambos estén emocionalmente más equilibrados para abordar el tema.

Evita interrupciones: Asegúrate de que ambos tengan tiempo disponible para la conversación sin interrupciones. Apagar los dispositivos electrónicos o elegir un momento en el que no haya obligaciones inmediatas puede ayudar a mantener el foco en la discusión.

Previsibilidad: Si es posible, avisa con antelación que te gustaría tener una conversación importante. Esto le da a la otra persona tiempo para prepararse emocionalmente y también ayuda a crear una atmósfera de apertura.

Elige el momento adecuado: Cada persona tiene sus propios ritmos y horarios preferidos para conversar. Algunos pueden ser más receptivos por la mañana, mientras que otros prefieren la tarde o la noche. Respeta estas preferencias para garantizar que ambos estén atentos e involucrados en la conversación.

Apoyo mutuo: Si es posible, elige un momento en el que ambos estén disponibles para apoyarse mutuamente después de la conversación. Algunas conversaciones pueden desencadenar emociones intensas, y tener el apoyo mutuo disponible puede ser reconfortante.

Ser específico en la comunicación

Ser específico en la comunicación es fundamental para garantizar que tus necesidades, deseos y preocupaciones sean comprendidas de manera clara y precisa. Al ser específico, evitas malentendidos y ayudas a la otra persona a comprender exactamente lo que estás tratando de transmitir. Maneras de ser específico en la comunicación:

Detalla tus expectativas: En lugar de usar declaraciones vagas, como "Nunca me ayudas", sé específico sobre lo que esperas. Por ejemplo, di "Apreciaría si pudieras ayudarme a limpiar la cocina después de la cena".

Proporciona ejemplos: Al explicar un problema o preocupación, usa ejemplos específicos para ilustrar lo que está sucediendo. Esto ayuda a contextualizar la situación y hace más fácil para la otra persona entender tu perspectiva.

Evita generalizaciones: Evita usar generalizaciones que puedan ser interpretadas de maneras diferentes. Frases como "Siempre haces esto" o "Nunca me escuchas" no son específicas y pueden llevar a discusiones improductivas. En su lugar, identifica situaciones específicas para discutir.

Define objetivos claros: Cuando estés comunicando una necesidad o un pedido, sé claro sobre lo que esperas alcanzar con la conversación. Esto ayuda a mantener el foco en la solución y evita que la discusión se desvíe hacia otras cuestiones.

Usa lenguaje descriptivo: Usa lenguaje descriptivo para explicar tus emociones y sentimientos. En lugar de decir solo "Estoy enojado", explica por qué te sientes así y cómo la situación te afecta.

Estar abierto a preguntas: Sé receptivo a las preguntas de la otra persona para aclarar detalles. A veces, las personas pueden necesitar más información para entender completamente lo que estás tratando de comunicar.

Ser específico en la comunicación no solo evita malentendidos, sino que también muestra que estás dispuesto a compartir tus pensamientos y sentimientos de manera clara y abierta. Esto fortalece la base para relaciones saludables y constructivas.

Utilizar declaraciones "yo"

Utilizar declaraciones que empiezan con "yo" es una estrategia eficaz para una comunicación más asertiva y respetuosa. Esto permite que compartas tus sentimientos, pensamientos y necesidades de manera más personal y directa, evitando que la otra persona se sienta acusada o defensiva. Beneficios de utilizar declaraciones "yo" en la comunicación:

Se enfoca en tus sentimientos: Al empezar una declaración con "yo siento", estás expresando tus sentimientos de manera clara y honesta. Esto ayuda a la otra persona a entender cómo sus palabras o acciones te afectan emocionalmente.

Evita acusaciones directas: Declaraciones que empiezan con "tú" pueden parecer acusatorias y defensivas, llevando a conversaciones conflictivas. Al usar "yo", estás evitando colocar la culpa directamente en la otra persona y, en cambio, estás compartiendo tu perspectiva.

Promueve empatía y comprensión: Al expresar tus sentimientos y necesidades personales, estás invitando a la otra persona a ponerse en tu lugar y a entender tu perspectiva. Esto promueve empatía y comunicación más abierta.

Se enfoca en la comunicación constructiva: Declaraciones "yo" facilitan una comunicación más constructiva y orientada a la solución. Estás comunicando lo que te gustaría ver cambiado o mejorado, en lugar de simplemente señalar fallas.

Alienta la expresión de sentimientos: Usar declaraciones "yo" incentiva la expresión de sentimientos y necesidades genuinos. Esto ayuda a construir confianza y conexión en las relaciones.

Ejemplo de uso: En lugar de decir "Tú nunca me prestas atención", puedes decir "Yo siento que nuestra comunicación podría ser más atenta. Me gustaría discutir maneras de involucrarnos mejor uno con el otro".

Las declaraciones "yo" son una herramienta valiosa para la comunicación asertiva y saludable. Ayudan a crear un espacio para diálogo abierto y colaborativo, promoviendo relaciones más respetuosas y equilibradas.

Escucha activa

La escucha activa es una habilidad fundamental en la comunicación asertiva y saludable. Va más allá de simplemente escuchar las palabras de la otra persona; implica comprender, interpretar y responder de manera empática. Al practicar la escucha activa, estás demostrando respeto, interés genuino y apertura para entender la perspectiva de la otra persona. Maneras de practicar la escucha activa:

Mantén contacto visual: Al hacer contacto visual mientras la otra persona habla, estás demostrando que estás involucrado en la conversación e interesado en lo que tiene que decir.

Elimina distracciones: Asegúrate de que estás libre de distracciones, como dispositivos electrónicos, para que puedas concentrarte completamente en la conversación.

Muestra señales de interés: Usa gestos verbales y no verbales, como asentir con la cabeza y hacer preguntas aclaratorias, para mostrar que estás escuchando e interesado.

No interrumpas: Evita interrumpir a la otra persona mientras habla. Espera hasta que termine para responder o hacer preguntas.

Haz preguntas abiertas: Preguntas abiertas alientan a la otra persona a compartir más detalles y expresar sus ideas. Esto demuestra que estás genuinamente interesado en entender su perspectiva.

Parafrasea y resume: De vez en cuando, parafrasea o resume lo que la otra persona dijo para verificar si lo entendiste correctamente y mostrar que estás acompañando.

Valida sentimientos: Reconoce los sentimientos de la otra persona, incluso si no estás de acuerdo totalmente. Esto crea un ambiente de respeto y empatía.

Da feedback constructivo: Cuando sea apropiado, ofrece feedback constructivo de manera respetuosa y cuidadosa.

Al practicar la escucha activa, estás demostrando que valoras la perspectiva de la otra persona y estás dispuesto a involucrarte de manera genuina y respetuosa. Esto ayuda a construir relaciones saludables y equilibradas, donde la comunicación es una calle de dos sentidos.

Respetar las diferencias

La diversidad de perspectivas, experiencias y opiniones es una parte intrínseca de las interacciones humanas. Al respetar las diferencias en la comunicación, creas un ambiente de respeto mutuo y comprensión, contribuyendo a relaciones más saludables y enriquecedoras. Maneras de practicar el respeto por las diferencias:

Abrir la mente a lo nuevo: Estar dispuesto a escuchar y considerar puntos de vista diferentes a los tuyos. Incluso si inicialmente no estás de acuerdo, estar abierto a nuevas ideas puede ampliar tu perspectiva.

Evitar juicios precipitados: Evitar sacar conclusiones precipitadas o hacer juicios sobre los demás con base en diferencias de opinión. En cambio, procura entender el contexto y las razones por detrás de las perspectivas divergentes.

Practicar la empatía: Ponte en el lugar de la otra persona para entender sus motivaciones, experiencias y sentimientos. Esto puede ayudar a crear una conexión más profunda, incluso cuando hay desacuerdo.

Enfocarse en la comprensión: En lugar de centrarse en convencer a la otra persona de que estás en lo cierto, céntrate en entender por qué tiene esa perspectiva y cómo llegó a esa conclusión.

Hacer preguntas y explicar: Haz preguntas respetuosas para entender mejor el punto de vista de la otra persona. Si es necesario, explica tu propia perspectiva de manera calmada y respetuosa.

Celebrar la diversidad: Reconoce que la diversidad de opiniones y experiencias enriquece la conversación y puede llevar a soluciones más creativas y bien fundamentadas.

Evitar el desprecio e insultos: Evita el lenguaje despectivo, insultos o actitudes condescendientes en relación con las opiniones diferentes. Esto no solo perjudica la comunicación, sino que también mina la calidad de las relaciones.

Encontrar puntos en común: Busca áreas de acuerdo y puntos en común, incluso cuando hay diferencias significativas. Esto puede servir como punto de partida para una conversación constructiva.

Respetar los límites: No todas las conversaciones necesitan conducir a un consenso. Respeta los límites de la otra persona y sé consciente de cuándo es apropiado estar en desacuerdo.

Al demostrar respeto por las diferencias, contribuyes a un ambiente más inclusivo y empático, donde las personas pueden sentirse valoradas y escuchadas, independientemente de sus opiniones. Esto crea una base sólida para relaciones saludables y una comunicación constructiva.

Estar abierto al compromiso

El compromiso es una pieza clave en la construcción de relaciones saludables y en la comunicación asertiva. Estar abierto al compromiso demuestra flexibilidad, empatía y un deseo genuino de encontrar soluciones que atiendan a las necesidades de ambas partes. Cómo el compromiso desempeña un papel vital en la comunicación asertiva:

Demostración de respeto: Cuando estás dispuesto a comprometerte, demuestras que valoras las opiniones y necesidades de la otra persona. Esto crea un ambiente de respeto mutuo, donde ambas partes se sienten escuchadas y consideradas.

Construcción de relaciones fuertes: Relaciones saludables se construyen sobre la capacidad de encontrar soluciones que beneficien a ambas partes. El compromiso es la base para construir confianza y cooperación, creando una base sólida para la relación.

Resolución de conflictos: El compromiso es una herramienta eficaz para resolver conflictos de manera constructiva. Al buscar soluciones intermedias, evitas impasses y abres espacio para encontrar un terreno común.

Equilibrio de necesidades: El compromiso permite equilibrar las necesidades de ambas partes. Esto es especialmente importante en situaciones donde las opiniones o deseos son divergentes. Encontrar un medio término ayuda a evitar que una persona o perspectiva domine a la otra.

Promoción de la cooperación: Al comprometerte, incentivas la cooperación y el trabajo en equipo. Esto es fundamental para lidiar con desafíos compartidos y para alcanzar objetivos mutuos.

Evitar rigidez e intransigencia: La falta de compromiso puede llevar a la rigidez y la intransigencia, lo que dificulta la resolución de problemas y puede llevar a conflictos innecesarios. El compromiso ayuda a superar estos obstáculos.

Conexión emocional: El compromiso fortalece la conexión emocional entre las partes, demostrando que estás dispuesto a invertir en la relación y encontrar soluciones que respeten los sentimientos de todos.

Construcción de habilidades de comunicación: La práctica del compromiso contribuye al desarrollo de habilidades de comunicación eficaces, como negociación, escucha activa y empatía.

Crecimiento personal: El compromiso exige autorreflexión y una aproximación madura para lidiar con desafíos. Esto promueve el crecimiento personal y la resiliencia emocional.

Reconstruir relaciones después de superar la dependencia emocional puede ser un camino desafiante, pero también gratificante. Al establecer límites saludables, identificar relaciones tóxicas y desarrollar habilidades de comunicación asertiva, estás construyendo una base sólida para relaciones equilibradas y gratificantes. Sé consciente de que tu camino de amor propio continúa influyendo positivamente en todas tus conexiones interpersonales, permitiéndote cultivar relaciones que están construidas sobre el respeto mutuo, la comprensión y el apoyo genuino.

5

CUIDANDO DEL CUERPO Y LA MENTE

Encuentra la chispa que enciende tu pasión y la luz guiará tu camino.

No podemos olvidar que, en nuestro camino de construcción de relaciones saludables y superación de la dependencia emocional, es esencial reservar tiempo y espacio para nutrir nuestros propios intereses y pasiones. Esta práctica no solo enriquece nuestras vidas individuales, sino que también fortalece nuestras relaciones, permitiendo que se desarrollen de manera más saludable y equilibrada. En este capítulo, exploraremos la importancia de descubrir pasiones y pasatiempos que llenen tu vida, la necesidad de mantener una vida social equilibrada y cómo enfocarte en ti mismo, incluso estando en una relación.

Descubriendo pasiones y pasatiempos que te llenen

Encontrar pasiones y pasatiempos que nos llenen es un camino natural y divertido de autoexploración y autodescubrimiento. Estas actividades nos conectan con nuestros intereses genuinos, estimulan nuestra creatividad y nos proporcionan un espacio para expresarnos de manera única. Pasos para descubrir y cultivar estas pasiones:

Autoexploración

La jornada de autoexploración es una búsqueda emocionante para descubrir quién eres y lo que realmente te inspira. Esta jornada es crucial para nutrir tu identidad y bienestar emocional.

Estrategias para ayudarte a explorar y descubrir pasiones e intereses que te llenen:

Reflexión profunda: Dedica un tiempo tranquilo para reflexionar sobre tus experiencias de vida, sueños y aspiraciones. Pregúntate a ti mismo qué actividades o momentos te hacen sentir más vivo y animado.

Lista tus actividades favoritas: Haz una lista de todas las actividades que te gustan, incluso si parecen pequeñas o insignificantes. Esto puede incluir desde cocinar hasta caminar en la naturaleza.

Explora tus curiosidades: Si algo te intriga, sumérgete profundamente. Investiga, lee y aprende más sobre temas que te interesan. Esto puede abrir puertas a pasiones inesperadas.

Sal de tu zona de confort: No tengas miedo de aventurarte en territorio desconocido. A veces, las mayores pasiones están fuera de tu zona de confort.

Perseverancia: El descubrimiento de pasiones e intereses no sucede de la noche a la mañana. Sé paciente y sigue explorando hasta encontrar algo que realmente te apasione.

Observa tus emociones: Presta atención a las actividades que te hacen sentir emocionado, energizado e involucrado. Tus emociones pueden ser una guía valiosa para identificar tus verdaderas pasiones.

Mantén un diario: Mantén un diario de tus experiencias y sentimientos mientras experimentas diferentes actividades. Esto puede ayudar a rastrear lo que te hace sentir más vivo.

Aprende de los demás: Conversa con amigos, familiares y colegas sobre sus pasiones e intereses. Ellos pueden ofrecerte perspectivas que no habías considerado.

No tengas miedo de cambiar: Tus pasiones e intereses pueden evolucionar con el tiempo. No tengas miedo de cambiar de dirección y explorar nuevas áreas.

La autoexploración es una jornada personal única. A medida que te adentras en tus pasiones e intereses, construyes una conexión más profunda contigo mismo y enriqueces tu vida de maneras inimaginables. Recuerda que esta jornada no tiene prisa, y lo importante es estar abierto a conocerte y a permitirte crecer a través de tus descubrimientos.

Experimentación

La experimentación es un enfoque emocionante y envolvente para descubrir pasiones e intereses que puedan llenarte. Implica la disposición de salir de tu zona de confort, abrirte a nuevas experiencias y explorar territorios desconocidos. Maneras de abrazar la experimentación en tu búsqueda de pasiones:

Participa en talleres y cursos: Participar en talleres, cursos o clases en diferentes áreas puede ser una excelente manera de exponerte a nuevas actividades. Ya sea aprender a cocinar, pintar, bailar o tocar un instrumento, la experiencia de estar en un ambiente de aprendizaje puede despertar intereses inesperados.

Grupos de interés: Únete a grupos o clubes que compartan intereses similares a los que estás explorando. Esto puede variar desde grupos deportivos hasta clubes de lectura o discusión de películas. La interacción con personas que comparten tus intereses puede ser inspiradora y ayudarte a identificar lo que realmente te cautiva.

Eventos culturales y artísticos: Participa en eventos culturales, exposiciones de arte, ferias y festivales. Estos eventos a menudo presentan una variedad de actividades y experiencias que pueden despertar tu curiosidad.

Viajes y exploración: Viajar a diferentes lugares ofrece la oportunidad de experimentar culturas, cocinas y actividades únicas. Un viaje puede ser una manera increíble de descubrir pasiones que nunca habrías considerado en tu zona de confort.

Desafíate: Sé valiente y experimenta cosas que normalmente evitarías. Esto puede incluir actividades que crees que no tienes talento o habilidad para hacer. Puedes sorprenderte con lo que descubres.

Mantén una mente abierta: Esté dispuesto a probar algo incluso si inicialmente no parece ser de tu interés. A veces, la verdadera pasión se puede encontrar en lugares inesperados.

Explora en línea: Internet es una fuente infinita de recursos y oportunidades para experimentar cosas nuevas. Desde tutoriales de manualidades hasta clases de cocina en línea, hay una amplia gama de actividades para explorar.

Aprende del fracaso: No todas las experiencias de experimentación conducirán a pasiones duraderas, y eso está perfectamente bien. El fracaso es una parte natural del proceso de descubrimiento y aprendizaje. Usa esas experiencias para refinar tus preferencias.

La experimentación es una manera emocionante y enriquecedora de descubrir pasiones e intereses. Al abrazar la disposición de explorar lo desconocido, expandes tu visión del mundo y encuentras actividades que pueden traer alegría, satisfacción y un sentido renovado de propósito a tu vida.

Conectarse con la infancia

La infancia es a menudo un período de descubrimiento y exploración, donde nuestros intereses y pasiones comienzan a formarse. Recordar y reconectarse con los pasatiempos y actividades que te traían alegría en la infancia puede ser una forma poderosa de descubrir pasiones duraderas. Maneras de conectarse con la infancia en busca de intereses:

Explora tus recuerdos: Reflexiona sobre las actividades que te gustaba hacer cuando eras niño. Esto puede incluir dibujos, juegos al aire libre, juegos de mesa, música, baile o cualquier otra cosa que te entusiasmaba.

Revive las experiencias: Considera cómo puedes traer estas actividades de vuelta a tu vida adulta. Por ejemplo, si te gustaba dibujar, tal vez puedas comenzar a pintar o hacer ilustraciones como pasatiempo.

Pregunta a tus padres o familiares: Habla con tus padres, familiares o personas cercanas que puedan recordar las actividades que te gustaban cuando eras niño. Ellos pueden ofrecerte información valiosa sobre tus primeras pasiones.

Inspírate con la niña interior: Imagínate como la niña que fuiste. ¿Qué actividades te emocionaban? ¿Qué juegos te hacían olvidar el tiempo? Intenta traer un poco de ese espíritu de curiosidad y exploración a tu vida actual.

Lleva tu pasión al siguiente nivel: Si descubres que todavía tienes pasión por algo que te gustaba en la infancia, considera cómo puedes llevarlo al siguiente nivel. Por ejemplo, si te gustaba construir cosas con bloques, tal vez puedas experimentar con carpintería o modelado.

Combina con intereses actuales: Intenta combinar tus intereses de infancia con tus intereses actuales. Esto puede resultar en actividades únicas y personalizadas que reflejen quién eres ahora.

Mantén la mente abierta: Sé que tus pasiones pueden evolucionar y cambiar con el tiempo. Lo que te gustaba cuando eras niño puede tener una influencia profunda en quién eres hoy, pero también es importante estar abierto a nuevas experiencias e intereses.

Reconectarse con la infancia es una experiencia emocionalmente gratificante que puede revelar pasiones que son auténticas y profundamente arraigadas en tu esencia. Al honrar a la niña interior, puedes traer una nueva vitalidad a tu vida adulta y descubrir actividades que proporcionan alegría y satisfacción genuinas.

Seguir el flujo

Encontrar tus pasiones y pasatiempos verdaderos a menudo implica identificar las actividades que te hacen entrar en un estado de flujo, donde estás tan inmerso en la tarea que pierdes la noción del tiempo. Esto se suele referir como estar en "flujo", un estado de concentración profunda y compromiso total en una actividad. Seguir tu flujo puede ser una forma eficaz de descubrir lo que realmente te llena y te trae satisfacción. Cómo identificar tus pasiones a través del "flujo":

Autoconciencia: Comienza observando tus propias reacciones y sentimientos mientras estás involucrado en diferentes actividades. Ten en cuenta cuando te sientes energizado, enfocado e inspirado.

Pérdida de la noción del tiempo: Presta atención a las veces en que te involucras tanto en una actividad que pierdes la noción del tiempo. Este es a menudo un signo de que estás en "flujo".

Sentimiento de logro: Las actividades que te hacen sentir realizado y satisfecho son más propensas a estar alineadas con tus pasiones. El sentimiento de logro puede venir del progreso visible o de la mejora en una habilidad.

Desafío en la medida justa: El "flujo" es más probable de ocurrir cuando estás enfrentando un desafío que está dentro de tus habilidades y competencias. La actividad es desafiante, pero te sientes capaz de manejarla.

Compromiso total: Durante el "flujo", estás completamente absorto por la actividad. Tu mente está enfocada y no estás preocupado por las distracciones externas.

Intereses personales: Considera tus preferencias personales e intereses. El "flujo" puede ser más probable de ocurrir en actividades que están alineadas con lo que te gusta y valoras.

Experimenta diferentes actividades: Experimenta una variedad de actividades para descubrir cuáles de ellas activan el "flujo" en ti. Puede ser algo artístico, deportivo, intelectual o creativo.

Mantén un diario: Mantén un diario de las actividades en las que experimentas el "flujo". Anota tus observaciones y sentimientos durante esos momentos para ayudar a identificar patrones.

Busca consistencia: Identifica si hay actividades en las que te encuentras a menudo en el estado de "flujo". Esto puede ser un indicador de un interés genuino y apasionado.

El "flujo" es un estado poderoso que nos conecta profundamente con nuestras pasiones e intereses. Al observar las actividades que desencadenan este estado en ti, estarás más cerca de descubrir lo que verdaderamente te llena y te trae alegría. Recuerda que encontrar tus pasiones es una jornada continua, y estar abierto a nuevas experiencias puede llevar a descubrimientos sorprendentes.

Variedad y flexibilidad

Cuando se trata de descubrir pasiones y hobbies que te llenen, es importante tener en cuenta que la variedad y la flexibilidad pueden ser tus mejores aliados. La vida está llena de oportunidades para aprender, crecer y divertirse en varias áreas, e interesarse por más de un hobby es perfectamente normal y saludable. Son maneras por las que la variedad y la flexibilidad pueden enriquecer tu vida:

Ampliación de horizontes: Explorar una variedad de hobbies permite que conozcas diferentes mundos y perspectivas. Esto puede expandir tus horizontes, ayudándote a entender mejor a ti mismo y el mundo que te rodea.

Reducción del aburrimiento: Se centrar en una única actividad por mucho tiempo puede llevar al aburrimiento. Tener varios hobbies mantiene la vida interesante y emocionante, pues siempre tendrás algo nuevo para experimentar.

Desarrollo de habilidades diversas: Cada hobby ofrece la oportunidad de desarrollar diferentes conjuntos de habilidades. La variedad de intereses puede resultar en un conjunto diversificado de talentos que puedes aplicar en varias situaciones.

Estímulo mental: Diferentes hobbies desafían tu cerebro de maneras únicas. Aprender algo nuevo mantiene tu mente activa y estimulada, promoviendo un envejecimiento saludable.

Conexiones sociales: Cada hobby puede ser una puerta para conocer nuevas personas que comparten intereses similares. Tener varias actividades que te gustan puede aumentar tus oportunidades de hacer nuevos amigos.

Reducción del estrés: Alternar entre diferentes hobbies puede ser una manera eficaz de aliviar el estrés y recargar tu energía. Si sientes que estás sobrecargado por un hobby, ¡trata con otro por un tiempo!

Descubrir pasiones inesperadas: Explorar diferentes áreas puede llevar a descubrimientos inesperados. Puedes sorprenderte al enamorarte de algo que nunca habías considerado antes.

Adaptabilidad: La capacidad de interesarte y comprometerte con varias actividades demuestra adaptabilidad y apertura al cambio. Esto es una cualidad valiosa en todas las áreas de la vida.

Expresión individual: Cada hobby te permite expresarte de manera única. Tener varios intereses te permite explorar diferentes facetas de tu personalidad.

Ten en cuenta que no hay una única forma correcta de descubrir intereses personales. Lo importante es estar abierto a experimentar cosas nuevas y seguir lo que resuena contigo. Sé una persona polivalente y curiosa, permitiendo que tu vida sea enriquecida por una variedad de experiencias. Si te sientes atraído por varias áreas, abraza esa diversidad y permite que contribuya a tu crecimiento personal y felicidad general.

Permiso para cambiar

Una de las bellezas del viaje de descubrir pasiones y hobbies es el permiso para cambiar y evolucionar a medida que crecemos y nos transformamos. Al igual que las personas cambian y se desarrollan, los intereses también pueden pasar por transformaciones. Por lo tanto, estar abierto a este cambio es fundamental para nuestro autodescubrimiento continuo y para cultivar un sentido de satisfacción y realización en nuestra vida. Razones por las que debes darte a ti mismo el permiso para cambiar:

Crecimiento personal: A medida que evolucionamos y nos desarrollamos como individuos, nuestras prioridades e intereses también pueden cambiar. Permitirse explorar nuevos hobbies y pasiones es una forma de abrazar nuestro crecimiento personal.

Renovación de energía: A menudo, el cambio de intereses puede traer una sensación renovada de energía y entusiasmo. Al involucrarse en algo nuevo, puede sentir un aumento en la motivación y el entusiasmo.

Exploración continua: Permitirse cambiar significa que siempre estás explorando y aprendiendo cosas nuevas. Esto mantiene tu mente activa y curiosa, contribuyendo a un sentido constante de descubrimiento.

Adaptación a los cambios en la vida: A medida que la vida presenta nuevas circunstancias y desafíos, nuestros intereses pueden alinearse de manera diferente. Cambiar nuestros hobbies para adaptarse a nuestra situación de vida actual es una forma de cuidarnos a nosotros mismos.

Encontrar tu verdadera pasión: Al permitirte cambiar, puedes descubrir eventualmente una pasión que realmente resuena con quien eres en un momento determinado de tu vida.

Redefinición de prioridades: Cambiar nuestros intereses es una manera de reevaluar y redefinir nuestras prioridades. Esto ayuda a garantizar que estemos invirtiendo tiempo y energía en lo que es más significativo para nosotros en ese momento.

Aceptación de la fluidez de la vida: La vida es fluida y en constante movimiento. Aceptar que nuestros intereses también pueden ser fluidos es una forma de abrazar la naturaleza dinámica de la existencia.

Libertad para ser auténtico: Al permitirte cambiar, te estás dando a ti mismo la libertad de ser auténtico y seguir lo que realmente tiene sentido para ti en cada etapa de la vida.

Crecimiento y desafío constantes: Cambiar nuestros intereses nos desafía a salir de nuestra zona de confort y experimentar cosas nuevas. Esto contribuye a nuestro crecimiento y desarrollo continuos.

Entiende que el cambio no significa que estés renunciando a algo. En cambio, es una oportunidad de evolucionar y convertirte en una versión aún más auténtica de ti mismo. Sé amable contigo mismo y permítete abrazar la evolución natural de tus intereses. A medida que cambias, tus intereses también pueden cambiar, y eso es una parte saludable y emocionante del proceso de autodescubrimiento y crecimiento personal.

La importancia de tener una vida social equilibrada

Mientras nos enfocamos en nuestro crecimiento personal y en las relaciones que formamos, es fácil olvidar la importancia fundamental de tener una vida social equilibrada. Mantener conexiones sociales fuera de las relaciones íntimas es esencial para nuestra salud emocional y mental. Una vida social diversa no solo complementa nuestros esfuerzos de construcción de relaciones saludables, sino que también contribuye a un sentido más amplio de satisfacción y bienestar.

Reducción de la dependencia emocional

La dependencia emocional es un estado en el que una persona pone una cantidad excesiva de su felicidad, bienestar emocional y sentido de identidad en una única relación. Esto puede poner una presión abrumante sobre la otra persona y conducir a un desequilibrio perjudicial en las dinámicas de la relación. Una vida social equilibrada es un antídoto eficaz contra la dependencia emocional, permitiéndote evitar sobrecargar una única relación con todas tus necesidades emocionales. Cómo la diversificación de las conexiones sociales reduce la dependencia:

Evitar sobrecargar la relación: Cuando la mayoría de tus necesidades emocionales y sociales se dirigen a una única relación, corres el riesgo de sobrecargar a esa persona con expectativas y demandas excesivas. Esto crea una dinámica insostenible y pone una presión injusta sobre la relación.

Diversificación del apoyo: Al cultivar una vida social equilibrada, construyes un sistema de apoyo emocional más amplio y resiliente. Puedes compartir preocupaciones, alegrías y desafíos con amigos, familiares y colegas, distribuyendo la carga emocional de manera más saludable y equilibrada.

Desarrollo personal: Interaccionar con una variedad de personas ofrece oportunidades de crecimiento personal. Cada relación social trae perspectivas únicas y experiencias que contribuyen a tu comprensión del mundo y de ti mismo.

Conexiones significativas múltiples: La diversificación de conexiones sociales te permite formar varias relaciones significativas. Esto no solo reduce la dependencia emocional de un solo individuo, sino que también enriquece tu vida con diferentes tipos de relaciones.

Independencia y autoestima: Al depender menos de una única relación para tu felicidad y autoestima, construyes tu independencia emocional. Esto resulta en un aumento en la autoconfianza y en la capacidad de lidiar con los desafíos de la vida de manera más equilibrada.

Prevención de relaciones tóxicas: Depender excesivamente de una relación puede hacerte más propenso a tolerar comportamientos tóxicos o perjudiciales, ya que temes perder esa conexión. Una vida social equilibrada reduce la probabilidad de aceptar comportamientos inadecuados en nombre de la dependencia emocional.

Por lo tanto, al invertir en una vida social diversa, estás tomando medidas proactivas para evitar la trampa de la dependencia emocional. Cultivar una red de apoyo emocional más amplia y saludable proporciona equilibrio, crecimiento y resiliencia, tanto en tus relaciones íntimas como en tu vida en general.

Nuevas perspectivas

Una de las riquezas más valiosas de interactuar con una variedad de personas está en la oportunidad de ganar nuevas perspectivas. Cada individuo trae consigo una mochila única de experiencias, orígenes, valores y culturas. Al involucrarse con esa diversidad, usted expande su visión del mundo de maneras profundas y significativas. Formas en que la interacción con diferentes perspectivas puede enriquecer su vida:

Ampliación de la empatía y comprensión: Al entrar en contacto con las experiencias y desafíos de personas de diferentes orígenes, usted desarrolla una empatía más profunda. Esto lo ayuda a comprender las complejidades de las vidas de los demás y a adoptar una perspectiva más inclusiva y compasiva.

Estímulo al pensamiento crítico: La exposición a diferentes maneras de pensar y vivir desafía sus propias ideas preconcebidas. Esto estimula el pensamiento crítico, animándolo a cuestionar sus creencias y considerar alternativas.

Inspiración y creatividad: La diversidad de perspectivas puede ser una fuente inagotable de inspiración. Escuchar historias de vida únicas, aprender sobre tradiciones culturales y explorar diferentes enfoques para los desafíos puede desencadenar su creatividad e imaginación.

Desarrollo de tolerancia: La exposición a diferentes culturas y valores ayuda a desarrollar una mayor tolerancia y aceptación de las diferencias. Usted aprende a apreciar los nances que hacen que cada individuo sea único.

Quiebra de estereotipos: La interacción con personas de orígenes diversos puede romper estereotipos y prejuicios. Usted se da cuenta de que las generalizaciones a menudo no reflejan la riqueza y complejidad de cada persona.

Expansión de conocimiento: Cada individuo trae consigo un conjunto único de conocimientos y experiencias. Al involucrarse con una variedad de personas, usted tiene la oportunidad de aprender y expandir sus horizontes en varias áreas.

Promoción de la reflexión personal: Al escuchar historias de vida diferentes de las suyas, usted puede empezar a reflexionar sobre sus propias elecciones, valores y prioridades. Esa autorreflexión puede llevar a un crecimiento personal significativo.

La búsqueda de nuevas perspectivas sociales no solo enriquece su vida, sino que también promueve la comprensión global y la aceptación. A través de estas interacciones, usted no solo expande su visión del mundo, sino que también contribuye a la construcción de una sociedad más diversa, inclusiva y armoniosa.

Apoyo social

Una red de apoyo social desempeña un papel fundamental en nuestra salud emocional y mental. Tener amigos, familiares y colegas confiables con quienes puedes contar ofrece un sistema de apoyo valioso en todos los aspectos de la vida. La importancia de esa red va mucho más allá del aspecto social; tiene un impacto profundo en tu salud mental y calidad de vida. Formas en las que una red de apoyo social contribuye a tu bienestar:

Alivio del estrés y aislamiento: En momentos de estrés, desafíos o dificultades, contar con el apoyo emocional de amigos y familiares puede aliviar la sensación de aislamiento. Saber que no estás solo en tus luchas ayuda a reducir el peso emocional.

Compartir experiencias: Al compartir tus experiencias con personas en tu red de apoyo, descubres que a menudo los demás han enfrentado situaciones similares. Esto puede ofrecer consuelo y perspectiva, además de proporcionarte perspectivas sobre cómo lidiar con desafíos específicos.

Aumento de la autoestima: Estar rodeado de personas que se preocupan por ti y valoran tu presencia contribuye a una autoestima saludable. El apoyo constante te recuerda que eres amado y apreciado, reforzando la imagen positiva que tienes de ti mismo.

Reducción del impacto de la soledad: La soledad puede tener efectos adversos en la salud mental. Tener una red social activa ayuda a prevenir la soledad, ya que tienes personas con las que puedes compartir momentos, experiencias y emociones.

Ampliación de recursos: Una red de apoyo social diversa ofrece una amplia gama de recursos y habilidades. Puedes contar con diferentes personas para diferentes tipos de apoyo, ya sea emocional, práctico o incluso profesional.

Promoción de momentos alegres: Compartir momentos de alegría, celebraciones y logros con amigos y familiares crea recuerdos positivos y refuerza los lazos afectivos. Esto aumenta la sensación de pertenencia y conexión.

Apoyo en la toma de decisiones: Las personas en tu red de apoyo pueden ofrecerte perspectivas y perspectivas objetivas en situaciones en las que necesitas tomar decisiones importantes. Esto puede ayudarte a ver los pros y los contras de manera más clara.

Resiliencia emocional: El apoyo social ayuda a construir resiliencia emocional. Saber que tienes personas en las que confiar en tiempos difíciles fortalece tu capacidad de lidiar con desafíos y adversidades.

Cultivar una red de apoyo social es una inversión valiosa en tu salud emocional y mental. No solo garantiza que tengas un sistema de apoyo confiable en momentos difíciles, sino que también enriquece tu vida diaria con relaciones significativas y positivas.

Autoestima y confianza

Las interacciones sociales desempeñan un papel crucial en la construcción y mantenimiento de una autoestima saludable y confianza en uno mismo. Mientras que las relaciones íntimas tienen un impacto significativo en nuestra autoimagen, nuestras interacciones con un grupo más amplio de personas también tienen un efecto profundo en nuestra percepción de nosotros mismos. Formas en las que las relaciones sociales contribuyen a aumentar la autoestima y la confianza:

Validación externa y autoestima: Interaccionar socialmente te permite experimentar la validación externa de tus cualidades y características. Al recibir comentarios positivos, elogios y reconocimiento de amigos, colegas y familiares, refuerzas tu autoestima. Esto te recuerda tus cualidades y logros, contribuyendo a una imagen positiva de ti mismo.

Ampliación de habilidades sociales: Al involucrarte en interacciones sociales, tienes la oportunidad de practicar y desarrollar tus habilidades sociales. A medida que te comunicas con éxito, compartes tus ideas y te conectas con los demás, tu confianza en tus habilidades sociales aumenta.

Diversidad de perspectivas: Cada persona en tu red social aporta una perspectiva única a la mesa. La exposición a diferentes opiniones y puntos de vista enriquece tu propia visión del mundo y te enseña que tus ideas son valiosas. Esto ayuda a construir la confianza de que tienes algo significativo que contribuir.

Apoyo emocional y autoestima: Las relaciones sociales positivas brindan apoyo emocional cuando enfrentas desafíos. Amigos y familiares que ofrecen oídos atentos, consejos y aliento refuerzan tu sensación de ser amado y valorado, contribuyendo a una autoestima fortalecida.

Aceptación y autoconfianza: Ser aceptado y valorado en tu red social refuerza la creencia de que eres digno de amor y respeto. Esto contribuye a una mayor autoconfianza, ya que sabes que no necesitas esforzarte para ser aceptado; eres amado y valorado por lo que eres.

Celebración de logros: Amigos y familiares comparten tus alegrías y logros. La celebración colectiva de tus victorias refuerza tu autoestima, recordándote tus realizaciones y habilidades.

Influencia positiva: Las relaciones sociales positivas pueden inspirarte a esforzarte por alcanzar tus objetivos. Al ver a los demás alcanzar el éxito y superar desafíos, te sientes motivado a hacer lo mismo, lo que contribuye a una mayor autoconfianza.

Tus interacciones sociales no solo son un complemento para tus relaciones íntimas, sino que también tienen un impacto poderoso en tu autoimagen y autoconfianza. Al cultivar relaciones positivas y saludables en diferentes áreas de tu vida, construyes una base sólida de apoyo emocional y validación que contribuye a tu autoestima y confianza general.

Diversión y recreación

La vida no debe ser solo sobre trabajo y responsabilidades; la diversión y la recreación también son componentes fundamentales para una vida equilibrada y saludable. Las actividades sociales desempeñan un papel crucial en proporcionar momentos de relajación, alegría y rejuvenecimiento. Cómo las actividades sociales contribuyen a la diversión y la recreación en su vida:

Alivio del estrés y relajación: Participar de actividades sociales proporciona un alivio muy necesario del estrés acumulado. Momentos de relajación y risas con amigos, familiares o colegas ayudan a relajar la mente y el cuerpo, aliviando las tensiones del día a día.

Quiebra de la rutina: La vida cotidiana a menudo sigue una rutina monótona de trabajo, responsabilidades domésticas y otras obligaciones. Las actividades sociales que implican salir de la rutina usual traen un elemento de novedad y emoción, proporcionando una pausa bienvenida.

Promoción de la creatividad e inspiración: Encuentros sociales y actividades recreativas pueden estimular su creatividad e inspiración. Al participar de experiencias diferentes e interactuar con personas de diversos intereses, usted puede adquirir nuevas perspectivas e ideas.

Fortalecimiento de las relaciones: Participar de actividades sociales con amigos, familiares o colegas puede fortalecer sus relaciones. Al compartir momentos de diversión y alegría, usted crea recuerdos positivos que se convierten en lazos emocionales más profundos.

Promoción de la salud mental: La diversión y la recreación tienen un impacto positivo en su salud mental. Reír, jugar y disfrutar de actividades que le traen alegría liberan endorfinas, neurotransmisores que promueven el bienestar y la felicidad.

Equilibrio emocional: Participar de actividades sociales no solo proporciona alegría, sino que también ayuda a equilibrar sus emociones. Tener tiempo para divertirse y relajarse reduce el riesgo de agotamiento emocional y burnout.

Estimulación de la aventura: Las actividades sociales a menudo implican la exploración de nuevos lugares, actividades y experiencias. Esto estimula la sensación de aventura y curiosidad, contribuyendo a una mentalidad más abierta y optimista.

Creación de recuerdos duraderos: Las actividades sociales a menudo resultan en recuerdos alegres y duraderos. Estos recuerdos pueden ser una fuente de consuelo y felicidad, incluso en los momentos desafiantes de la vida.

Dedicar tiempo a actividades sociales y recreativas no es solo una indulgencia; es un componente esencial de una vida equilibrada y saludable. La diversión, la alegría y la relajación provenientes de estas actividades nutren su mente, cuerpo y espíritu, contribuyendo a una sensación general de bienestar y satisfacción.

Enriquecimiento de la vida en general

Una vida social equilibrada es un tesoro que enriquece todos los aspectos de tu existencia. Añade profundidad, variedad y significado a tu viaje, proporcionando un panorama completo de las experiencias humanas. Cómo una vida social equilibrada puede enriquecer tu vida en general:

Ampliación de las experiencias: La vida social equilibrada amplía tus experiencias de vida. Te expone a diferentes culturas, ideas, visiones del mundo e historias de vida, permitiéndote enriquecer tu propia perspectiva.

Creación de recuerdos preciosos: Participar de actividades sociales y eventos con amigos y seres queridos crea recuerdos preciosos. Estas memorias, repletas de risas, conversaciones significativas y momentos compartidos, forman un legado de momentos inolvidables.

Ampliación del círculo social: Una vida social equilibrada ayuda a expandir tu círculo social. Esto significa que tendrás la oportunidad de conocer e interactuar con una amplia variedad de personas, lo que enriquece tu red de conexiones.

Desarrollo de habilidades sociales: Interaccionar con diferentes personas y participar en varias actividades sociales ayuda a desarrollar tus habilidades sociales. Esto incluye habilidades de comunicación, empatía, resolución de conflictos y trabajo en equipo.

Descubrir nuevos intereses: Las actividades sociales pueden presentarte a intereses que nunca antes habías considerado. Este descubrimiento de nuevos pasatiempos y pasiones añade capas de entusiasmo a tu vida.

Combatir el aislamiento: Una vida social equilibrada combate el aislamiento y la soledad. La sensación de pertenencia y conexión con otros seres humanos es vital para la salud mental y emocional.

Desarrollo personal: A través de las interacciones sociales, tienes la oportunidad de crecer como persona. Aprender de los demás, compartir experiencias y desafiar tus propias creencias y prejuicios contribuye a tu desarrollo personal.

Equilibrio entre el trabajo y el ocio: Una vida social equilibrada ayuda a mantener un equilibrio saludable entre el trabajo y el ocio. Al reservar tiempo para actividades sociales, evitas sobrecargarte y permites que tu cuerpo y mente descansen.

Aumento de la felicidad y el bienestar: El contacto humano, el compartir risas y la construcción de relaciones gratificantes están íntimamente ligados a la felicidad y el bienestar. Una vida social rica y equilibrada contribuye significativamente a tu satisfacción general.

En última instancia, una vida social equilibrada no es solo sobre eventos sociales o encuentros casuales; es una forma de abrazar la plenitud de la experiencia humana. Ayuda a crear una narrativa rica y variada de tu vida, repleta de significado, relaciones profundas y memorias que perdurarán para siempre.

Fuga de la rutina

La vida cotidiana a menudo nos coloca en una rutina que puede volverse monótona y predecible. La socialización desempeña un papel fundamental en romper esa rutina, proporcionando una fuga rejuvenecedora de lo ordinario. Cómo la socialización ayuda a romper la monotonía e infundir la vida con nuevas energías:

Nuevas experiencias: Cuando te socializas, estás abriendo puertas a nuevas experiencias. Cada encuentro social trae consigo la oportunidad de aprender algo nuevo, experimentar situaciones diferentes y crear recuerdos únicos.

Exploración de lugares diferentes: Las actividades sociales a menudo tienen lugar en diferentes lugares. Esto puede llevarte a explorar nuevos barrios, ciudades o incluso países, permitiéndote ver y vivir lugares que tal vez no hubieras considerado antes.

Ruptura de la rutina: La socialización es una pausa refrescante en la rutina diaria. Los encuentros sociales añaden un elemento de sorpresa y espontaneidad a tu agenda, evitando que las cosas se vuelvan aburridas.

Renovación del entusiasmo: Cuando te reúnes con amigos, colegas o seres queridos, hay una renovación del entusiasmo. El intercambio de historias, risas e interacciones significativas reaviva tu pasión por la vida y te recuerda lo emocionante que puede ser.

Estimulación de la creatividad: Los encuentros sociales a menudo implican la participación en actividades creativas, como pintura, música, danza o incluso juegos. Estas actividades estimulan tu creatividad y te permiten expresarte de nuevas y emocionantes maneras.

Conexiones significativas: Socializar con amigos cercanos y seres queridos refuerza los lazos emocionales. Estas conexiones significativas nutren tu alma y te proporcionan una sensación de pertenencia.

Recuperación emocional: Los encuentros sociales ofrecen una pausa de la presión y el estrés cotidianos. Te permiten relajarte, recargarte emocionalmente y dejar las preocupaciones a un lado por un tiempo.

Aventura y desafío: Experimentar cosas nuevas e interactuar con diferentes personas puede ser una aventura emocionante y desafiante. Estos desafíos añaden un elemento emocionante a tu vida, manteniéndola estimulante y emocionante.

Ampliación de las perspectivas: Al interactuar con personas de diferentes orígenes, amplías tus perspectivas sobre la vida. Esto ayuda a romper el estancamiento mental y a expandir tu comprensión del mundo que te rodea.

A medida que te centras en construir relaciones saludables y superar la dependencia emocional, no ignores la importancia de una vida social equilibrada. Cultivar una red diversa de conexiones sociales contribuye a tu crecimiento, felicidad y resiliencia emocional. Encuentra tiempo para socializar, hacer nuevos amigos, participar de actividades sociales y nutrir las relaciones fuera de tu círculo íntimo.

Cómo mantener el enfoque en uno mismo, incluso estando en una relación

Aunque busquemos cultivar relaciones saludables, nunca debemos perder de vista la importancia de mantenernos individuales y autónomos. Mantener el enfoque en uno mismo, incluso estando en una relación, es crucial para la autosuficiencia emocional y el crecimiento personal. Algunas estrategias para alcanzar ese equilibrio:

Tiempo a solas

En medio de las complejidades de las relaciones, a menudo olvidamos reservar tiempo para nosotros mismos. Sin embargo, tener tiempo a solas es crucial para nuestra salud emocional y mental, independientemente de estar en una relación o no. Aquí está el por qué:

Conexión y reflexión personal: Reservar un tiempo regularmente para uno mismo ofrece la oportunidad de reconectarse consigo mismo. En un mundo ajetreado, es fácil perder contacto con nuestros propios pensamientos y sentimientos. Este tiempo permite que usted reflexione sobre su viaje personal, sus necesidades y objetivos.

Práctica de pasatiempos e intereses: El tiempo a solas es una oportunidad de participar en pasatiempos que te gustan. Esto no solo trae alegría y satisfacción, sino que también ayuda a mantener tu identidad individual. La práctica de intereses personales contribuye a una autoestima saludable y la sensación de realización.

Recarga de energía: La vida moderna es a menudo agitada y agotadora. Tener un tiempo para uno mismo permite que usted descanse y recargue sus energías. Esto es fundamental para mantener su bienestar emocional y físico, además de garantizar que tenga la energía necesaria para contribuir positivamente en sus relaciones.

Autoconocimiento y crecimiento personal: El tiempo a solas también es un período de autoexploración y autodescubrimiento. A medida que te das espacio para estar contigo mismo, tienes la oportunidad de entender mejor tus propias emociones, pensamientos y valores. Esto puede conducir a un crecimiento personal significativo.

Reducción del estrés: El tiempo a solas puede ser una forma eficaz de aliviar el estrés. Lejos de las demandas y presiones externas, puede relajarse, practicar técnicas de relajación y recargar sus energías.

Equilibrio entre interacciones sociales y soledad: Encontrar un equilibrio saludable entre interacciones sociales y momentos de soledad es esencial. La soledad no tiene que ser negativa; de hecho, puede ser un momento valioso para conectarse consigo mismo, cultivar la autorreflexión y nutrir su paz interior.

Comunicar sus necesidades: En las relaciones, es importante comunicar sus necesidades de tiempo a solas de manera clara y respetuosa. Comparta con su pareja la importancia de ese tiempo para usted y explique cómo contribuye a su bienestar emocional.

Cuidar de sí mismo es fundamental para ser una presencia saludable y positiva en cualquier relación. Por lo tanto, no dude en reservar un tiempo para usted mismo, permitiéndole crecer, curarse y seguir construyendo una base sólida para todos los aspectos de su vida.

Establecer límites

Cuando se trata de mantener el foco en uno mismo en una relación, establecer límites saludables desempeña un papel fundamental. Definir y comunicar claramente tus necesidades de espacio y tiempo es una manera poderosa de garantizar que permanezcas auténtico y autónomo dentro de la relación. Estrategias para establecer límites saludables:

Autoconocimiento y comunicación abierta: Antes de comunicar tus límites a tu pareja, es importante que tú mismo tengas una comprensión clara de cuáles son esos límites. Dedícate un tiempo para reflexionar sobre tus necesidades personales, incluyendo cuánto tiempo deseas dedicar a actividades individuales y cómo esas actividades contribuyen a tu bienestar.

Comunicación asertiva: Cuando llegue el momento de comunicar tus límites a tu pareja, hazlo de manera clara y respetuosa. Usa la comunicación asertiva, expresando tus sentimientos y necesidades sin acusaciones ni hostilidad. Usa "yo" en tus declaraciones para enfocarte en tus propias emociones y necesidades, en lugar de atribuir culpa a tu pareja.

Encuentra el momento adecuado: Elige un momento apropiado y tranquilo para discutir tus límites con tu pareja. Evita abordar el asunto durante un momento de tensión o estrés. Tener una conversación en un ambiente calmo y cómodo aumenta la probabilidad de una comunicación eficaz.

Define límites claros: Sé específico al definir tus límites. Comparte cuánto tiempo te gustaría dedicar a tus actividades individuales, qué días de la semana pueden reservarse para esas actividades y cómo esto se alinea con tus necesidades emocionales y de crecimiento personal.

Equilibrio entre espacio y conexión: Establecer límites saludables no significa alejarte completamente de tu pareja. Se trata de encontrar un equilibrio entre el tiempo que dedicas a ti mismo y el tiempo que compartes con tu pareja. Esto permite que ambos sigan nutriendo su relación mientras honran sus necesidades individuales.

Comparte experiencias: Después de dedicar tiempo a tus actividades individuales, comparte tus experiencias con tu pareja. Esto mantiene una sensación de conexión y envolvimiento, incluso cuando estás siguiendo intereses diferentes. Este intercambio de experiencias también puede enriquecer sus conversaciones y fortalecer su vínculo.

Flexibilidad y compromiso: Las relaciones saludables implican compromiso y flexibilidad. Esté dispuesto a ajustar tus límites de acuerdo con las necesidades en evolución de ambos. A medida que tú y tu pareja crezcan juntos, tus límites pueden cambiar, y es importante mantener un diálogo continuo sobre estos cambios.

Beneficios de los límites saludables: Establecer límites saludables no solo contribuye a tu bienestar individual, sino que también fortalece la relación como un todo. Esto crea un ambiente de respeto mutuo, donde ambos tienen la libertad de ser auténticos, perseguir intereses personales y al mismo tiempo, mantener la conexión e intimidad. Por lo tanto, recuerda que definir límites no es solo saludable, sino que también es una demostración de cuidado contigo mismo y con tu relación.

Compartir experiencias

Compartir tus experiencias individuales con tu pareja es una manera significativa de mantener la conexión y el compromiso, incluso cuando están persiguiendo intereses separados. Esta práctica no solo fortalece la relación, sino que también enriquece la comprensión mutua y crea oportunidades para conversaciones significativas. Cómo aprovechar al máximo el intercambio de experiencias:

Construyendo puentes de comprensión: Al compartir tus experiencias, le ofreces a tu pareja una visión de tu vida individual. Esto les permite entender mejor lo que te hace feliz, lo que te inspira y cómo estás creciendo como individuo. Del mismo modo, cuando tu pareja comparte sus propias experiencias, obtienes información sobre sus pasiones, preocupaciones y logros personales.

Conversaciones ricas y significativas: El intercambio de experiencias individuales crea oportunidades para conversaciones profundas y significativas. Pregúntale a tu pareja sobre las actividades en las que han estado involucrados y muestra interés genuino. Estas conversaciones pueden ir más allá de lo superficial, permitiéndote explorar las emociones, desafíos y aprendizajes que cada uno está enfrentando en sus viajes personales.

Construyendo un sentido de intimidad: Cuando compartes tus experiencias y escuchas las experiencias de tu pareja, estás construyendo un sentido más profundo de intimidad. Este intercambio crea un espacio seguro donde ambos pueden ser vulnerables y auténticos. Saber que tu pareja está interesado y comprometido en entender tu vida individual fortalece el vínculo emocional entre ustedes.

Encontrando puntos en común: Al compartir tus experiencias individuales, puedes descubrir intereses o actividades en común que no se conocían anteriormente. Esto puede conducir a nuevas oportunidades para involucrarse juntos y explorar actividades que ambos aprecian. Incluso si sus intereses individuales son diferentes, estos puntos en común pueden fortalecer aún más la conexión entre ustedes.

Compartir alegrías y desafíos: Cuando compartes tus experiencias, no solo compartes tus alegrías, sino también tus desafíos. Esto permite que tu pareja sea una fuente de apoyo emocional cuando estás pasando por momentos difíciles. La capacidad de compartir tus preocupaciones y encontrar apoyo mutuo ayuda a construir una relación más solidaria y empática.

Practicando la empatía: El intercambio de experiencias también es una forma de practicar la empatía. Al escuchar atentamente las experiencias de tu pareja y mostrar interés genuino, estás demostrando que valoras sus sentimientos y viaje individual. Esto crea un ambiente donde ambos se sienten comprendidos y apoyados.

Crecimiento personal continuo

Mantener un enfoque continuo en tu crecimiento personal, incluso estando en una relación, es una aproximación poderosa para mantener la vitalidad y la autosuficiencia emocional. El crecimiento individual no solo enriquece tu propia vida, sino que también contribuye a la salud y la calidad de la relación que compartes con tu pareja. Razones por las que el crecimiento personal continuo es esencial:

Enriquecimiento personal: Buscar el crecimiento personal es una experiencia que constantemente te desafía a expandirte, aprender y evolucionar como individuo. Al aprender nuevas habilidades, adquirir conocimiento y explorar nuevas áreas de interés, creas una vida más rica y significativa para ti mismo. Esto resulta en un sentido de realización personal que se refleja positivamente en todas las áreas de tu vida, incluyendo la relación.

Contribución a la relación: El crecimiento personal continuo aporta un valor significativo a la relación. A medida que te desarrollas, aportas nuevas perspectivas, experiencias e ideas a la relación. Esto puede ser particularmente beneficioso para la resolución de problemas y la toma de decisiones, ya que aportas una variedad de perspectivas a la mesa.

Autonomía y autosuficiencia: Al buscar tu propio crecimiento, refuerzas tu autonomía y autosuficiencia. Esto es esencial para mantener una identidad fuerte e independiente dentro de la relación. La autosuficiencia emocional es una base sólida para una relación saludable, ya que te permite compartir tu vida con tu pareja sin depender de él para tu propia felicidad.

Inspiración mutua: Tu compromiso con el crecimiento personal puede inspirar a tu pareja a hacer lo mismo. Cuando demuestras dedicación al aprendizaje y al desarrollo, creas un ambiente alentador para ambos crecer juntos. El apoyo mutuo en esta jornada de crecimiento puede fortalecer aún más la conexión entre ustedes.

Adaptación y resiliencia: El crecimiento personal te prepara para enfrentar desafíos y cambios de manera más efectiva. A medida que aprendes a enfrentar nuevos obstáculos y adaptarte a diferentes situaciones, aportas una resiliencia valiosa a la relación. Esto les ayuda a enfrentar los altibajos de la vida juntos con más confianza.

Equilibrio entre el "yo" y el "nosotros": El crecimiento personal continuo ayuda a encontrar un equilibrio saludable entre tus necesidades individuales y las necesidades de la relación. A medida que evolucionas como individuo, aprendes a equilibrar tu propio crecimiento con el crecimiento conjunto que ocurre en la relación.

El crecimiento personal no es egoísta, sino una contribución valiosa para ti y para la relación como un todo. Continuar explorando nuevas oportunidades, aprender de tus experiencias e invertir en tu propio desarrollo es una manera poderosa de cultivar una relación saludable y enriquecedora.

Comunicación abierta

La comunicación abierta es la base de las relaciones saludables y exitosas. Se vuelve aún más esencial cuando estás buscando equilibrar tus necesidades individuales con la dinámica de una relación. Mantener las líneas de comunicación abiertas y transparentes con tu pareja es fundamental para garantizar que ambos puedan apoyarse mutuamente en sus viajes de crecimiento personal. Aspectos importantes de la comunicación abierta:

Claridad y comprensión: La comunicación abierta te permite transmitir tus necesidades individuales de manera clara y precisa. Cuando compartes tus deseos, aspiraciones e intereses con tu pareja, creas un espacio para la comprensión mutua. Esto ayuda a evitar malentendidos y conflictos que pueden surgir debido a suposiciones erróneas.

Evitar resentimientos: Cuando las necesidades individuales no se comunican, pueden surgir resentimientos y frustraciones. La comunicación abierta te permite expresar cómo te sientes y lo que necesitas, evitando que los sentimientos negativos se acumulen y causen tensiones en la relación.

Cooperación y apoyo mutuo: Al compartir tus metas de crecimiento personal e intereses individuales, creas la oportunidad de cooperación y apoyo mutuo. Tu pareja puede convertirse en un aliado en tu camino, ofreciendo aliento, comprensión e incluso participando de algunas actividades contigo.

Negociación de espacio y tiempo: La comunicación abierta también es crucial cuando se trata de negociar espacio y tiempo para actividades individuales. Al discutir tus necesidades y escuchar las de tu pareja, pueden encontrar un equilibrio saludable entre el tiempo que pasan juntos y las actividades que desean hacer por separado.

Respeto por la individualidad: La comunicación abierta refuerza el respeto por la individualidad de cada uno. Al compartir tus necesidades, estás reconociendo que cada uno tiene sus propias aspiraciones e intereses. Esto contribuye a un ambiente donde ambos se sienten valorados y aceptados por quienes son.

Fortalecimiento de la conexión: La comunicación abierta es una oportunidad para conectarse emocionalmente en un nivel más profundo.

Cuando compartes tus pensamientos, sentimientos y objetivos con tu pareja, construyes una base sólida de confianza e intimidad.

Resolución de conflictos: Cuando surgen malentendidos o conflictos, la comunicación abierta es fundamental para encontrar soluciones. La capacidad de expresar tus preocupaciones y escuchar las de tu pareja facilita la resolución de problemas de manera constructiva y respetuosa.

La comunicación abierta es una calle de dos sentidos. Mientras compartes tus necesidades y sentimientos, también debes estar dispuesto a escuchar a tu pareja de manera atenta y empática. La práctica de la comunicación abierta crea un ambiente donde ambos se sienten seguros para ser auténticos, lo que es esencial para el crecimiento individual y para una relación saludable.

Equilibrio entre espacio y conexión

Encontrar el equilibrio adecuado entre el tiempo que dedicas a ti mismo y el tiempo que compartes con tu pareja es fundamental para mantener la salud emocional y la armonía en una relación. Aunque es natural querer conectarse y compartir momentos con la persona que amas, también es esencial mantener tu individualidad y perseguir tus intereses personales. Formas para equilibrar espacio y conexión en una relación:

Comprende tus necesidades: Primero, es importante que comprendas tus propias necesidades y límites en términos de espacio y conexión. Reflexiona sobre cuánto tiempo necesitas para dedicarte a tus actividades individuales y cuánto tiempo deseas pasar con tu pareja. Esto te permitirá establecer límites saludables de manera consciente.

Tiempo de calidad: Cuando pasen tiempo juntos, enfoquen en calidad en vez de cantidad. En lugar de simplemente estar físicamente presente, concéntrense en involucrarse en conversaciones significativas, compartir experiencias y crear recuerdos positivos. Esto les permite aprovechar al máximo el tiempo compartido.

Actividades individuales: Dedícate un tiempo regular para actividades individuales que te energicen y te hagan sentir realizado. Esto puede involucrar hobbies, ejercicio, lectura, entre otros intereses. Tener tus propios momentos de realización personal contribuye a tu autoestima y bienestar emocional.

Planificación equilibrada: Crea un cronograma o una rutina que permita que ambos tengan tiempo para sus actividades individuales y también para momentos de conexión. Esto puede involucrar determinar días específicos para dedicarse a sus intereses y otros días para disfrutar de la compañía de cada uno.

Flexibilidad y comprensión: Estén dispuestos a ser flexibles y comprensivos cuando surjan cambios en los planes. A veces, circunstancias inesperadas pueden requerir ajustes en su programación. Mantengan una actitud abierta y adaptable para garantizar que ambos se sientan apoyados.

Mantén el diálogo: El equilibrio entre espacio y conexión no es estático; puede cambiar con el tiempo. Continúa manteniendo el diálogo abierto con tu pareja y ajústenlo juntos según sea necesario. La comunicación constante ayuda a garantizar que ambos se sientan satisfechos con la dinámica de la relación.

Encontrar el equilibrio correcto entre espacio y conexión requiere empatía, comprensión y respeto mutuo. Recuerda que es saludable y normal tener intereses individuales y buscar momentos de autodescubrimiento, incluso mientras estás en una relación. Al cuidar de tu individualidad y al mismo tiempo nutrir la conexión con tu pareja, estarás construyendo una relación equilibrada y satisfactoria para ambos.

Foco en las metas personales

Cuando estamos en una relación, es fácil concentrar gran parte de nuestra atención y energía en la dinámica de la pareja. Sin embargo, es esencial no perder de vista nuestras propias metas personales y aspiraciones individuales. Mantener el foco en nuestras metas personales mientras estamos en una relación no solo enriquece nuestra propia vida, sino que también contribuye a una relación más saludable y estimulante. Maneras de seguir persiguiendo tus metas personales:

Define objetivos claros: Identifica tus metas personales claras y específicas. Pueden variar desde avanzar en tu carrera, adquirir nuevas habilidades, alcanzar metas de salud y condición física, hasta explorar nuevos intereses y pasatiempos.

Comunica tus metas: Comparte tus metas con tu pareja de manera abierta y honesta. Esto les permite entender tus ambiciones y poder ofrecer apoyo, aliento y comprensión a medida que trabajas para alcanzarlas.

Establece prioridades: Encuentra un equilibrio entre dedicar tiempo a la relación y reservar tiempo para trabajar en tus metas personales. Establecer prioridades y administrar tu tiempo de manera efectiva ayuda a garantizar que puedas hacer progresos en ambas áreas.

Crea un plan de acción: Desarrolla un plan de acción detallado para alcanzar tus metas. Define etapas medibles y concretas que te llevarán más cerca de tus aspiraciones. Esto puede involucrar plazos, tareas específicas y recursos necesarios.

Sé consistente: La consistencia es fundamental para el éxito. Reserva tiempo regularmente para trabajar en tus metas, incluso si es solo un pequeño paso cada día. La dedicación constante llevará a resultados tangibles a lo largo del tiempo.

Busca apoyo mutuo: Al mismo tiempo que persigues tus metas personales, apoya e incentiva a tu pareja a hacer lo mismo. Crear un ambiente de apoyo mutuo alienta el crecimiento personal y fortalece la relación.

Celebra las conquistas: A medida que alcances hitos en tus metas personales, celebra esas conquistas. Comparte tus victorias con tu pareja y permítete sentirte orgulloso de tu progreso.

Encuentra sinergias: Busca maneras de integrar tus metas personales con la relación. Por ejemplo, si ambos tienen interés en un tema determinado, considera participar juntos en cursos o talleres relacionados.

Crezcan juntos: Aunque estés enfocado en tus propias metas, recuerda que el crecimiento personal también contribuye al crecimiento de la relación. A medida que te desarrollas como individuo, tienes más para compartir y contribuir a la relación.

Comunica tus progresos: Continúa comunicando tus progresos a tu pareja. Esto no solo mantiene el involucramiento mutuo, sino que también ayuda a mantener la transparencia y la conexión emocional.

Al mantener el foco en tus metas personales mientras estás en una relación, creas un equilibrio saludable entre tu individualidad y la pareja. Esto no solo enriquece tu vida, sino que también contribuye a la dinámica positiva de la relación, inspirando a ambos a crecer y evolucionar juntos.

Aprender juntos

Integrar los intereses individuales en una relación es una manera maravillosa de crear conexiones significativas y compartir experiencias enriquecedoras. Aprender juntos no solo fortalece el vínculo entre usted y su pareja, sino que también permite que ambos exploren nuevas pasiones y crezcan como individuos y como pareja. Maneras de aprender juntos, integrando sus intereses individuales:

Identificar intereses comunes: Encuentran áreas en las que ambos tengan interés. Esto puede involucrar pasatiempos, actividades deportivas, música, arte, cocina, viajes y mucho más. Al encontrar intereses comunes, crean oportunidades naturales para involucrarse juntos.

Experimentar nuevas actividades: Estén abiertos a experimentar actividades que uno de ustedes tenga interés. Esto puede involucrar la prueba de un nuevo deporte, el aprendizaje de una nueva habilidad o la participación en eventos culturales. La experiencia de aprender algo nuevo juntos fortalece el vínculo.

Tomar cursos o talleres: Participen de cursos o talleres relacionados con los intereses de ambos. Esto puede variar desde clases de cocina hasta clases de baile o incluso cursos en línea sobre temas de interés mutuo.

Planear viajes basados en intereses: Al planificar viajes juntos, consideren destinos que permitan explorar sus intereses compartidos. Esto puede incluir visitar museos, lugares históricos, eventos culturales o destinos naturales.

Crear proyectos en conjunto: Colaboren en proyectos que involucren sus intereses. Esto puede ser tan simple como cocinar una comida especial juntos, crear una pieza de arte o trabajar en un proyecto de decoración para su casa.

Promover el apoyo mutuo: Mientras uno de ustedes aprende algo nuevo, el otro puede brindar apoyo y aliento. Esto ayuda a construir un sentido de equipo y confianza mutua.

Estar presentes y abiertos: Cuando están involucrados en actividades juntos, estén presentes y abiertos. Aprovechen el tiempo para conocerse más profundamente y disfrutar de las experiencias compartidas.

Respetar los límites individuales: Recuerden que, aunque es bueno aprender juntos, cada uno aún tiene sus propias preferencias y límites. Respeten las necesidades individuales y no duden en explorar intereses separados también.

Celebrar las conquistas: A medida que ambos aprenden juntos y alcanzan metas en sus intereses, celebren esas conquistas como pareja. Esto fortalece el sentido de logro mutuo.

Mantener la diversión y la espontaneidad: Al aprender juntos, mantengan un enfoque relajado y divertido. Esto debe ser una oportunidad para crear recuerdos positivos y reforzar la conexión emocional.

Integrar sus intereses individuales en su relación es una manera poderosa de profundizar su conexión y crear una base sólida de compartir y crecimiento. Aprender juntos no solo enriquece sus experiencias, sino que también ayuda a construir una historia compartida que fortalece la relación a lo largo del tiempo.

Auto amor y cuidado

El auto amor y el cuidado son fundamentales para crear una base sólida en una relación saludable. Cuando te amas y te cuidas, estás en una posición mucho mejor para contribuir positivamente a la relación y para mantener la salud emocional y mental. Maneras de cultivar el auto amor y el cuidado, enriqueciendo así tu relación:

Conócete a ti mismo: Antes de amar a alguien profundamente, es importante entenderte a ti mismo. Reserva tiempo para explorar tus propias necesidades, deseos, valores y límites. Cuanto más te conozcas, más auténtico y saludable es el amor que puedes ofrecer.

Practica el autocuidado: El autocuidado implica cuidar de tu salud física, emocional y mental. Esto incluye mantener una rutina de sueño adecuada, alimentación saludable, ejercicio y prácticas que promuevan el bienestar emocional, como meditación y yoga.

Practica el auto perdón: Todos cometemos errores y enfrentamos desafíos. Practicar el auto perdón es esencial para liberar sentimientos de culpa y autocrítica. Entiende que eres humano y mereces compasión.

Cultiva la autoestima: Trabaja en tu autoestima y autoimagen positiva. Reconoce tus logros y habilidades. Cuanto más te valores, más seguro te vuelves en tu relación.

Reserva tiempo para ti mismo: Reserva un tiempo regular para ti mismo en tu rutina. Esto te permite recargar tus energías, hacer cosas que amas y reconectarte contigo mismo.

Busca el crecimiento personal: Continúa aprendiendo y creciendo como individuo. Esto no solo mejora tu propia vida, sino que también trae nuevas perspectivas y experiencias a la relación.

Acéptate incondicionalmente: Aceptarte a ti mismo exactamente como eres es una parte esencial del auto amor. Esto incluye aceptar tus imperfecciones y amar la totalidad de quien eres.

Evita la autocrítica excesiva: Sé amable contigo mismo y evita el hábito de criticarte excesivamente. La autocrítica constante puede socavar tu confianza en ti mismo e impactar negativamente la relación.

Sé que mereces amor: Mereces amor, cuidado y respeto, tanto de ti mismo como de tu pareja. Creer en tu propio valor es la base de una relación saludable.

Cuando te amas y te cuidas, estás mejor equipado para contribuir de manera positiva a la relación. El auto amor no es solo beneficioso para ti, sino también para tu pareja y para la relación en general. Crea una base sólida de respeto propio, confianza y comunicación saludable, permitiendo que el amor florezca de manera genuina y significativa.

Respeto mutuo

El respeto mutuo es una de las bases más sólidas para una relación sana y duradera. Es el cimiento de la confianza, la comunicación eficaz y la armonía entre los socios. Cómo mantener el respeto mutuo en tu relación:

Reconoce la individualidad: Cada persona es única, con sus propios intereses, deseos y necesidades. Respetar el espacio individual y las elecciones de cada uno es esencial para permitir que ambos crezcan como individuos dentro de la relación.

Apoya los intereses individuales: Apoyar los intereses individuales de tu pareja demuestra que te preocupas por su realización y felicidad. Celebra sus logros e incentívalo a buscar sus objetivos personales.

Da espacio y libertad: El respeto mutuo incluye la comprensión de que cada uno necesita espacio y libertad para sus propias actividades y amistades. No intentes controlar o restringir la autonomía de tu pareja.

Escucha con empatía: Practica la escucha activa y empática cuando tu pareja esté hablando. Esto muestra que valoras sus pensamientos y sentimientos, y también promueve una comunicación más eficaz.

Comunícate con respeto: Usa un lenguaje respetuoso y evita palabras o comportamientos que puedan ser perjudiciales. Trata a tu pareja de la misma manera que te gustaría ser tratado, incluso durante desacuerdos.

Sé tolerante: Aceptar las diferencias es una parte esencial del respeto mutuo. Tu pareja puede tener opiniones, valores o intereses diferentes, y eso es normal. Practica la tolerancia y la comprensión.

Comparte el control y las decisiones: Una relación basada en el respeto mutuo implica tomar decisiones juntos, considerando las opiniones de ambos socios. Evita tomar decisiones unilaterales que afecten a la relación sin consultar a tu pareja.

Evita las críticas destructivas: Las críticas constructivas pueden ser útiles, pero las críticas constantes y destructivas socavan el respeto mutuo. Sé consciente de que la forma en que expresas tus preocupaciones es crucial para mantener un ambiente de respeto.

Reconoce el valor del otro: Expresa aprecio y gratitud por las cualidades y contribuciones de tu pareja a la relación. Reconocer y valorar lo que aportan a tu vida fortalece el respeto mutuo.

Sé un apoyo incondicional: Independientemente de los altibajos de la vida, sé un apoyo incondicional para tu pareja. Muéstrale que estás ahí para ellos, incluso cuando las cosas se ponen difíciles.

Trátate con amabilidad: El respeto mutuo comienza con el respeto por ti mismo. Trátate con amabilidad y amor propio, ya que esto influirá positivamente en la forma en que tratas a tu pareja.

Cultivar los intereses personales es una parte vital para construir relaciones sanas y superar la dependencia emocional. Descubrir pasiones, mantener una vida social equilibrada y mantener el foco en uno mismo, incluso estando en una relación, nos ayuda a crecer individualmente y a crear relaciones más fuertes y significativas. Recordar que somos individuos completos y valiosos, independientemente de las relaciones que tengamos, es la clave para una vida equilibrada y gratificante.

6
DESARROLLANDO RESILIENCIA EMOCIONAL

Al igual que el bambú, la flexibilidad es el secreto de la fuerza.

La vida está llena de desafíos emocionales que pueden probar nuestra capacidad de lidiar con situaciones difíciles. Desarrollar resiliencia emocional es esencial para enfrentar el rechazo, las rupturas de relaciones, la soledad, la tristeza y transformar el sufrimiento en crecimiento personal. En este capítulo, exploraremos estrategias poderosas para cultivar esta resiliencia y encontrar fuerza en medio de las adversidades.

Lidiando con el rechazo y la ruptura de relaciones

Lidiar con el rechazo y la ruptura de relaciones es una parte inevitable de la vida. Sin embargo, eso no significa que sea fácil. La resiliencia emocional es la capacidad de lidiar con los desafíos emocionales de manera saludable y adaptativa. Estrategias para desarrollar resiliencia al enfrentar el rechazo y la ruptura de relaciones:

Permítete sentir

Lidiar con el rechazo y la ruptura de una relación es una experiencia emocionalmente intensa. Es vital recordar que tus emociones son válidas y naturales. Permitirte sentir una amplia gama de emociones es un paso fundamental para el proceso de sanación. Puntos importantes sobre permitirte sentir:

Validación de las emociones: El rechazo y la ruptura pueden desencadenar una serie de emociones intensas, como tristeza, ira, frustración e incluso alivio. Es importante validar estas emociones y reconocer que son normales en respuesta a eventos significativos en tu vida.

Sin juicio: No te juzgues por sentir determinadas emociones. La tristeza, por ejemplo, no es un signo de debilidad, sino un reflejo de tu inversión emocional en la relación. Date a ti mismo permiso para sentir sin juzgarte a ti mismo.

Proceso de duelo: La ruptura de una relación a menudo se compara con un proceso de duelo. Al igual que en cualquier proceso de duelo, puedes experimentar diferentes etapas, como negación, ira, regateo, depresión y aceptación. Estas etapas no siguen un orden lineal y puedes experimentar una mezcla de emociones.

Espacio para la sanación: Permitirte sentir todas estas emociones es parte del proceso de sanación. Negar o suprimir tus emociones puede prolongar el proceso y dificultar la recuperación. Aceptar tus emociones es un paso fundamental para comenzar a sanarte.

Expresión saludable: Encuentra formas saludables de expresar tus emociones. Esto puede incluir hablar con amigos de confianza, escribir en un diario, practicar ejercicio o participar en actividades creativas. Encontrar salidas constructivas para tus emociones ayuda a liberar la tensión.

Respeto a tu ritmo: Cada persona lidia con el rechazo y la ruptura a su propio ritmo. Algunas personas pueden sentirse mejor más rápido, mientras que otras necesitan más tiempo. Respeta tu propio proceso y no te compares con los demás.

Aprendizaje y crecimiento: Permitirte sentir todas estas emociones no es solo una forma de enfrentar el dolor, sino también una oportunidad de aprendizaje y crecimiento. Al explorar tus emociones, puedes descubrir más sobre ti mismo, tus necesidades y tus valores.

Lidiar con el rechazo y la ruptura es un proceso complejo, y permitirte sentir todas las emociones que surgen es una parte esencial de ese proceso. Al validar tus emociones y adoptar una aproximación compasiva contigo mismo, estás pavimentando el camino para la sanación y el crecimiento personal.

Aceptar la realidad

Lidiar con el rechazo y el término de una relación implica enfrentar una nueva realidad, por más difícil que sea. Aceptar esa realidad es un paso fundamental para el proceso de sanación. Puntos importantes sobre aceptar la realidad:

Reconocimiento del cambio: Después de un término, es común sentirse tentado a negar o evitar la realidad. Sin embargo, evitar la situación no hará que desaparezca. Es esencial reconocer que la relación llegó a su fin y que la dinámica entre ustedes cambió.

Proceso de adaptación: Aceptar la realidad es un proceso de adaptación. Esto implica reconocer que la vida continuará, pero de una forma diferente a la que estabas acostumbrado. La adaptación lleva tiempo, pero es esencial para permitirte avanzar y recuperarte.

Libertad para curar: Aceptar la realidad te permite iniciar el proceso de sanación. Mientras estés luchando contra la realidad, te estarás impidiendo moverte hacia la sanación y el crecimiento personal.

Evita la negación: La negación es una forma común de evitar la realidad. Puedes encontrarte pensando que el término es temporal o que tu ex pareja volverá. Aunque esos pensamientos puedan ser reconfortantes, es importante enfrentar la verdad para seguir adelante.

Confronta los sentimientos: Aceptar la realidad a menudo implica confrontar sentimientos incómodos, como tristeza, ira y miedo a lo desconocido. Permitirte enfrentar estos sentimientos es un paso necesario para alcanzar una aceptación más profunda.

Foco en el presente y el futuro: Cuando aceptas la realidad, puedes dirigir tu energía hacia el presente y el futuro. Esto significa concentrarte en tus propias necesidades, objetivos y bienestar, en lugar de revivir constantemente el pasado.

Autocompasión: La aceptación también implica practicar la autocompasión. Entiende que el término no es un fracaso personal, sino una parte natural de la vida. Trátate con gentileza y comprensión mientras navegas por este proceso desafiante.

Crecimiento y aprendizaje: Al aceptar la realidad del término, puedes comenzar a explorar lo que aprendiste de la relación y cómo puedes aplicar esos conocimientos en tu crecimiento personal. Cada término trae consigo oportunidades de aprendizaje valiosas.

Un paso hacia la libertad: Aceptar la realidad es un paso hacia la libertad emocional. Cuando dejas de luchar contra lo inevitable, liberas energía que puede ser dirigida a tu propio bienestar y para construir un futuro significativo.

Aceptar la realidad del término puede ser un proceso doloroso, pero es un paso esencial para la sanación y el crecimiento. Enfrentar la verdad y permitirte vivir la realidad es una forma de honrar tus propias emociones y abrir camino hacia un futuro más saludable y feliz.

Busca apoyo

Lidiar con el rechazo y el término de una relación puede ser un desafío emocional significativo. En este momento, buscar apoyo es esencial para ayudar a navegar por las emociones y el proceso de sanación. Son maneras de buscar apoyo durante ese período:

Amigos y familiares: Conversar con amigos y familiares en quienes confías puede ofrecer un espacio seguro para compartir tus emociones. Ellos pueden brindar apoyo emocional, escucharte sin juicio e incluso ofrecer consejos útiles. El apoyo de personas cercanas puede ayudar a aliviar la sensación de soledad.

Profesional de salud mental: Un profesional de salud mental, como un psicólogo o terapeuta, puede ofrecer un ambiente neutro y confidencial para que explores tus sentimientos después de un término. Tienen la experiencia necesaria para ayudarte a entender tus emociones, lidiar con el dolor y desarrollar estrategias de afrontamiento saludables.

Grupos de apoyo: Participar de grupos de apoyo para personas que están pasando por términos o rechazos puede ser muy beneficioso. En estas configuraciones, puedes compartir tus experiencias, escuchar las experiencias de otras personas y obtener perspectivas valiosas sobre cómo lidiar con los desafíos emocionales.

Apoyo online: Existen muchos foros online y comunidades de redes sociales donde puedes conectarte con personas que están pasando por situaciones similares. Aunque el apoyo online puede ser útil, recuerda verificar la confiabilidad de las fuentes y evitar comparar excesivamente tus propias experiencias con las de los demás.

Profesional de salud: Si estás luchando para lidiar con las emociones después de un término, considerar hablar con un profesional de salud, como un médico, puede ayudar. Ellos pueden ofrecer orientaciones sobre cómo cuidar de tu salud física y emocional durante ese período.

Cuidado al elegir el apoyo: Al buscar apoyo, es importante elegir personas que sean solidarias, empáticas y no juzgadoras. Evita personas que minimicen tus sentimientos o que no comprendan la gravedad de lo que estás pasando.

No cargues solo: Lidiar con un término o rechazo puede ser un proceso desafiante. No intentes cargar el fardo solo. Buscar apoyo es una manera saludable de compartir tu dolor, aprender de los demás y obtener ayuda cuando más la necesitas.

El apoyo de amigos, familiares y profesionales de salud mental puede ser un factor crucial en tu viaje de sanación después de un término. No dudes en buscar ayuda y compartir tus emociones, ya que esto puede ayudarte a superar el dolor y encontrar un camino hacia el crecimiento y la renovación emocional.

Practica el autocuidado

Cuando enfrentamos rechazo y término de relaciones, practicar el autocuidado se vuelve aún más importante para nuestra salud emocional y mental. Cuidar de uno mismo durante este período ayuda a promover la sanación, la resiliencia y el crecimiento personal. Estrategias para practicar el autocuidado después de un rechazo o término:

Prioriza el bienestar físico: Una alimentación saludable, ejercicio regular y sueño adecuado son fundamentales para tu bienestar físico y emocional. El ejercicio libera endorfinas, que pueden ayudar a mejorar tu estado de ánimo. Comer alimentos nutritivos proporciona energía y apoya el funcionamiento adecuado del cuerpo. El sueño reparador es esencial para la recuperación emocional.

Engánchate en actividades que te gustan: Involucrarte en actividades que te traen alegría y satisfacción puede ayudar a distraer tu mente de las emociones dolorosas y promover sentimientos positivos. Esto puede incluir pasatiempos, deportes, arte, música, lectura o cualquier actividad que te ayude a relajarte y a divertirte.

Establece límites: Definir límites saludables para ti mismo es importante. Esto puede incluir limitar el tiempo que pasas pensando en la relación pasada, evitando lugares o actividades que puedan desencadenar emociones dolorosas y estableciendo límites en las interacciones con tu expareja en las redes sociales.

Busca experiencias nuevas: Explorar cosas nuevas y desafiantes puede ayudarte a redescubrir la sensación de novedad y emoción en tu vida. Prueba algo que siempre has querido hacer, participa en clases o talleres, viaja o conoce nuevas personas. Estas experiencias pueden ayudarte a expandir tus horizontes y aumentar tu confianza en ti mismo.

Apoya en amigos y familia: Compartir tus sentimientos con personas de confianza puede ser una forma eficaz de liberar emociones y obtener apoyo emocional. Amigos y familiares pueden ofrecer palabras de aliento, compañía y una perspectiva externa sobre la situación.

Evita comparaciones: Evita comparar tu historia de sanación con la de otras personas. Cada persona lidia con rechazo y término de manera única. Centrarse en tus propias necesidades y en lo que es mejor para ti es más importante que tratar de equipararte a los demás.

Sé amable contigo mismo: Lidiar con el rechazo y el término es un proceso desafiante. Sé amable contigo mismo y no te juzgues por sentir una amplia gama de emociones. La autocompasión es fundamental para sanarse y crecer a partir de esta experiencia.

Busca apoyo profesional: Si estás enfrentando dificultades significativas para lidiar con el rechazo o el término, considerar la ayuda de un profesional de salud mental puede ser una gran opción. Un terapeuta puede proporcionar orientación, estrategias de afrontamiento y un espacio seguro para explorar tus emociones.

Recuerda de ti mismo: Practicar el autocuidado después de un rechazo o término no es egoísmo, es una necesidad. Al priorizar tu bienestar físico, emocional y mental, estás creando una base sólida para sanarte y seguir adelante de manera saludable y fortalecida.

Evitar el resentimiento

Lidiar con el final de una relación puede ser emocionalmente intenso y desafiante. Es común experimentar sentimientos de rabia, dolor y resentimiento después del final de una relación. Sin embargo, permitir que estos sentimientos persistan puede prolongar tu sufrimiento y afectar negativamente tu bienestar emocional. Formas de evitar el resentimiento después de un final de relación:

Practica la aceptación: Aceptar que la relación llegó a su fin es un paso importante para evitar el resentimiento. Cuanto antes puedas aceptar esta realidad, más rápido podrás comenzar a curarte. Evita quedarte atrapado en la negación o en la esperanza de una reconciliación que puede no suceder.

Comprende tus emociones: Reconoce y valida tus emociones de rabia y resentimiento. Estos sentimientos son naturales después de un final de relación, pero es importante no dejar que ellos dominen tu vida. Tómate un tiempo para entender de dónde vienen estos sentimientos y por qué te sientes así.

Practica la empatía: Intenta ver la situación desde el punto de vista de tu expareja. Entender las motivaciones y perspectivas de ellos puede ayudar a humanizar la situación y reducir los sentimientos de resentimiento. Sé consciente de que ambos probablemente tuvieron sus razones para el final de la relación.

Libera la rabia de manera constructiva: En lugar de dejar que la rabia se acumule, encuentra maneras saludables de liberarla. Esto puede incluir escribir en un diario, practicar ejercicios intensos, expresar tus sentimientos en una conversación respetuosa o explorar actividades creativas.

Practica el perdón: El perdón no significa justificar las acciones de tu expareja, sino liberarte del peso del resentimiento. Perdonar no es necesariamente sobre aceptar lo que pasó, sino sobre permitirte seguir adelante sin cargar la carga emocional.

Acepta el tiempo de sanación: La sanación emocional después de un final de relación lleva tiempo. No te apresures en el proceso. A medida que practiques el autocuidado, la comprensión y el perdón, gradualmente verás que el resentimiento comienza a disminuir.

Conciencia de que cada desafío, incluido un final de relación, ofrece una oportunidad de crecimiento personal. Al trabajar para evitar el resentimiento, estás tomando medidas para fortalecer tu resiliencia emocional y construir una base más sólida para el futuro.

Foco en el crecimiento personal

Lidiar con el rechazo y el final de una relación puede ser una de las experiencias más desafiantes de la vida, pero también puede ser una oportunidad valiosa para el crecimiento personal y emocional. Aunque el proceso puede ser doloroso, encarar esta situación como una oportunidad de crecimiento puede ayudar a transformar el sufrimiento en algo positivo.

Formas de enfocarse en el crecimiento personal después de un final de relación:

Reflexión constructiva: Tómate un tiempo para reflexionar sobre la relación y el final de la relación de manera constructiva. Pregúntate a ti mismo lo que aprendiste de la experiencia. Esto puede incluir perspectivas sobre tus propias necesidades, patrones de relación y áreas que te gustaría desarrollar.

Identifica tus fortalezas: Reconoce tus propias fortalezas y virtudes. El final de la relación puede afectar tu autoestima, pero es importante recordar que tienes cualidades únicas que te hacen valioso y digno de amor. Concéntrate en tus fortalezas y en lo que tienes para ofrecer.

Define metas de crecimiento: Usa el final de la relación como punto de partida para definir metas de crecimiento personal. Esto puede incluir metas relacionadas con tu carrera, educación, salud, habilidades o cualquier otra área en la que desees crecer.

Sal de tu zona de confort: Aprovecha la oportunidad para desafiarte y salir de tu zona de confort. Experimenta cosas nuevas, participa en actividades que nunca antes consideraste y explora oportunidades de aprendizaje. Estas experiencias pueden ayudarte a desarrollar nuevas perspectivas y habilidades.

Cultiva el autocuidado: Prioriza el autocuidado durante este período. Cuida tu salud física, emocional y mental. Esto puede incluir ejercicios regulares, meditación, terapia, expresión creativa o cualquier otra actividad que te haga sentir bien.

Crea una red de apoyo: Busca apoyo de amigos, familiares e incluso de grupos de apoyo en línea. Compartir tus experiencias y escuchar historias de otras personas puede ofrecerte consuelo y recordarte que no estás solo.

Practica la gratitud: Aunque puede ser difícil sentir gratitud durante un momento difícil, intenta identificar aspectos de la situación por los que puedas estar agradecido. Esto puede incluir lecciones aprendidas, oportunidades de crecimiento y el apoyo de las personas que te rodean.

Reconstruye tu identidad: Un final de relación a menudo puede conducir a una reevaluación de tu identidad y objetivos. Usa esta oportunidad para reconstruir quién eres, lo que deseas alcanzar y el tipo de vida que deseas crear.

Ten paciencia contigo mismo: El crecimiento personal no ocurre de la noche a la mañana. Date tiempo para evolucionar y desarrollarte. Ten paciencia contigo mismo y celebra cada pequeño paso hacia el crecimiento.

Transformando el dolor en fuerza: Al enfrentar el rechazo y la ruptura como oportunidades de crecimiento personal, estás transformando el dolor en fuerza. Ten en cuenta que superar este desafío no solo te hará más resiliente, sino que también te permitirá construir una base más sólida para futuras relaciones y tu propia jornada de autodescubrimiento.

Dar tiempo a sí mismo

Después de enfrentar el rechazo o el final de una relación, es fundamental recordar que la curación emocional no ocurre de manera inmediata. Dale a ti mismo el tiempo necesario para procesar tus emociones, reflexionar y recuperarte. Consideraciones importantes al dar tiempo a ti mismo durante este período:

Respeta tu propio ritmo: Cada persona lidia con el final de una relación de manera única, y no hay un cronograma fijo para la curación. Respeta tu propio ritmo emocional y evita compararte con otras personas o con estándares externos. Sé amable contigo mismo y permítete sentir todas las fases emocionales que surjan.

No hay plazo para el dolor: La tristeza, la ira, la confusión y otras emociones pueden surgir y desaparecer en momentos diferentes. No hay un plazo definido para cuánto tiempo debes sentirte de una determinada manera. Es importante recordar que la cicatrización no sigue un guion lineal y que tus emociones pueden variar.

Evita las presiones externas: A veces, la presión de la sociedad, los amigos o la familia puede hacerte sentir que necesitas "superar" rápidamente el final de la relación. Sin embargo, esta presión puede ser perjudicial y contraproducente. Concéntrate en tus propias necesidades emocionales y dale a ti mismo el tiempo necesario, independientemente de las expectativas externas.

Practica la autocompasión: Durante este período desafiante, trátate con autocompasión. En lugar de criticarte por no estar recuperándote más rápido, reconoce que estás pasando por un proceso doloroso y que mereces gentileza y comprensión. Entiende que es normal sentir una amplia gama de emociones.

Celebra el progreso: A medida que pasa el tiempo, puedes comenzar a notar pequeños progresos en tu curación emocional. Celebra estos momentos de crecimiento, incluso si son pequeños. Esto puede incluir días en los que te sientes más ligero, momentos de claridad o nuevas realizaciones personales.

Encuentra apoyos saludables: Encuentra formas saludables de apoyo durante este período. Hablar con amigos, familiares o un profesional de la salud mental puede ser una manera útil de compartir tus emociones y recibir orientación. Tener un sistema de apoyo puede ayudarte a sentirte menos aislado y más comprendido.

Sé paciente con el proceso: La curación emocional no sigue un cronograma específico. Puede haber altibajos a lo largo del camino, y eso es perfectamente normal. Sé paciente y amable contigo mismo, entendiendo que el camino de la cicatrización es un proceso gradual.

Mirando hacia el futuro: Al darte a ti mismo el tiempo necesario para recuperarte, estás invirtiendo en tu propio bienestar y permitiendo que el proceso de cicatrización ocurra de manera saludable y natural. Aunque puede ser difícil, recuerda que, al pasar por este proceso, estás creando espacio para un futuro donde la curación, el crecimiento y la felicidad puedan florecer nuevamente.

Evitar el aislamiento excesivo

Después de enfrentar el rechazo o la ruptura de una relación, es común sentir la necesidad de aislarse y quedarse solo por un tiempo. Sin embargo, es importante evitar el aislamiento excesivo, ya que puede aumentar la sensación de soledad y prolongar el proceso de cicatrización. Razones por las que es importante mantener algún nivel de conexión social:

Combatir la soledad: El aislamiento excesivo puede llevar a la soledad, que a su vez puede agravar los sentimientos de tristeza y desánimo. Mantener contacto con amigos y familiares ayuda a combatir la soledad y proporciona un sentido de pertenencia y apoyo emocional.

Intercambio de experiencias: Al compartir tus emociones y experiencias con otras personas, puedes obtener diferentes perspectivas y perspectivas valiosos. Conversar con amigos de confianza o miembros de la familia puede ofrecer una sensación de alivio y comprensión.

Evitar la rumiación excesiva: Quedarse aislado puede llevar a la rumiación excesiva, donde te quedas atrapado en pensamientos negativos y autocríticos. Interaccionar con otras personas puede ayudar a romper este ciclo de rumiación y traer un nuevo enfoque a tu vida.

Mantener una rutina social: Mantener contacto con amigos y familiares te permite mantener una rutina social saludable. Esto puede incluir actividades sociales regulares, como salir a cenar, participar en eventos sociales o simplemente conversar sobre temas variados.

Sentido de normalidad: Mantener conexiones sociales puede ayudar a mantener un sentido de normalidad en tu vida durante un período de cambio. Esto ayuda a equilibrar la experiencia de cicatrización con interacciones sociales que son parte natural de la vida cotidiana.

Ten en cuenta que, aunque el aislamiento pueda parecer atractivo en momentos de dolor emocional, mantener algún nivel de conexión social puede ser fundamental para apoyar tu proceso de cicatrización y promover un bienestar emocional más saludable.

Explorar nuevos intereses

Después de una ruptura, es común sentirse desconectado de uno mismo y del mundo que nos rodea. Una manera eficaz de recuperar el equilibrio emocional y redefinir nuestra identidad es explorar nuevos intereses y actividades. Invertir tiempo en pasatiempos y hobbies puede tener un impacto positivo en nuestra autoestima, ayudándonos a redescubrir nuestras pasiones y a construir una vida significativa, independiente de una relación. Maneras de explorar nuevos intereses:

Reflexiona sobre tus pasiones pasadas: Piensa en las cosas que solías adorar hacer antes de la relación o en las actividades que siempre tuviste curiosidad por experimentar. Quizás hayas dejado de lado algunas pasiones para dedicar tiempo a la relación. Ahora es la oportunidad de reavivar esas pasiones.

Experimenta nuevas actividades: Sé dispuesto a experimentar actividades que nunca has probado antes. Esto puede incluir cocinar una nueva receta, aprender un instrumento musical, practicar deportes, pintar, bailar, hacer senderismo o incluso explorar una nueva cultura.

Inscríbete en cursos y talleres: Inscribirte en cursos o talleres es una excelente manera de sumergirte en nuevos intereses. Si siempre has querido aprender algo, como fotografía, idiomas, cocina o danza, ahora es el momento perfecto para inscribirte en un curso local u online.

Ofrécete como voluntario: Participar en actividades de voluntariado no solo ayuda a los demás, sino que también puede ser una manera gratificante de descubrir nuevos intereses. Busca oportunidades que estén alineadas con tus valores e intereses personales.

Únete a grupos o clubes: Unirte a grupos o clubes relacionados con tus intereses es una manera maravillosa de conocer personas nuevas con pasiones similares. Esto también proporciona una sensación de pertenencia y camaradería.

Mantén una mente abierta: Sé abierto a experimentar cosas fuera de tu zona de confort. A veces, las actividades que menos esperas pueden convertirse en pasiones gratificantes.

Encuentra autodescubrimiento: Explorar nuevos intereses no se trata solo de ocupar tu tiempo; es una jornada de autodescubrimiento. A medida que experimentas cosas nuevas, puedes aprender más sobre ti mismo, tus gustos, disgustos y deseos.

Desarrolla tu autoestima: Conquistar nuevas habilidades y descubrir intereses fortalece tu autoestima, recordándote de tu capacidad de crecer y adaptarte. Esto puede ser especialmente útil después de una ruptura, cuando la autoestima puede estar abalada.

Invertir en nuevos intereses no solo ayuda a llenar el espacio dejado por una relación, sino que también ofrece la oportunidad de crear una vida enriquecedora y satisfactoria. A medida que te involucras en actividades que te energizan y te hacen feliz, comienzas a construir una nueva narrativa para tu vida y a desarrollar una resiliencia emocional más profunda.

Definir límites en las redes sociales

Las redes sociales pueden desempeñar un papel significativo en nuestra vida, pero después de una ruptura, también pueden convertirse en fuentes de angustia y ansiedad. Ver fotos, actualizaciones e interacciones de la expareja en las redes sociales puede ser emocionalmente desafiante y perjudicar su proceso de sanación. Definir límites saludables en relación al uso de las redes sociales es una manera eficaz de proteger su paz mental y centrarse en su propia jornada de sanación. Estrategias para definir límites en las redes sociales:

Reduzca la frecuencia de verificación: En lugar de verificar constantemente las redes sociales, establezca horarios específicos del día para hacerlo. Reducir la frecuencia ayudará a disminuir la exposición a contenidos que puedan ser desencadenantes de emociones negativas.

Evite o desfasa la amistad: Si la presencia de la expareja en las redes sociales le está causando malestar, considere evitarla o deshacer la amistad en las plataformas. Esto no es una medida de desprecio, sino una acción para proteger su salud emocional.

Silenciar palabras clave o perfiles: En algunas redes sociales, es posible silenciar palabras clave o perfiles que no desea ver en su feed. Esto le permite controlar el tipo de contenido que aparece en su línea de tiempo.

Considere un tiempo de desconexión: Si las redes sociales están impactando negativamente su salud emocional, considere desconectarse temporalmente. Puede ser una pausa necesaria para centrarse en sí mismo, lejos de las distracciones de las redes sociales.

Priorice actividades fuera de línea: En lugar de pasar tiempo navegando en las redes sociales, priorice actividades fuera de línea que le hagan sentir bien, como hacer ejercicio, leer, pasar tiempo con amigos o dedicarse a nuevos pasatiempos.

Compartir su intención con amigos: Compartir su intención de limitar el uso de las redes sociales con amigos cercanos puede ayudar a crear un sistema de apoyo. Ellos pueden ofrecer aliento y comprensión durante este período.

Practicar la autorreflexión: Perciba cómo las redes sociales están afectando sus emociones y mentalidad. Si usted nota que están contribuyendo a sentimientos negativos, tome medidas para ajustar su uso.

Sé amable contigo mismo: Recordando que la sanación lleva tiempo, sé amable contigo mismo si te pillas mirando las redes sociales o sintiéndote afectado por ellas. El proceso de limitar su involucramiento es gradual.

Céntrese en su jornada de sanación: La clave es centrarse en su propia jornada de sanación y desarrollo personal. A medida que crea espacio para centrarse en sí mismo, se permite crecer, recuperarse y eventualmente seguir adelante.

Recuerda que establecer límites en las redes sociales no es una forma de escapar de la realidad, sino un acto de autocuidado que ayuda a proteger tu salud emocional durante un período sensible.

Lidiar con el rechazo y la ruptura requiere resiliencia emocional y autocompasión. Al adoptar estas estrategias, puedes enfrentar estos desafíos de manera más positiva y salir más fuerte en el proceso.

Transformar el sufrimiento en crecimiento personal

La capacidad de transformar el sufrimiento en crecimiento personal es una habilidad poderosa que nos permite enfrentar adversidades de forma constructiva y salir más fuertes del otro lado. Aunque sea un proceso desafiante, es posible encontrar significado y aprendizaje incluso en las experiencias más dolorosas. Estrategias para transformar el sufrimiento en crecimiento personal:

Resignificar la perspectiva

Resignificar la perspectiva es una técnica poderosa para cambiar la manera en que percibimos e interpretamos las situaciones difíciles, incluyendo el sufrimiento. En lugar de ver el sufrimiento como algo puramente negativo, podemos elegir mirarlo de manera más amplia y positiva. Abordajes para alterar la perspectiva en relación al sufrimiento:

Identificar los aspectos positivos: Incluso en las situaciones más difíciles, puede haber aspectos positivos ocultos. Buscar lecciones aprendidas, crecimiento personal y nuevas oportunidades que surgieron como resultado del sufrimiento. Reconocer estos aspectos positivos puede ayudar a cambiar nuestra perspectiva.

Entenderlo como un desafío: En lugar de encarar el sufrimiento como algo que nos derrota, verlo como un desafío que estamos enfrentando. Los desafíos tienen el potencial de impulsar nuestro crecimiento personal y capacidad de superación. Enfrentar el sufrimiento como un desafío puede capacitarnos para encontrar soluciones y resiliencia.

Apreciar el crecimiento personal: Reflexionar sobre cómo el sufrimiento puede contribuir a nuestro crecimiento personal. Muchas veces, las experiencias más difíciles nos obligan a salir de nuestra zona de confort y a desarrollar nuevas habilidades. Apreciar la oportunidad de convertirnos en una persona más fuerte, resiliente y experimentada.

Enfocarse en la transformación: Entender el sufrimiento como una oportunidad de transformación. Así como una mariposa emerge más fuerte de su crisálida, también podemos emerger de situaciones difíciles con una nueva perspectiva y una comprensión más profunda de nosotros mismos y de la vida.

Reconocer la humanidad compartida: Recordar que el sufrimiento es una parte compartida de la experiencia humana puede ayudar a contextualizarlo. Todos enfrentamos desafíos en algún momento, y eso es parte del camino de cada individuo. Sentirse conectado a la humanidad de forma más amplia puede ayudar a reducir el aislamiento y la soledad.

Practicar la aceptación: Aceptar el sufrimiento como una parte temporal de la jornada puede disminuir la resistencia y el conflicto interno. En lugar de luchar contra el sufrimiento, practicar aceptarlo y permitirnos sentir las emociones asociadas a él.

Cultivar la gratitud por la vida: Incluso en medio del sufrimiento, buscar momentos por los que todavía estamos agradecidos. La gratitud puede ayudar a equilibrar la visión más amplia de la vida, recordándonos las cosas que todavía nos traen alegría y significado.

Desarrollar resiliencia espiritual: Si tenemos una perspectiva espiritual, considerar cómo el sufrimiento puede contribuir a nuestro crecimiento espiritual. Muchas tradiciones espirituales enfatizan la importancia de la superación y transformación de los desafíos.

Al adoptar la práctica de resignificar la perspectiva en relación al sufrimiento, podemos descubrir que las experiencias difíciles tienen el potencial de impulsar nuestro crecimiento personal y llevar a una visión más profunda y enriquecedora de la vida.

Extraer valiosas lecciones

Cada experiencia, incluso aquellas marcadas por el sufrimiento, tiene el potencial de ofrecer valiosas lecciones para nuestro crecimiento personal. Al buscar esas lecciones, transformamos el sufrimiento en una oportunidad de aprendizaje y desarrollo. Medios de extraer valiosas lecciones del sufrimiento:

Reflexiona con honestidad: Dedica tiempo para reflexionar sobre la experiencia de sufrimiento de manera honesta. Pregúntate a ti mismo cómo esa situación te afectó emocional, mental y espiritualmente. Esa reflexión profunda puede ayudar a identificar las lecciones subyacentes.

Identifica patrones recurrentes: Observa si existen patrones recurrentes en tus experiencias de sufrimiento. Identificar esos patrones puede ayudarte a entender áreas específicas de crecimiento que pueden necesitar atención.

Analiza tus reacciones y comportamientos: Examina tus reacciones y comportamientos ante el sufrimiento. Eso puede revelar cómo lidias con la adversidad y qué estrategias son más eficaces para lidiar con desafíos futuros.

Explora las causas raíz: Ve más allá de los síntomas del sufrimiento y busca comprender las causas raíz. ¿Qué llevó a esa situación? ¿Existen factores internos o externos que contribuyeron al sufrimiento? Esa exploración puede proporcionar perspectivas profundas.

Evalúa las elecciones y decisiones: Evalúa las elecciones y decisiones que te llevaron a esa situación de sufrimiento. ¿Qué podrías haber hecho de manera diferente? ¿Qué lecciones puedes aprender para tomar decisiones más sabias en el futuro?

Encuentra un propósito en las lecciones: Intenta encontrar un propósito en las lecciones que estás aprendiendo. ¿Cómo esas lecciones pueden capacitarte para convertirte en una persona más sabia, compasiva y resiliente? Encontrar un propósito en las lecciones puede traer un sentido de significado al sufrimiento.

Aplica las lecciones en el día a día: No basta solo con identificar las lecciones; es importante aplicarlas en tu vida diaria. Pregúntate a ti mismo cómo puedes usar lo que aprendiste para tomar decisiones más informadas, mejorar tus relaciones y alcanzar tus objetivos.

Practica la autocompasión: Mientras extraes valiosas lecciones del sufrimiento, recuerda practicar la autocompasión. En lugar de culparte, sé gentil contigo mismo. Reconoce que el sufrimiento es parte de la vida humana y que aprender de él es un paso importante para el crecimiento.

Registra tus reflexiones: Mantener un diario o escribir tus reflexiones puede ayudar a registrar las lecciones que estás aprendiendo con el sufrimiento. Escribir también puede ser una forma terapéutica de procesar tus emociones y perspectivas.

Al extraer valiosas lecciones del sufrimiento, no solo transformas tus experiencias dolorosas en oportunidades de crecimiento, sino que también enriqueces tu historia de vida con sabiduría y aprendizaje.

Cultivar la resiliencia mental

La resiliencia mental es una cualidad valiosa que nos permite enfrentar los desafíos de la vida de manera adaptativa y constructiva. Desarrollar esta capacidad puede ayudarnos a superar el sufrimiento y crecer con más fuerza ante las adversidades. Maneras de cultivar la resiliencia mental:

Practicar la resolución de problemas: La resiliencia mental implica encontrar soluciones prácticas a los problemas que enfrentamos. Al enfrentar desafíos, dividirlos en partes menores y desarrollar estrategias para resolverlos paso a paso.

Asumir perspectivas diferentes: Entrenar para mirar los desafíos desde diferentes ángulos. Esto ayuda a ampliar nuestra visión y a encontrar soluciones creativas que no hubiéramos considerado inicialmente.

Aceptar la incertidumbre: La vida está llena de incertidumbres, y la resiliencia mental implica aprender a lidiar con ellas. Practicar la aceptación de la incertidumbre y enfocarnos en lo que podemos controlar, en lugar de fijarnos en lo que está fuera de nuestro control.

Cultivar la flexibilidad: Ser flexible en nuestro enfoque de la vida es esencial para la resiliencia mental. Estar dispuestos a ajustar nuestros planes cuando sea necesario y a adaptarnos a los cambios sin sentirnos desestabilizados.

Construir una red de apoyo: Tener una red de apoyo confiable es fundamental para la resiliencia mental. Mantener conexiones con amigos, familiares y colegas que puedan ofrecernos apoyo emocional, consejos y una perspectiva externa.

Mantener una mentalidad positiva: Cultivar una mentalidad positiva no significa ignorar las dificultades, sino encontrar aspectos positivos en medio de los desafíos. Esto ayuda a mantener la esperanza y la motivación.

Practicar la autocompasión: La autocompasión es una parte fundamental de la resiliencia mental. Tratarnos con amabilidad y compasión, especialmente cuando enfrentamos dificultades. Esto crea una base emocional sólida para enfrentar los desafíos.

Aprender de las experiencias pasadas: Reflexionar sobre cómo hemos lidiado con desafíos anteriores puede proporcionarnos perspectivas sobre nuestras habilidades de resiliencia. Usar estas experiencias pasadas como puntos de aprendizaje para lidiar mejor con los desafíos futuros.

Desarrollar habilidades de autorregulación: La autorregulación implica el control consciente de nuestras emociones y respuestas emocionales. Aprender a reconocer y gestionar nuestras emociones de manera saludable, lo que contribuye a una mayor resiliencia.

Buscar oportunidades de crecimiento: Enfrentar los desafíos como oportunidades de crecimiento. Al superar las dificultades, construimos nuestra resiliencia y fortalecemos nuestra capacidad de enfrentar situaciones similares en el futuro.

Cultivar la resiliencia mental es un proceso continuo que implica práctica, paciencia y autodescubrimiento. Cuanto más invirtamos en desarrollar esta habilidad, más preparados estaremos para enfrentar las adversidades de la vida de manera positiva y constructiva.

Definir metas de crecimiento

En tiempos de sufrimiento, establecer metas de crecimiento personal puede ser una forma eficaz de dirigir nuestra energía hacia algo positivo y constructivo. Definir metas no solo proporciona un sentido de propósito, sino que también crea un camino tangible para el crecimiento y la superación. Maneras de establecer metas de crecimiento durante períodos difíciles:

Identificar nuestras pasiones e intereses: Comenzar identificando las áreas que despiertan nuestra curiosidad y pasión. Preguntarnos qué actividades o temas nos energizan y motivan.

Definir metas realistas: Asegurarnos de que nuestras metas sean realistas y alcanzables. Comenzar con objetivos pequeños y, a medida que ganamos confianza, aumentar gradualmente la complejidad de las metas.

Enfocarnos en el proceso, no solo en los resultados: Mientras es importante tener un resultado en mente, concentrarnos también en el proceso. Valorizar el aprendizaje, el crecimiento personal y las experiencias que ocurren a lo largo del camino.

Elegir metas alineadas con nuestros valores: Asegurarnos de que nuestras metas estén alineadas con nuestros valores personales y aspiraciones. Esto aumentará nuestra motivación y sensación de significado.

Dividir metas en etapas menores: Dividir metas mayores en etapas menores y más manejables. Esto hará que el proceso de alcanzarlas sea menos intimidante y más realizable.

Seguir nuestro progreso: Mantener un registro de nuestro progreso a medida que trabajamos hacia nuestras metas. Esto no solo nos mantendrá motivados, sino que también nos permitirá ver cuánto progreso ya hemos logrado.

Ser flexibles y adaptables: A veces, los desafíos pueden alterar el curso de nuestros planes. Estar dispuestos a ajustar nuestras metas según sea necesario, sin sentirnos derrotados por cambios inesperados.

Aprovechar la jornada de aprendizaje: Cada paso en dirección a nuestras metas es una oportunidad de aprendizaje y crecimiento. Abordar cada desafío como una oportunidad de desarrollarse y adquirir nuevas habilidades.

Buscar apoyo: Compartir nuestras metas con amigos, familiares o un mentor. El apoyo de otras personas puede ofrecernos incentivo y responsabilidad.

Celebrar las conquistas: Al alcanzar etapas importantes en nuestras metas, tomarnos un tiempo para celebrar nuestras conquistas. Esto refuerza nuestra motivación y destaca nuestro progreso.

Establecer metas de crecimiento personal no solo ayuda a transformar el sufrimiento en crecimiento, sino que también fortalece nuestra resiliencia emocional. Al enfocar nuestra energía en objetivos positivos y significativos, creamos un sentido de dirección y motivación que nos impulsa hacia adelante, incluso en los momentos más desafiantes.

Practica la gratitud

La práctica de la gratitud es una herramienta poderosa para transformar el sufrimiento en crecimiento personal. Incluso en las situaciones más desafiantes, encontrar cosas por las que ser agradecido puede traer una perspectiva más positiva y fortalecer tu resiliencia. Maneras de practicar la gratitud durante momentos de sufrimiento:

Mantén un diario de gratitud: Dedica un tiempo diario para escribir tres cosas por las que estás agradecido. Esto ayuda a dirigir tu atención hacia lo positivo en tu vida, incluso cuando el sufrimiento está presente.

Encuentra gratitud en las pequeñas cosas: No te límites a grandes eventos. Reconoce y aprecia las pequeñas alegrías del día a día, como una sonrisa amable, un momento tranquilo o un rayo de sol.

Concéntrate en las relaciones personales: Expresa gratitud por las personas que forman parte de tu vida. Recuerda las conexiones significativas que tienes y el apoyo que recibes de amigos, familiares y seres queridos.

Cultiva la gratitud por la adversidad: Aunque pueda parecer difícil, intenta encontrar elementos de gratitud incluso en las situaciones difíciles. Esto no significa minimizar el dolor, sino reconocer que la adversidad puede conducir a oportunidades de crecimiento.

Practica la gratitud por el autodescubrimiento: Usa momentos de sufrimiento como oportunidades para conocerte mejor. Agradece por tu resiliencia, fuerza interior y capacidad de enfrentar desafíos de frente.

Comparte tu gratitud: Expresar gratitud a los demás puede fortalecer las relaciones y crear un ciclo positivo de apoyo mutuo. Diles a las personas importantes en tu vida cuánto aprecias su presencia y apoyo.

Cultiva la gratitud en el presente: La gratitud es una práctica que se centra en el presente. Desvía tu atención de los arrepentimientos del pasado y las preocupaciones con el futuro, concentrándote en el aquí y ahora.

Practica la gratitud por la autocompasión: Sé agradecido por tu capacidad de cuidar de ti mismo y tratarte con compasión. Esto fortalece tu resiliencia y ayuda a neutralizar pensamientos autocríticos.

Recuerda los desafíos superados: Mira hacia atrás y recuerda los desafíos que superaste en el pasado. Esto puede generar gratitud por tu fuerza y determinación, dándote confianza para enfrentar desafíos futuros.

La práctica de la gratitud no niega la existencia del sufrimiento, pero ayuda a crear un equilibrio emocional y mental más saludable. Al encontrar aspectos por los que estar agradecido, crea una perspectiva más rica y positiva, que contribuye a la resiliencia y el crecimiento personal.

Cultivar la resiliencia emocional

La resiliencia emocional es una cualidad vital para afrontar las adversidades de la vida con fuerza y equilibrio. Cultivar la resiliencia emocional implica desarrollar la capacidad de lidiar con las emociones de manera saludable y adaptativa. Formas de cultivar la resiliencia emocional:

Reconocimiento de las emociones: El primer paso para cultivar la resiliencia emocional es reconocer y validar tus emociones. Evitar o negar los sentimientos puede conducir a una acumulación de tensiones emocionales. Aceptar que es normal sentir una gama de emociones es fundamental para la resiliencia.

Autoconciencia: Desarrolla la autoconciencia para entender mejor tus propias reacciones emocionales. Sé consciente de cómo diferentes situaciones desencadenan ciertas emociones en ti.

Práctica de la atención plena: La práctica de la atención plena implica estar plenamente presente en el momento presente, observando tus emociones sin juicio. Esto te permite observar tus emociones de manera objetiva y evitar ser dominado por ellas.

Expresión emocional adecuada: Aprende a expresar tus emociones de manera constructiva. Esto puede implicar hablar sobre tus sentimientos con alguien de confianza, escribir en un diario o usar formas creativas de expresión, como el arte.

Aceptación del cambio emocional: Las emociones son fluidas y cambian a lo largo del tiempo. Aceptar que tus emociones pueden variar y no apegarte a una emoción específica es un aspecto importante de la resiliencia emocional.

Desarrollo de estrategias de afrontamiento: Crea un repertorio de estrategias saludables para lidiar con emociones intensas. Esto puede incluir ejercicio, meditación, técnicas de relajación, pasatiempos o participación social.

Resolución constructiva de problemas: En lugar de sentirte abrumado por las emociones negativas, trabaja en la resolución constructiva de problemas. Identifica las fuentes de tus preocupaciones e intenta encontrar soluciones prácticas.

Aprendizaje de las emociones: Todas las emociones tienen algo que enseñar. En lugar de tratar de alejar las emociones incómodas, explora lo que pueden estar revelando sobre tus necesidades, deseos o áreas de crecimiento.

Desarrollo de la autocompasión: Trátate con gentileza y compasión, especialmente cuando estés enfrentando emociones difíciles. La autocompasión te permite ser amigo de ti mismo, incluso cuando estás pasando por momentos desafiantes.

Búsqueda de apoyo: No tengas miedo de buscar apoyo de amigos, familiares o profesionales de salud mental. Compartir tus emociones y recibir orientación puede fortalecer tu resiliencia.

Cultivar la resiliencia emocional es un proceso continuo que implica la práctica de habilidades emocionales saludables. Cuanto más te vuelves consciente de tus emociones, las entiendes y aprendes a lidiar con ellas de manera adaptativa, más capaz serás de enfrentar las dificultades con coraje y equilibrio.

Compartir tu historia

Compartir tu historia de superación es una manera poderosa de transformar el sufrimiento en crecimiento personal, al mismo tiempo que ofrece apoyo e inspiración a otras personas que pueden estar pasando por desafíos similares. Al compartir tu historia, no solo ayudas a ti mismo, sino que también creas una conexión significativa con los demás. Razones por las que compartir tu historia puede ser beneficioso:

Empoderamiento personal: Al contar tu historia de superación, estás tomando el control de la narrativa de tu vida. Esto puede ayudar a fortalecer tu autoimagen y autoestima, al recordar tus logros y tu resiliencia.

Procesamiento emocional: Compartir tus experiencias dolorosas puede ser una manera eficaz de procesar tus emociones. Hablar sobre tus luchas y cómo las superaste puede ayudar a liberar emociones reprimidas y aliviar el peso emocional.

Inspiración para otros: Tu historia de superación puede servir como un faro de esperanza para aquellos que están pasando por desafíos similares. Ver a alguien que ha superado adversidades puede ser extremadamente inspirador y motivador para los demás.

Sentido de propósito: Compartir tu historia puede darles un nuevo significado a tus experiencias pasadas. Al ayudar a los demás a lidiar con dificultades similares, estás contribuyendo a un propósito mayor.

Reducción del estigma: Al hablar abiertamente sobre tus luchas, ayudas a desafiar el estigma asociado a los problemas emocionales o situaciones difíciles. Esto puede crear un ambiente más acogedor y compasivo para todos.

Conexiones significativas: Compartir tu historia puede crear conexiones auténticas con otras personas. Puedes encontrar una comunidad de apoyo que comparta tus experiencias y valores.

Reflexión y aprendizaje continuo: Al compartir tu trayectoria, te animas a reflexionar sobre tus experiencias, lecciones aprendidas y el crecimiento alcanzado. Esto promueve un aprendizaje continuo y el desarrollo personal.

Valorización de la jornada: Al contar tu historia, reconoces cuánto has crecido y superado. Esto puede darte una nueva apreciación por tu camino, incluso con todas las dificultades que has enfrentado.

Promoción de la resiliencia colectiva: Al compartir historias de superación, estás contribuyendo a una cultura de resiliencia. Esto puede inspirar a otras personas a enfrentar desafíos de manera más positiva y valiente.

Transformar el sufrimiento en crecimiento personal requiere paciencia, autocompasión y la disposición de enfrentar desafíos de manera constructiva. Al adoptar estas estrategias, estarás en el camino para no solo superar las adversidades, sino también emerger como una persona más resiliente y fortalecida.

Lidiar con el rechazo, el fin de las relaciones, la soledad y la tristeza requiere resiliencia emocional. A medida que enfrentas estos desafíos, recuerda que son oportunidades para el crecimiento personal y la transformación. Al adoptar estrategias saludables y constructivas, puedes construir una resiliencia emocional que te capacita para superar las adversidades y emerger más fuerte que nunca.

7
APRENDER A DECIR "NO"

Decir "no" a otros es decir "sí" a ti mismo.

Decir "no" es un acto de autodisciplina y autocuidado que a menudo puede ser desafiante. Sin embargo, es una habilidad crucial para mantener la salud emocional, el equilibrio personal y el asertividad en las relaciones. En este capítulo, exploraremos las complejidades de aprender a decir "no", desde superar el miedo de decepcionar a los demás hasta establecer límites saludables en diversas áreas de la vida.

Superando el miedo de decepcionar a los demás

Una de las razones por las que muchas personas encuentran difícil decir "no" es el miedo a decepcionar o herir a los demás. Este miedo puede ser paralizante y llevar a la aceptación de compromisos indeseados o exceso de trabajo. Superar este miedo requiere un cambio de perspectiva y un enfoque en el autocuidado.

Autenticidad personal

La autenticidad personal es la base para aprender a decir "no" de manera saludable y asertiva. Cuando actúas de acuerdo con tus propias necesidades y valores, estás construyendo una relación honesta contigo mismo y con los demás. La importancia de la autenticidad personal al aprender a decir "no":

Valorarse: Reconocer y honrar tus propias necesidades y límites es una demostración de amor propio. Mereces respeto y consideración tanto como cualquier otra persona, y eso comienza con la autenticidad de expresar tus elecciones.

Definir prioridades: Al ser auténtico, estás alineando tus acciones con tus prioridades. Decir "no" cuando sea necesario te permite concentrar tu energía en actividades que realmente te importan.

Construir relaciones auténticas: Al ser auténtico en tus rechazos, estás construyendo relaciones más honestas y transparentes. Las personas que te rodean aprenderán a confiar en tus palabras y acciones, sabiendo que siempre actúas de acuerdo con tus convicciones.

Fortalecer la autoestima: Actuar de manera auténtica y decir "no" cuando sea necesario fortalece tu autoestima. Te estás demostrando a ti mismo que tus opiniones y necesidades son importantes y merecen ser respetadas.

Evitar el resentimiento: Si no eres auténtico y aceptas peticiones o compromisos que no deseas aceptar, puedes terminar sintiéndote resentido o abrumado. La autenticidad ayuda a evitar estos sentimientos negativos.

Inspiración para los demás: Al ser auténtico en tu capacidad de decir "no", puedes inspirar a otras personas a expresarse de manera auténtica también. Esto crea un ambiente donde todos se sienten cómodos expresando sus necesidades y límites.

Desarrollo personal: La práctica de la autenticidad es un camino para el desarrollo personal continuo. A medida que aprendes a sintonizar tus propias necesidades y a comunicarlas con sinceridad, estás creciendo como individuo.

La autenticidad personal es fundamental para aprender a decir "no" con confianza y claridad. Implica reconocer tu propio valor, priorizar tus necesidades y construir relaciones sinceras. Ten en cuenta que tu autenticidad es una fuerza que te capacita para tomar decisiones saludables para ti mismo y nutrir relaciones significativas.

Comunicación clara

La comunicación clara juega un papel crucial al aprender a decir "no". Expresar tus razones de manera honesta, directa y respetuosa es fundamental para evitar malentendidos y construir relaciones saludables. La importancia de la comunicación clara al rechazar pedidos:

Evita malentendidos: Comunicar de manera clara evita malentendidos e interpretaciones erróneas. Cuando explicas tus razones de manera directa, las posibilidades de que tu mensaje sea comprendido correctamente aumentan significativamente.

Reduce la conjetura: Si no comunicas tus razones de forma clara, las personas pueden suponer motivos para tu negativa. Esto puede llevar a interpretaciones equivocadas y a un impacto negativo en las relaciones.

Demuestra respeto: Al explicar tus razones de manera honesta y respetuosa, estás demostrando consideración por las demás personas. Esto muestra que valoras la relación lo suficiente como para ser transparente sobre tus decisiones.

Promueve la aceptación: Cuando comunicas tus razones de forma clara, los demás tienen la oportunidad de comprender tu perspectiva. Esto puede llevar a una aceptación más fácil de tu respuesta y evitar posibles sentimientos de resentimiento.

Construye confianza: La comunicación clara construye confianza en las relaciones. Las personas confían más en alguien que se expresa de manera honesta y directa, ya que esto demuestra autenticidad e integridad.

Facilita la negociación: A veces, puedes necesitar negociar o encontrar alternativas para atender a un determinado pedido. Comunicar tus razones de manera clara permite que ambas las partes exploren opciones y lleguen a un acuerdo mutuamente beneficioso.

Alienta el diálogo abierto: Comunicar tus razones de manera clara y respetuosa abre espacio para el diálogo abierto. Las personas pueden hacer preguntas o expresar preocupaciones, lo que puede llevar a una comprensión más profunda y a una comunicación más eficaz.

Te empodera: Al expresar claramente tus razones, te estás empoderando. Estás defendiendo tus necesidades y límites de manera confiada, lo que contribuye a tu autoestima y autoconfianza.

Establece patrones de comunicación: Al comunicar de manera clara y asertiva, estás estableciendo patrones de comunicación saludables. Esto puede influir positivamente en la forma en que los demás se comunican contigo en el futuro.

La comunicación clara es esencial al aprender a decir "no". Evita malentendidos, construye confianza, demuestra respeto y promueve relaciones más saludables. Al expresar tus razones de manera directa y honesta, estás construyendo un cimiento sólido para una comunicación eficaz y relaciones más auténticas.

Aceptación de la reacción de los demás

Cuando aprendes a decir "no" y establecer límites saludables, es importante reconocer que no todas las reacciones de las demás personas serán positivas o receptivas. Manejar la reacción de los demás de manera equilibrada y mantener la confianza en tus decisiones es esencial para tu propia autoestima y bienestar. La importancia de aceptar la reacción de los demás:

Reconoce la diversidad de las reacciones: Las personas tienen diferentes personalidades, experiencias de vida y expectativas. Algunas pueden entender y respetar tus límites, mientras que otras pueden reaccionar con sorpresa, decepción o incluso resistencia. Reconocer esta diversidad de reacciones es fundamental.

Recuerda tus motivos: Cuando dices "no", probablemente tengas motivos legítimos para ello. Entiende que tus razones son válidas y que estás tomando una decisión para cuidar de ti mismo y de tus necesidades.

No te sientas obligado a explicar demasiado: Aunque es importante comunicar tus razones de manera clara, no te sientas obligado a dar explicaciones detalladas. Algunas personas pueden presionar por justificaciones, pero tienes derecho a mantener ciertos aspectos privados.

Respeta tu propia integridad: Al aceptar la reacción de los demás, concientízate de que tu integridad está en juego. Mantenerte firme en tus límites demuestra autoestima y autovaloración. Si cedes solo para agradar a los demás, puedes comprometer tu propia integridad.

Desarrolla resiliencia emocional: Manejar reacciones negativas o decepcionantes puede ser desafiante. Sin embargo, desarrollar resiliencia emocional te ayudará a no dejarte abatir excesivamente por estas reacciones. Sabe que no puedes controlar la reacción de los demás, pero sí puedes controlar tu respuesta.

Prioriza tu bienestar: Aceptar la reacción de los demás no significa que debas ignorar tus propias necesidades y límites. Prioriza tu bienestar emocional y físico al tomar decisiones, incluso si eso significa enfrentar reacciones negativas.

Mantén el foco en el autocuidado: Continuar cuidándote a ti mismo es esencial, independientemente de las reacciones de los demás. El autocuidado incluye establecer y mantener límites saludables, incluso cuando puede haber resistencia.

Celebra las interacciones positivas: Mientras algunas personas pueden reaccionar negativamente, otras entenderán y respetarán tus límites. Celebra las interacciones positivas en las que tus decisiones son respetadas y valoradas.

Aprende de las experiencias: Cada reacción de los demás puede ser una oportunidad de aprendizaje. Evalúa cómo manejas diferentes reacciones y si hay maneras de mejorar tu comunicación o lidiar con la resistencia.

En última instancia, la aceptación de la reacción de los demás es parte integrante del proceso de aprendizaje de cómo decir "no" y establecer límites saludables. Entiende que tus decisiones son basadas en tus necesidades y valores, y que mereces respeto y apoyo independientemente de las reacciones que enfrentas.

Priorizar tu bienestar

Priorizar tu bienestar es fundamental para vivir una vida equilibrada y saludable. Aprender a decir "no" cuando sea necesario es una manera poderosa de cuidar de ti mismo y garantizar que tus necesidades emocionales, físicas y mentales sean atendidas. La importancia de priorizar tu bienestar:

Autocuidado como base: El autocuidado es la base para un bienestar duradero. Cuando estableces límites saludables y dices "no" a situaciones que no están alineadas con tus necesidades, estás demostrando respeto por ti mismo y creando espacio para cuidar de tus propias necesidades.

Evita la sobrecarga: Decir "sí" a todo puede llevar a sobrecarga emocional y física. Priorizar tu bienestar significa reconocer tus propios límites y evitar asumir más de lo que puedes manejar.

Fortalece la autoestima: Al decir "no" cuando sea necesario, estás demostrando autoestima y autovaloración. Esto fortalece tu confianza y la manera en que te ves.

Evita los resentimientos: Cuando dices "sí" cuando, en realidad, quieres decir "no", puede crear sentimientos de resentimiento y frustración. Priorizar tu bienestar evita que te sientas atrapado en situaciones que no son saludables para ti.

Abre espacio para lo que es importante: Al rechazar pedidos o situaciones que no son prioritarias para ti, estás creando espacio para aquello que es verdaderamente significativo. Esto permite que dirijas tu energía a las cosas que realmente importan.

Fomenta el equilibrio: Equilibrio es esencial para un bienestar holístico. Priorizar tu bienestar ayuda a mantener ese equilibrio entre trabajo, relaciones, ocio y tiempo para ti mismo.

Fortalece relaciones saludables: Al establecer límites saludables y decir "no" cuando sea necesario, estás construyendo relaciones basadas en el respeto mutuo. Personas a tu alrededor aprenderán a respetar tus decisiones y límites.

Mejora de la salud mental: El bienestar emocional está directamente ligado a la salud mental. Decir "no" a situaciones que causarían estrés excesivo o ansiedad ayuda a mantener la mente en un estado más saludable.

Promoción del autodominio: La capacidad de decir "no" implica autodominio y autoconciencia. Esto demuestra que estás en control de tus decisiones y que no estás a merced de las expectativas de los demás.

Inspira a los demás: Al priorizar tu bienestar y establecer límites saludables, puedes inspirar a otras personas a hacer lo mismo. Esto crea una cultura de respeto mutuo y cuidado dentro de tus relaciones.

Entiende que priorizar tu bienestar no es egoísmo; es un acto de autocompasión y responsabilidad. Al cuidar de ti mismo, eres capaz de ofrecer más a los demás de una manera saludable y sostenible. El bienestar es una inversión en tu calidad de vida a largo plazo.

Técnicas para rechazar peticiones sin sentirte culpable

Rechazar peticiones puede ser una tarea desafiante, especialmente cuando deseas ser respetuoso y empático con los demás. Sin embargo, con algunas técnicas eficaces, es posible decir "no" de manera amable y asertiva, sin generar sentimientos de culpa. Técnicas eficaces para decir "no" sin sentirte culpable:

Usa un lenguaje positivo

Rechazar una petición con un lenguaje positivo y explicativo es una manera respetuosa de comunicar tus límites sin crear incomodidad. En lugar de simplemente decir "no", esta aproximación te permite explicar tu situación de forma educada y clara, transmitiendo al mismo tiempo que valoras la petición. Cómo usar la técnica de lenguaje positivo:

Expresando valoración: Comienza reconociendo la importancia de la petición y mostrando aprecio por la invitación. Esto crea una base positiva para tu negativa y ayuda a la persona a comprender que consideraste seriamente la solicitud.

Explica tu situación: Después de expresar tu valoración, explica educadamente por qué no puedes atender a la petición. Sé honesto sobre la razón por la que no puedes comprometerte en el momento. Por ejemplo, puedes mencionar que tu agenda está llena, que ya tienes otros compromisos o que estás ocupado con otros proyectos.

Deja la puerta abierta para el futuro: En caso de ser apropiado, deja la puerta abierta para futuras colaboraciones u oportunidades. Esto demuestra que estás interesado en contribuir, pero solo cuando sea posible. Por ejemplo, puedes decir: "Actualmente, mi agenda está bastante ocupada, pero me encantaría considerar esa posibilidad en el futuro".

Ofrece alternativas, si es posible: Si no puedes atender a la petición, pero conoces a alguien que pueda ayudar o tienes sugerencias alternativas, comparte esta información. Esto muestra que estás dispuesto a ayudar de alguna manera, incluso si no puedes hacerlo directamente.

Comunicación clara y respetuosa es fundamental al usar esta técnica. Al explicar tus razones de manera honesta y positiva, construyes relaciones saludables y demuestras tu compromiso con el autocuidado y la responsabilidad.

Ofrecer alternativas

Ofrecer alternativas al rechazar una petición es una aproximación que demuestra tu disposición a ayudar, incluso si tu disponibilidad inmediata es limitada. Esto muestra que valoras la petición y deseas encontrar maneras de contribuir, siempre que estén alineadas con tus compromisos y limitaciones. Cómo ofrecer alternativas de manera eficaz:

Reconoce la petición: Comienza expresando tu agradecimiento por la invitación o solicitud. Esto demuestra que estás consciente de lo que se está pidiendo y que aprecias la oportunidad.

Explica tus limitaciones: A continuación, explica educadamente por qué no puedes atender a la petición en ese momento. Sé claro sobre tu disponibilidad limitada u otros compromisos que ya existen.

Ofrece una alternativa: Presenta una alternativa que sea más viable para ti. Puede ser una fecha futura, un enfoque diferente o incluso la sugerencia de otra persona que pueda ayudar.

Sé empático y positivo: Mantén un tono positivo y empático al ofrecer la alternativa. Muestra que estás genuinamente interesado en contribuir, siempre que eso sea posible dentro de tus límites.

Mantén la comunicación abierta: Deja claro que estás abierto a la discusión y que estás dispuesto a encontrar soluciones que funcionen para ambas partes. Esto promueve la comprensión mutua y la colaboración.

Ofrecer alternativas es una manera eficaz de decir "no" de manera constructiva. Esto demuestra tu consideración por la petición mientras estableces límites saludables para garantizar tu propio bienestar y equilibrio. Recuerda que la comunicación transparente y respetuosa es fundamental al utilizar esta técnica.

Agradece por la invitación

Agradecer por la invitación o la oportunidad al rechazar una petición es una estrategia eficaz para mantener una atmósfera positiva y respetuosa durante la comunicación. Esto demuestra que valoras la consideración del otro y que estás consciente de la importancia de la petición. Cómo usar esta técnica:

Reconocimiento sincero: Comienza expresando tu gratitud por la invitación u oportunidad. Esto muestra que valoras la consideración del otro y estás consciente de lo que se está pidiendo.

Explicación educada: Después de agradecer, explica educadamente por qué no puedes aceptar la petición o invitación en ese momento. Sé honesto sobre tu disponibilidad limitada u otras razones que te impiden participar.

Mantén un tono positivo: Asegúrate de mantener un tono positivo al explicar tu rechazo. Muestra que estás siendo sincero y respetuoso en tu respuesta.

Abertura para futuras oportunidades: Deja claro que estás abierto a futuras oportunidades o colaboraciones. Esto ayuda a mantener las puertas abiertas para posibles interacciones en el futuro.

Expresar gratitud al rechazar una petición demuestra madurez emocional y consideración por la relación. Esto ayuda a minimizar cualquier potencial sentimiento negativo y mantiene la puerta abierta para futuras interacciones productivas.

Practica la respuesta estándar

Tener una respuesta estándar preparada para rechazar pedidos puede ser una herramienta valiosa para enfrentar situaciones incómodas. Esto te permite responder de manera educada y asertiva, evitando sentirte presionado a inventar excusas o justificaciones complejas. Cómo usar la estrategia de la respuesta estándar:

Simplicidad y claridad: Una respuesta estándar debe ser simple y directa. Evita crear excusas complicadas o historias elaboradas. Mantén la respuesta clara y fácil de entender.

Educación y respeto: Asegúrate de que la respuesta sea educada y respetuosa. Incluso si estás diciendo "no", eso no significa que tengas que ser grosero o abrupto. Mantener una actitud respetuosa es esencial.

Personalización opcional: Si lo deseas, puedes personalizar la respuesta de acuerdo con la situación específica. Sin embargo, la idea es tener una estructura básica que pueda usarse en varias situaciones.

Reducción de la ansiedad: Una respuesta estándar preparada puede ayudar a reducir la ansiedad asociada a rechazar pedidos. Cuando ya tienes una respuesta preparada, no tienes que preocuparte por encontrar las palabras correctas en el momento.

Una respuesta estándar puede ser una herramienta poderosa para establecer límites de manera educada y asertiva. Te permite mantener el control de la situación, incluso cuando te sientes incómodo al decir "no".

Sé directo y honesto

Ser directo y honesto al rechazar un pedido es una aproximación que valora la transparencia y la claridad. En lugar de buscar excusas o justificaciones, comunicas tus limitaciones de manera honesta y respetuosa. Cómo ser directo al decir "no":

Transparencia respetuosa: Ser directo no significa ser grosero. Al comunicar tu indisponibilidad de forma clara, demuestras respeto por la persona que hizo el pedido.

Comunicación abierta: Al ser honesto sobre tus limitaciones, evitas crear expectativas falsas. Esto puede conducir a una mejor comprensión entre tú y la persona que hizo el pedido.

Asume la responsabilidad: Asumir la responsabilidad por tus prioridades y compromisos es una parte importante de la autenticidad. Estás expresando tus necesidades sin culpar o criticar a los demás.

Afirmación positiva: Recuerda que decir "no" no es negativo en sí mismo. Al ser honesto sobre tus limitaciones, estás cuidando de tu bienestar y respetando tus propias necesidades.

Ser directo y honesto al decir "no" es una aproximación que promueve la comunicación transparente y el respeto mutuo. Esto ayuda a establecer límites saludables sin crear ambigüedades o malentendidos.

Practica la escucha empática

La escucha empática es una habilidad valiosa al rechazar una solicitud, especialmente cuando se trata de alguien cercano a ti. Esto implica escuchar atentamente las preocupaciones y necesidades de la otra persona antes de responder. Cómo practicar la escucha empática al decir "no":

Demostrar interés: Al escuchar con atención, demuestras que valoras los sentimientos y las necesidades de la persona que hizo la solicitud. Esto establece una base de respeto y consideración mutua.

Haz preguntas aclaratorias: Haz preguntas para entender mejor el contexto de la solicitud y las expectativas involucradas. Esto te permite comprender completamente la situación antes de responder.

Valida los sentimientos: Incluso si estás a punto de rechazar la solicitud, reconoce los sentimientos de la otra persona. La validación demuestra empatía y cuidado, incluso si no puedes atender la solicitud.

Explica con sensibilidad: Después de escuchar atentamente, explica tu decisión de manera sensible y clara. Muestra que consideraste la situación, pero necesitas priorizar tus propias limitaciones.

La práctica de la escucha empática al decir "no" muestra que estás dispuesto a escuchar y a considerar las necesidades de los demás, incluso si no puedes atender la solicitud. Esto construye relaciones saludables y permite que establezcas límites de manera respetuosa.

Mantente firme

Mantenerte firme en tus decisiones y límites es esencial al aprender a decir "no". Esto no solo demuestra respeto por ti mismo, sino que también ayuda a construir relaciones saludables y respetuosas. Cómo mantenerte firme al decir "no":

Confianza en tus decisiones: Ten en cuenta que tus necesidades y límites son válidos. Tener confianza en tus decisiones es fundamental para comunicarlas de manera asertiva y respetuosa.

Practica la respuesta: Anticipa posibles situaciones en las que necesites decir "no" y practica cómo responder. Esto te ayudará a sentirte más preparado y confiado al establecer tus límites.

No te disculpes excesivamente: Evita disculparte excesivamente por rechazar una solicitud. Tienes derecho a decir "no" sin tener que justificarte demasiado. Sé claro y directo en tu respuesta.

Evita ceder a la presión: A veces, otras personas pueden intentar persuadirte para que cambies de opinión. Mantente firme en tu decisión, incluso si hay resistencia. Sabe que es importante priorizar tu bienestar.

Sé respetuoso, pero firme: Puedes comunicar tu decisión de manera respetuosa, pero firme. Por ejemplo: "Agradezco mucho la invitación, pero en este momento no puedo comprometerme. Espero que lo comprendas."

Practica el autocontrol: Si la otra persona sigue insistiendo o tratando de convencerte, practica el autocontrol. Mantén el foco en tus necesidades y recuerda que es perfectamente aceptable decir "no".

Rechazar una solicitud no te hace una persona egoísta. Es una parte importante del autocuidado y del establecimiento de límites saludables. Cuanto más practiques estas técnicas, más cómodo y confiado te convertirás al expresar tus límites de manera respetuosa."

Cómo establecer límites en relaciones personales y profesionales

Establecer límites es una parte crucial de mantener relaciones saludables y preservar el propio bienestar. Esto es cierto tanto en contextos personales como profesionales. Cómo establecer límites de manera eficaz:

Reconoce tus propios límites

Reconocer y comprender los propios límites es un paso fundamental para establecer relaciones saludables y preservar el bienestar general. Cómo reconocer tus propios límites:

Autoconciencia: El primer paso para reconocer tus límites es desarrollar la autoconciencia. Esto implica sintonizarse con las emociones, los pensamientos y las sensaciones físicas. Presta atención a las señales que tu cuerpo y mente te envían cuando te sientes sobrecargado, estresado o incómodo.

Evaluación de las necesidades: Pregúntate qué necesitas para sentirte equilibrado, saludable y feliz. Esto puede incluir tiempo para descansar, actividades que te recarguen, espacio personal y momentos de soledad. Reconocer estas necesidades es crucial para entender los límites.

Reflexión sobre experiencias anteriores: Piensa en situaciones pasadas en las que hayas sentido agotamiento, sobrecarga o estrés. ¿Qué causó esos sentimientos? ¿Cuáles fueron las señales de que tus límites fueron traspasados? Reflexionar sobre estas experiencias puede proporcionarte información valiosa para identificar tus límites.

Atención a las señales de alerta: Tus límites pueden ser indicados por señales emocionales, como irritabilidad, ansiedad excesiva o tristeza. Las señales físicas, como fatiga crónica, problemas de sueño o tensión muscular, también pueden apuntar a límites siendo traspasados.

Respeto por las emociones: No ignores ni minimices tus emociones. Si te sientes incómodo con una solicitud o situación, es importante tomarlo en serio. Tu intuición y sentimientos son valiosos indicadores de que tus límites están siendo desafiados.

Saber decir "no": Reconocer tus límites también significa estar consciente de cuándo decir "no". Cuando percibas que una solicitud o situación está yendo más allá de lo saludable para ti, esté dispuesto a rechazar o establecer límites claros.

Aprendizaje a través de la práctica: Reconocer los propios límites es un proceso continuo que requiere práctica y autoobservación. A medida que experimentas diferentes situaciones e interacciones, observa cómo te sientes y cuáles son tus reacciones. Esto te ayudará a ajustar tus límites según sea necesario.

Recordar que tus límites son esenciales para tu bienestar es fundamental para mantener una vida equilibrada y relaciones saludables. A medida que te vuelves más consciente de tus necesidades y reacciones, estarás mejor equipado para comunicar tus límites de manera eficaz a los demás.

Sé consistente

Ser consistente en mantener tus límites es una parte crucial del proceso de establecer relaciones saludables y preservar tu bienestar. Por qué la consistencia es importante y cómo puedes aplicarla:

Establece estándares claros: Una vez que hayas identificado tus límites, es esencial comunicarlos de manera clara y directa. Esto implica expresar tus expectativas y necesidades de forma abierta y honesta, para que los demás puedan entender lo que es aceptable y lo que no.

Demuestra firmeza: Ser firme en relación a tus límites implica mantener tu posición de manera respetuosa y asertiva. Esto significa no ceder bajo presión o manipulación y no permitir que los demás los desconsideren.

Evita el cambio arbitrario: Cambiar tus límites con frecuencia o de manera arbitraria puede causar confusión y minar la confianza de los demás en tus palabras. Por lo tanto, es importante establecer límites realistas y mantenerlos consistentes, a menos que haya una razón válida para ajustarlos.

Comunícate de manera predecible: Al ser consistente, ayudas a los demás a predecir cómo responderás a diferentes situaciones. Esto crea un ambiente de confianza y entendimiento, ya que las personas sabrán lo que esperar de ti.

Evita flexibilizar sin razón: Es natural querer agradar a las personas y ser flexible, pero hacerlo constantemente, sin una razón legítima, puede debilitar tus límites y desviarte de tus propias necesidades. Concéntrate en cuidar de ti mismo también.

Refuerza la importancia de tus límites: Al mantener la consistencia en relación a tus límites, refuerzas su importancia. Esto no solo demuestra autodisciplina, sino que también muestra que valoras tu bienestar y tus necesidades.

Prepárate para reacciones diferentes: No todos reaccionarán positivamente a la manutención consistente de tus límites. Algunas personas pueden intentar presionar o desafiar tus límites. Prepárate para responder de manera asertiva y reforzar tu posición.

Recuerda tu bienestar: La consistencia en relación a tus límites es una forma de autocuidado. Entiende que mantener tus límites es una manera de proteger tu bienestar emocional, mental y físico.

Mantener la consistencia en relación a tus límites puede llevar tiempo y práctica, especialmente si tiendes a ceder fácilmente a los deseos de los demás. Sin embargo, a medida que te vuelves más firme y consistente, construirás relaciones más respetuosas y gratificantes, tanto personales como profesionales.

Comunicación abierta

Comunicar tus límites de manera abierta y honesta es fundamental para establecer relaciones saludables y preservar tu bienestar. Por qué la comunicación abierta es crucial y cómo puedes practicarla:

Claridad y transparencia: Al comunicar tus límites, sé claro y transparente. Evita ambigüedades o mensajes confusos que puedan conducir a malentendidos. Exprésate de manera directa para que los demás entiendan exactamente lo que estás comunicando.

Explica tus razones: Al establecer límites, es útil explicar por qué esos límites son importantes para ti. Comparte cómo contribuyen a tu bienestar emocional, mental y físico. Esto ayuda a los demás a entender tu perspectiva y muestra que estás tomando decisiones conscientes.

Demuestra autenticidad: La comunicación abierta implica ser auténtico y sincero. Expresa tus sentimientos y necesidades de manera verdadera, para que los demás puedan relacionarse contigo de manera genuina.

Muestra respeto mutuo: Al comunicar tus límites, recuerda que también debes respetar las necesidades y límites de los demás. Esto crea una atmósfera de respeto mutuo y comprensión.

Mantén la calma: Al comunicar límites, puede haber momentos en que los demás no estén de acuerdo o reaccionen de manera negativa. Mantén la calma y la compostura, incluso si la conversación se vuelve desafiante. Responder de manera asertiva y respetuosa es fundamental.

Escucha atentamente: La comunicación no es solo sobre transmitir tus propios mensajes, sino también sobre escuchar a los demás. Esté abierto a escuchar las preocupaciones y necesidades de los demás y esté dispuesto a encontrar un compromiso, cuando sea posible.

Sé abierto a compromisos: Aunque es importante mantener tus límites, también debes estar abierto a compromisos cuando sea apropiado. A veces, encontrar un terreno común puede ser beneficioso para todos los involucrados.

Construye relaciones sólidas: La comunicación abierta al establecer límites crea una base sólida para relaciones saludables y duraderas. Esto promueve la confianza, la comprensión y la cooperación entre las personas.

Practica la escucha empática: Además de comunicar tus propios límites, practica la escucha empática. Esto significa escuchar las preocupaciones y perspectivas de los demás con empatía y comprensión, incluso si no estás de acuerdo.

Educa sobre la importancia de los límites: Al explicar tus límites, educa a los demás sobre por qué establecer y respetar límites es vital para la salud de las relaciones y el bienestar emocional de todos los involucrados.

Comunicar tus límites de manera abierta y honesta no solo te ayuda a mantener tu bienestar, sino que también establece un estándar de comunicación saludable en tus relaciones. Ten en cuenta que la comunicación abierta es una calle de doble sentido, en la que expresas tus propias necesidades y límites, mientras también escuchas y respetas los de los demás.

No se sienta obligado a explicarlo todo

Establecer límites saludables requiere comunicación abierta, pero eso no significa que tengas que compartir todos los detalles de tus motivos. Por qué no sentirse obligado a explicarlo todo y cómo hacerlo de manera respetuosa:

Preservar tu privacidad: Tienes derecho a mantener ciertos aspectos de tu vida privados. No te sientas presionado a revelar información personal o detalles íntimos al explicar tus límites.

Mantener el foco en el mensaje: Al establecer límites, el foco debe estar en el mensaje principal: lo que te sientes cómodo haciendo y lo que no. Mantener la simplicidad del mensaje ayuda a evitar malentendidos.

Evitar justificaciones excesivas: Explicar detalles excesivos puede llevar a justificaciones innecesarias. No necesitas defenderte ni explicar tus elecciones en detalle para establecer límites.

Respetar tu propia intuición: Si sientes que compartir ciertos detalles puede ser incómodo o inapropiado, confía en tu intuición. Tienes derecho a definir límites sin dar explicaciones elaboradas.

Mantener el respeto mutuo: No sentirse obligado a explicarlo todo no significa que seas irrespetuoso. Mantén tus explicaciones simples y respetuosas, demostrando que valoras la comunicación abierta.

Practicar el asertividad: Ser asertivo al comunicar tus límites implica expresarte de manera directa, sin ser agresivo o excesivamente justificativo. Practica el asertividad al establecer límites de manera respetuosa.

Definir tus propios límites de compartir: Define qué información te sientes cómodo compartiendo y qué prefieres mantener para ti mismo. Esto te ayuda a mantener el control sobre tu propia privacidad.

Sé conciso y directo: Cuando comuniques tus límites, sé conciso y directo. Puedes decir algo como "No estoy disponible en ese momento" o "Eso no encaja en mis planes actuales".

Practica el respeto por ti mismo: No compartir todos los detalles es un reflejo del respeto por ti mismo. Reconoce que mereces definir límites sin la necesidad de explicarte excesivamente.

Recuerda el propósito: El propósito de establecer límites es garantizar tu bienestar emocional y físico, así como mantener relaciones saludables. Mantener las explicaciones simples ayuda a cumplir ese propósito.

No sentirse obligado a explicar todo es un aspecto importante de la comunicación de límites. Mantener la simplicidad del mensaje y el respeto mutuo son fundamentales para establecer relaciones saludables y mantener su propio bienestar. Sepa que establecer límites es una forma de autocuidado, y usted tiene el derecho de hacerlo de manera respetuosa y asertiva.

Reconozca las señales de violación de límites

Establecer y mantener límites saludables es una parte fundamental del autocuidado y del desarrollo de relaciones respetuosas. Sin embargo, a veces, las personas pueden intentar violar sus límites de forma persistente, incluso después de que haya comunicado claramente. Es esencial estar al tanto de estas señales y saber cómo abordarlas de manera asertiva y respetuosa. Cómo reconocer y responder a las señales de violación de límites:

Señales de violación de límites: Algunas señales de violación persistente de límites incluyen: Presión constante para cambiar su decisión, intentos de persuasión o manipulación, desconsiderar repetidamente sus límites e intentar hacer que se sienta culpable por decir "no".

Confíe en su intuición: Si algo no parece correcto o si se siente incómodo con la forma en que alguien está lidiando con sus límites, confíe en su intuición. Tiene derecho a proteger su propia integridad emocional y física.

Mantenga la calma y la compostura: Si alguien está tratando de violar sus límites, es importante mantener la calma y la compostura. Responder de manera asertiva y respetuosa ayuda a mantener la situación bajo control.

Sea firme y claro: Reforzar sus límites de manera firme y clara. Use un lenguaje asertivo, como "Ya he explicado mi decisión y me gustaría que la respetaras".

Evite la agresión o el resentimiento: Aunque es importante defender sus límites, evite responder con agresión o resentimiento. Mantenga la conversación respetuosa y centrada en sus propios sentimientos y necesidades.

Use el "no" asertivo: Use el "no" asertivo para reforzar sus límites. Por ejemplo, "Entiendo que estás insistiendo, pero mi respuesta sigue siendo no".

Pida respeto: Afirme su necesidad de respeto y explique que sus límites son esenciales para su bienestar emocional. "Le pido que respete mi decisión y mis límites".

Esté preparado para alejarse: Si alguien continúa violando persistentemente sus límites, esté preparado para alejarse de la situación o de la relación, si es necesario. Su salud emocional y bienestar deben ser prioridades.

Busque apoyo si es necesario: Si está enfrentando violaciones persistentes de límites y no sabe cómo manejar la situación, considere buscar el apoyo de amigos, familiares o un profesional de la salud mental.

Recuerde su valor: La violación persistente de límites no es aceptable y no define su valor como persona. Sepa que tiene derecho a establecer límites y merece ser tratado con respeto.

Defender sus límites contra violaciones persistentes es una forma de afirmar su propio valor y bienestar. Tenga en cuenta que tiene derecho a proteger su integridad emocional y física, y eso incluye establecer límites claros y reforzarlos de manera asertiva y respetuosa.

Establecer límites de tiempo

En el entorno profesional, establecer límites de tiempo es fundamental para garantizar un equilibrio saludable entre el trabajo y la vida personal, así como para evitar el exceso de trabajo y el agotamiento. La tecnología moderna ha facilitado la comunicación constante, pero también puede llevar a una sensación de estar siempre "conectado". Establecer límites de tiempo ayuda a mantener la productividad, la salud mental y la calidad de vida. Cómo establecer límites de tiempo en el entorno profesional:

Definir horarios claros: Establezca horarios claros para su día de trabajo y manténgase fiel a esos horarios. Esto implica comenzar y terminar el trabajo dentro de un período definido.

Comunicar sus disponibilidades: Comunique sus disponibilidades a sus compañeros de trabajo y supervisores. Si es posible, comparta sus horarios de trabajo para que todos estén al tanto de cuándo estará disponible.

Evitar responder fuera del horario: A menos que sea una situación excepcional, evite responder a correos electrónicos, mensajes o solicitudes de trabajo fuera del horario de trabajo. Esto ayuda a definir una separación clara entre el trabajo y el tiempo personal.

Utilizar la función de programación: Utilice herramientas de programación para programar reuniones y compromisos de trabajo dentro de su horario de trabajo definido. Esto ayuda a evitar conflictos y sobrecargas.

Desactivar las notificaciones fuera del horario: Desactive las notificaciones de trabajo en sus dispositivos fuera del horario de trabajo. Esto ayuda a evitar interrupciones y le permite desconectarse y recargarse.

Definir límites para tareas urgentes: Establezca lo que considera "tareas urgentes" y comunique claramente estas situaciones excepcionales en las que estará disponible fuera del horario de trabajo.

Practicar el autocuidado: Utilice el tiempo fuera del trabajo para cuidarse. Practique hobbies, ejercicio físico, relajación y otras actividades que promuevan el bienestar.

Informar de los cambios de disponibilidad: Si hay cambios en sus horarios de trabajo o disponibilidad, comuníquelos a sus compañeros y supervisores con antelación.

Definir límites de comunicación: Establezca límites claros para la frecuencia y el método de comunicación. Por ejemplo, puede preferir las comunicaciones por correo electrónico en lugar de mensajes instantáneos fuera del horario de trabajo.

Definir tiempo para desconectar: Reserve un tiempo diario para desconectarse completamente del trabajo. Esto puede ser al final del día o en momentos específicos que funcionen para usted.

Establecer límites de tiempo en el entorno profesional es una manera eficaz de proteger su salud mental, mantener el equilibrio entre el trabajo y la vida personal y garantizar la productividad sostenible. Al definir y comunicar estos límites, usted está promoviendo un entorno de trabajo saludable y construyendo relaciones profesionales basadas en el respeto mutuo.

Utiliza la regla de las 24 horas

La regla de las 24 horas es una estrategia valiosa para ayudar en la toma de decisiones sobre peticiones y demandas que llegan a ti. Esta aproximación te da un periodo de tiempo para evaluar cuidadosamente las peticiones y determinar si se alinean con tus límites personales y prioridades. Cómo usar la regla de las 24 horas para establecer límites de manera eficaz:

Reflexión y evaluación: Cuando alguien te haga una petición, evita responder inmediatamente. En su lugar, reserva un tiempo para reflexionar sobre la petición y evaluar cómo se encaja en tus compromisos actuales, prioridades y límites.

Evita decisiones impulsivas: Responder de forma instantánea a una petición puede llevar a decisiones impulsivas que no consideran adecuadamente tus propias necesidades y limitaciones. La regla de las 24 horas te permite evitar decisiones precipitadas.

Comprueba tu agenda: Utiliza este periodo de reflexión para comprobar tu agenda y compromisos existentes. Pregúntate si tienes el tiempo y los recursos disponibles para atender a la petición sin comprometer tu bienestar.

Evalúa la importancia: Considera la importancia de la petición en relación a tus metas y prioridades. Pregúntate si atender a esta petición contribuirá significativamente a tus objetivos o si puede representar una carga innecesaria.

Practica la comunicación respetuosa: En caso de que decidas rechazar la petición, practica una comunicación respetuosa y clara. Utiliza las técnicas aprendidas anteriormente, como explicar tus razones de manera positiva y agradecer por la invitación.

Mantente firme en tus decisiones: Después de tomar una decisión, mantente firme en ella. En caso de que el solicitante insista o presione por una respuesta inmediata, recuerda que tienes el derecho de establecer límites y responder de acuerdo con tu evaluación.

Prioriza tu bienestar: Tu salud mental, física y emocional son siempre prioridades. La regla de las 24 horas te permite considerar cuidadosamente los efectos potenciales de atender a la petición en tu propia vida.

Adapta la regla a las situaciones: Aunque la regla de las 24 horas sea una guía valiosa, puedes adaptarla a las diferentes situaciones. En algunas circunstancias, puede ser apropiado responder más rápidamente, mientras que en otras, la reflexión es fundamental.

Aprender a decir "no" es una habilidad que contribuye al autocuidado, la salud emocional y el asertividad en las relaciones. Superar el miedo a decepcionar a los demás, aplicar técnicas de rechazo respetuosa y establecer límites saludables son pasos esenciales para crear relaciones equilibradas y gratificantes, tanto en el ámbito personal como profesional.

8

REDEFINIENDO EL SIGNIFICADO DEL AMOR

El amor verdadero comienza dentro de ti e irradia al mundo.

El amor es uno de los aspectos más complejos y profundos de la experiencia humana. Sin embargo, a menudo, nuestra comprensión del amor está moldeada por concepciones erróneas e idealizaciones que pueden llevar a expectativas irreales e insatisfacción en las relaciones. En este capítulo, exploraremos la importancia de deconstruir estas concepciones equivocadas sobre el amor romántico, entender que el amor no debe ser la única fuente de felicidad y aprender a construir relaciones basadas en la colaboración y el crecimiento mutuo.

Deconstruyendo conceptos erróneos sobre el amor romántico

El amor romántico es un tema que impregna la cultura, los medios de comunicación y nuestras vidas personales de manera profunda. Sin embargo, muchas veces las concepciones que tenemos sobre el amor están influenciadas por mitos e ideas equivocadas que pueden perjudicar nuestras relaciones y bienestar emocional. Conozca las concepciones erróneas más comunes sobre el amor romántico y cómo podemos deconstruirlas para cultivar relaciones más saludables y gratificantes.

El mito de la completitud

El mito de la completitud es una concepción errónea profundamente arraigada que afecta muchos aspectos de las relaciones amorosas. Esta idea sugiere que la presencia de una pareja romántica es esencial para alcanzar la felicidad y la realización personal. Sin embargo, al examinar esta noción de cerca, queda claro que puede ser perjudicial y limitante para nosotros mismos y para nuestras relaciones. El mito de la completitud y cómo puede afectar nuestra perspectiva sobre el amor:

La presión para encontrar la "media naranja": Una metáfora común utilizada para describir la búsqueda de una pareja ideal es la idea de encontrar la "media naranja". Esta expresión sugiere que estamos incompletos hasta encontrar a nuestra pareja, que es la parte que falta para hacernos completos. Esta creencia pone una presión desproporcionada en las relaciones, poniendo la responsabilidad de nuestra felicidad en manos de otra persona.

La importancia del autoconocimiento: Al creer en el mito de la completitud, corremos el riesgo de descuidar nuestro propio crecimiento personal y desarrollo. La verdad es que somos seres individuales, cada uno con sus propias aspiraciones, intereses y sueños. El autoconocimiento es fundamental para cultivar una relación saludable, ya que nos permite traer a la relación nuestra identidad auténtica y única, en lugar de perdernos en la búsqueda de la completitud a través de la pareja.

Relaciones basadas en la complementariedad, no en la completitud: En lugar de buscar una pareja que nos complete, es más saludable buscar a alguien que sea compatible y complementario. Esto significa que, juntos, pueden construir una colaboración en la que ambos crezcan y evolucionen. En lugar de depender de la pareja para llenar todas las lagunas, una relación basada en la complementariedad reconoce que ambos tienen habilidades, intereses y perspectivas únicas que pueden unirse para formar un equipo fuerte y cohesivo.

El papel del autocuidado y la autoestima: Buscar la felicidad internamente y priorizar el autocuidado son componentes esenciales para desafiar el mito de la completitud. Cuando nos cuidamos a nosotros mismos, aumentamos nuestra autoestima y desarrollamos una base emocional saludable. Esto nos permite entrar en relaciones no para encontrar la completitud, sino para compartir la plenitud de lo que ya somos.

Desafiando el mito de la completitud y cultivando relaciones saludables: Desafiar el mito de la completitud requiere un cambio profundo en la forma en que vemos las relaciones. Es un proceso de autodescubrimiento, reflexión y desaprender patrones antiguos. Cuando reconocemos nuestra propia plenitud, nos convertimos en socios más conscientes, capaces de contribuir a una relación saludable, en lugar de buscar a alguien para completarnos. Al desvincular la idea de completitud del amor romántico, estamos creando espacio para construir relaciones basadas en la colaboración, el crecimiento mutuo y la búsqueda compartida de la realización personal.

El mito del amor a primera vista

El mito del "amor a primera vista" es una narrativa romántica que ha sido perpetuada por generaciones a través de la literatura, el cine y la cultura popular. La idea de que podemos enamorarnos instantáneamente de alguien solo al verlo es atractiva, pero esta concepción puede ser engañosa e incluso perjudicial para nuestra comprensión realista del amor. El mito del amor a primera vista y sus impactos en las relaciones:

La superficialidad de la primera mirada: Aunque es posible sentir atracción instantánea por alguien, el verdadero amor es una emoción profunda y compleja que se desarrolla con el tiempo. Basar el potencial de una relación entera en un solo encuentro o impresión visual es ignorar las capas más profundas de una persona, su personalidad, intereses y valores. El amor genuino requiere una comprensión completa de la persona más allá de la superficie.

Construyendo conexiones significativas: Las relaciones significativas se construyen sobre una base sólida de comprensión mutua, confianza y compromiso. Esta base no puede establecerse instantáneamente a través de una mirada o encuentro. El amor verdadero se desarrolla a medida que compartimos experiencias, superamos desafíos y conocemos las peculiaridades y complejidades de cada uno. Es un proceso gradual que requiere inversión emocional y tiempo.

Evitando desilusiones prematuras: La creencia en el amor a primera vista puede conducir a expectativas irreales y desilusiones prematuras. Cuando esperamos que el amor sea instantáneo, corremos el riesgo de descartar relaciones que podrían haberse convertido en algo significativo con el tiempo. Las relaciones profundas y duraderas no se basan solo en una atracción inicial, sino en la construcción de una conexión genuina.

Cultivando relaciones auténticas: Para cultivar relaciones auténticas y saludables, es fundamental dejar de lado las ideas idealizadas del amor a primera vista. En su lugar, debemos adoptar un enfoque más realista, permitiendo que las conexiones se desarrollen orgánicamente y se profundicen con el tiempo. Esto implica conocer realmente a la persona, invertir en la construcción de una amistad sólida y compartir momentos significativos juntos.

El papel de la comunicación y la paciencia: Para construir relaciones duraderas, la comunicación abierta y honesta es esencial. En lugar de esperar que el amor surja instantáneamente, debemos involucrarnos en conversaciones significativas que nos ayuden a conocer mejor a la otra persona. Además, la paciencia desempeña un papel crucial. Las relaciones profundas y duraderas se construyen a lo largo del tiempo, a medida que enfrentamos desafíos juntos y aprendemos unos de otros.

Amor que crece y florece: El amor que crece con el tiempo, a medida que compartimos experiencias, superamos obstáculos y nos conocemos profundamente, es el amor que tiene el potencial de ser verdaderamente duradero y significativo. Al desmitificar la idea del amor a primera vista, abrimos espacio para construir relaciones basadas en la comprensión mutua, la conexión auténtica y el crecimiento compartido.

El mito del amor incondicional

El mito del "amor incondicional" es a menudo presentado como una de las formas más nobles y puras de amar. Sin embargo, esta concepción idealizada del amor puede llevar a malentendidos e incluso a relaciones desequilibradas. El mito del amor incondicional y cómo comprender el amor de una manera más realista y saludable:

Definición del amor incondicional: El amor incondicional a menudo se describe como un amor que no es influenciado por circunstancias externas o por el comportamiento de la otra persona. Es un amor que supuestamente existe independientemente de las acciones, elecciones o cambios del compañero. Sin embargo, esta visión no tiene en cuenta las complejidades de las relaciones humanas.

Establecimiento de límites y respeto por el bienestar: Aunque el amor es una fuerza poderosa, es esencial que las relaciones se basen en el respeto mutuo y la consideración de las necesidades individuales de cada persona. Establecer límites saludables no disminuye el amor, sino que promueve relaciones equilibradas y respetuosas. Es importante reconocer que es posible amar a alguien profundamente y aun así tener límites que garanticen su propio bienestar emocional, mental y físico.

Cuidado mutuo y respeto por las necesidades individuales: El amor saludable involucra cuidar y apoyar a la persona que amas, pero también involucra respetar sus necesidades y bienestar individual. Es perfectamente aceptable tener expectativas realistas en una relación, y eso no disminuye la profundidad del amor que sientes. Reconocer y respetar los límites y necesidades de cada uno es fundamental para crear un ambiente de apoyo y crecimiento mutuo.

La importancia del equilibrio: En una relación saludable, existe un equilibrio entre el cuidado y el apoyo mutuo, así como el respeto por las individualidades de cada persona. El amor no debe ser una justificación para aceptar comportamientos dañinos, irrespetuosos o abusivos. Establecer límites y comunicar expectativas ayuda a mantener ese equilibrio y a promover un ambiente donde ambos socios puedan florecer.

Amor con responsabilidad: En lugar de esforzarnos por el amor incondicional, debemos aspirar al amor responsable y respetuoso. Esto involucra cuidar de la persona que amamos, pero también cuidar de nosotros mismos. La honestidad, la comunicación abierta y la disposición a trabajar juntos para crear una relación saludable son fundamentales.

Cultivando relaciones satisfactorias: Al deconstruir el mito del amor incondicional, podemos crear espacio para relaciones más satisfactorias y equilibradas. Esto significa reconocer que el amor es una fuerza poderosa, pero también es una responsabilidad mutua. El amor y el respeto van de la mano, y al cultivar una relación basada en el cuidado mutuo y la consideración por las necesidades individuales, podemos promover una conexión más auténtica y duradera.

El mito del drama como prueba de amor

El mito del drama como prueba de amor es una creencia peligrosa y errónea que puede conducir a relaciones perjudiciales y agotadoras. La idea de que el amor romántico debe estar lleno de drama e intensidad constante está lejos de representar una relación sana y sostenible. El mito del drama y cómo construir relaciones sanas basadas en la comunicación, el respeto y la empatía:

Los orígenes del mito: El mito del drama como prueba de amor puede tener su origen en representaciones idealizadas de relaciones en películas, series de televisión y otras formas de medios. La dramatización excesiva de las relaciones puede dar a entender que los conflictos constantes y las emociones extremas son indicadores de pasión y amor verdadero. Sin embargo, esto no refleja la realidad de las relaciones sanas.

Relaciones sostenibles: Las relaciones sanas se construyen sobre una base de comunicación abierta, respeto mutuo y empatía. En lugar de basarse en conflictos constantes y emociones intensas, estas relaciones prosperan a través de la comprensión, el apoyo y la colaboración mutua. La estabilidad emocional y la tranquilidad no disminuyen la profundidad del amor, sino que, de hecho, proporcionan un entorno seguro para que crezca.

Comunicación y respeto: En lugar de buscar el drama como una prueba de amor, es esencial priorizar la comunicación efectiva y el respeto por las necesidades y sentimientos de cada uno. Expresarse de manera clara y escuchar activamente a la pareja son maneras mucho más eficaces de fortalecer una relación que crear conflictos innecesarios.

Equilibrio entre pasión y estabilidad: El amor puede ser apasionado y emocionante, pero también debe ser estable y seguro. El equilibrio entre la pasión y la estabilidad es fundamental para construir una relación sana y duradera. En lugar de buscar constantemente emociones intensas, busque momentos de conexión genuina, compartir y apoyo.

Reconociendo las relaciones tóxicas: La búsqueda constante de drama como prueba de amor puede enmascarar relaciones tóxicas, donde los conflictos frecuentes y los juegos emocionales se utilizan para manipular y controlar a la pareja. Reconocer los signos de una relación perjudicial es crucial para proteger su bienestar emocional y mental.

Promoviendo relaciones satisfactorias: Al deconstruir el mito del drama como prueba de amor, podemos promover relaciones más satisfactorias y significativas. Las relaciones sanas se construyen sobre la confianza, el apoyo y el respeto mutuo. Valore la estabilidad emocional y la comunicación honesta como base para un amor verdadero y duradero.

El amor perfecto no existe

La idea del amor perfecto es un concepto erróneo que puede crear expectativas irreales y dañar las relaciones sanas. La creencia de que el amor romántico debe estar libre de problemas y conflictos es una trampa que puede conducir a desilusiones e insatisfacción. Por qué es importante reconocer que el amor verdadero implica trabajo duro, comunicación y compromiso:

La trampa del idealismo: La idea del amor perfecto a menudo se alimenta de representaciones idealizadas de relaciones en los medios y la cultura popular. Estas representaciones a menudo muestran parejas que parecen nunca enfrentar problemas, lo que puede llevar a las personas a creer que el amor siempre debe ser fácil y sin complicaciones.

La realidad de las relaciones: En realidad, todas las relaciones tienen altibajos. Conflictos, desafíos y momentos difíciles son naturales en cualquier relación, independientemente de cuán fuerte sea el amor entre las personas. La perfección es una expectativa irreal y no tiene en cuenta la complejidad de las interacciones humanas.

Trabajo duro y compromiso: Construir y mantener una relación sana requiere trabajo duro, dedicación y compromiso de ambas partes. La comunicación abierta, la resolución de conflictos y el respeto mutuo son fundamentales para enfrentar los desafíos que surgen con el tiempo.

Aprender y crecer juntos: Los desafíos en una relación no son signos de fracaso, sino oportunidades de aprendizaje y crecimiento. Al superar obstáculos juntos, las parejas pueden fortalecer su conexión y profundizar su comprensión mutua. Esto no solo crea un vínculo más fuerte, sino que también aumenta la resiliencia para enfrentar futuros desafíos.

Comunicación abierta y realista: En lugar de buscar el amor perfecto, es más saludable centrarse en una comunicación abierta y realista. Conversar sobre expectativas, necesidades y deseos ayuda a alinear las perspectivas y crear un espacio seguro para discutir desafíos. Es importante recordar que enfrentar problemas juntos fortalece la relación más que tratar de ocultar las dificultades.

Celebra las imperfecciones: Aceptar que el amor no es perfecto es liberador. Celebrar las imperfecciones y las características únicas de cada pareja permite que la relación florezca en su autenticidad. La verdadera conexión emocional se construye cuando ambos socios se sienten aceptados y amados por quienes son.

Felicidad en el viaje: En lugar de buscar el final en sí mismo, encuentra la felicidad en el viaje del amor. Los momentos de alegría, superación y crecimiento mutuo son el verdadero significado del amor. Al comprender que la perfección es una ilusión, puedes concentrarte en construir una relación basada en amor genuino, comprensión y respeto.

Dependencia vs. Independencia

Encontrar el equilibrio entre dependencia e independencia en las relaciones es fundamental para cultivar conexiones saludables y duraderas. El mito de que el amor romántico exige una dependencia completa de la pareja para la felicidad es una concepción errónea que puede perjudicar la individualidad de cada persona. Por qué la independencia emocional y la autoestima son componentes cruciales para relaciones sólidas:

La importancia de la autonomía: La independencia emocional y la autoestima son esenciales para el bienestar individual y para el éxito de las relaciones. Ser capaz de sostenerse emocionalmente y sentirse bien consigo mismo contribuye a la salud mental y la satisfacción personal.

Construcción de relaciones sólidas: Las relaciones sanas se construyen sobre la base de dos personas que comparten sus vidas, pero también mantienen su propia identidad. La dependencia excesiva puede crear un desequilibrio y llevar a relaciones codependientes, en las que los individuos se pierden en las necesidades de la pareja.

Complementando, no reemplazando: El amor romántico debe complementar, no reemplazar, la individualidad de cada persona. Es importante que ambos los socios mantengan sus propios intereses, metas y amistades, mientras comparten una vida en conjunto. Esta aproximación fortalece la conexión entre los socios, ya que son capaces de apoyarse mutuamente en sus jornadas individuales.

Respetando los límites personales: Al mantener la independencia emocional, se respetan los propios límites y necesidades. Esto permite que uno se involucre en relaciones de manera saludable, sin sacrificar su propia identidad. Uno es capaz de discernir cuándo necesita espacio personal y cuándo está listo para compartir experiencias con su pareja.

Comunicación y respeto mutuo: La clave para equilibrar dependencia e independencia está en la comunicación y el respeto mutuo. Conversar abiertamente sobre sus necesidades y expectativas ayuda a establecer límites sanos en la relación. Esto crea un ambiente en el cual ambos los socios se sientan valorados y apoyados en sus jornadas individuales.

Enriqueciendo la relación: Cuando ambos los socios tienen independencia emocional, pueden enriquecer la relación con sus experiencias y crecimiento personal. La capacidad de compartir logros individuales y apoyar los sueños uno del otro fortalece la conexión y crea una base sólida para el amor verdadero.

Felicidad interior y exterior: Encontrar la felicidad interior a través de la independencia emocional es una base sólida para construir relaciones sanas y duraderas. El amor no debe ser una fuente exclusiva de felicidad, sino más bien un complemento para una vida ya realizada. Al buscar el equilibrio entre dependencia e independencia, uno crea una relación que valora y nutre tanto la individualidad como la conexión emocional.

Comprendiendo que el amor no debe ser una fuente exclusiva de felicidad

Entender que el amor romántico no debe ser la única fuente de felicidad es fundamental para construir relaciones sanas y satisfactorias. La creencia errónea de que el amor es la única cosa que puede traer alegría puede poner presión indebida sobre las relaciones y llevar a la dependencia emocional. Cultivar intereses, amistades y pasiones fuera de la relación es fundamental para un equilibrio saludable.

Autonomía emocional

La autonomía emocional es un componente vital para construir relaciones sanas y significativas. Se trata de la habilidad de encontrar alegría, autoestima y satisfacción dentro de uno mismo, independientemente del estado de su relación amorosa. La importancia de la autonomía emocional y cómo puede ser la base para relaciones verdaderamente enriquecedoras:

El poder de la autonomía emocional: La autonomía emocional es la antítesis de la dependencia emocional. Cuando somos emocionalmente autónomos, no buscamos nuestra felicidad única y exclusivamente en nuestra pareja romántica. En cambio, llevamos nuestra propia fuente de alegría y autoestima. Esto no solo nos fortalece individualmente, sino que también crea la base para relaciones equilibradas.

Fortalecer las relaciones sanas: Las relaciones construidas sobre la base de la autonomía emocional son más propensas a ser sanas y enriquecedoras. Cuando ambas partes son capaces de encontrar satisfacción interna, la relación se convierte en una colaboración de crecimiento mutuo, en la que cada uno contribuye a la felicidad del otro en lugar de depender enteramente de ella.

Reducir la presión y las expectativas: La dependencia emocional puede crear una presión desmedida sobre la pareja, llevando a expectativas irreales de que ellos deben llenar todas nuestras necesidades emocionales. La autonomía emocional alivia esa presión, permitiendo que cada individuo sea responsable de su propia felicidad y autoestima.

Cultivar relaciones más equilibradas: Cuando somos emocionalmente autónomos, no perdemos nuestra identidad en las relaciones. Esto nos permite mantener una perspectiva clara y equilibrada, garantizando que estamos contribuyendo a la relación de manera positiva, en lugar de perdernos en ella.

El amor como un complemento, no una necesidad: La autonomía emocional no significa que el amor romántico sea prescindible; al contrario, se convierte en un complemento valioso para nuestras vidas. Al compartir nuestra felicidad interna con un compañero, el amor se transforma en un vínculo entre dos personas que están juntas por elección, no por necesidad.

Crecimiento individual y colectivo: Al priorizar la autonomía emocional, cada individuo tiene la oportunidad de crecer y desarrollarse plenamente. Esto, a su vez, alimenta el crecimiento de la relación como un todo. El amor florece cuando se construye sobre las bases sólidas de dos compañeros emocionalmente sanos.

La autonomía emocional es la clave para relaciones sanas y equilibradas. Fortalece a los individuos, permitiéndoles compartir su alegría y autoestima con un compañero amoroso. Cuando ambos compañeros son emocionalmente autónomos, la relación se convierte en una colaboración de crecimiento mutuo, construida sobre el respeto por las necesidades e identidades individuales. La autonomía emocional no disminuye el valor del amor romántico, sino que fortalece su base, creando una relación enriquecedora y gratificante.

Amor como parte del mosaico de la felicidad

El amor romántico es una experiencia profundamente significativa, pero es solo una pieza del mosaico complejo que compone nuestra felicidad general. Cómo buscar la felicidad en diversas áreas de la vida puede enriquecer nuestra existencia y fortalecer nuestros relacionamientos:

La riqueza de la vida multifacética: Así como un mosaico está compuesto por varias piezas coloridas, nuestra felicidad está formada por diversas áreas de interés y logro. Tener una variedad de elementos en nuestra vida contribuye a una sensación más profunda y duradera de satisfacción.

Intereses personales y hobbies: Además del amor romántico, nuestros intereses personales y hobbies tienen el poder de inspirarnos y traer alegría. Cultivar pasiones individuales no solo nos hace felices, sino que también nos convierte en individuos más atractivos en una relación.

Amistades sólidas y conexiones sociales: Las amistades auténticas son una fuente inestimable de apoyo emocional y compartición de experiencias. Tener un círculo social saludable enriquece nuestras vidas, ofreciendo una red de soporte independiente de la relación amorosa.

Metas profesionales y realizaciones: Buscar metas y realizaciones en el ámbito profesional y personal nos da un sentido de propósito y logro. Alcanzar estos objetivos contribuye a nuestra autoestima y confianza, influenciando positivamente nuestra capacidad de amar y ser amado.

Proyectos creativos y autodescubrimiento: La creatividad es una fuente poderosa de expresión y autodescubrimiento. Participar de proyectos creativos nos permite explorar diferentes aspectos de nuestra identidad y nutrir nuestro crecimiento personal.

El papel del amor en el mosaico de la felicidad: Al entender que el amor romántico es solo una parte del mosaico de felicidad, podemos aliviar la presión sobre las relaciones. El amor se convierte en una elección consciente de compartir nuestra jornada con alguien especial, en lugar de depositar en él toda la responsabilidad de nuestra felicidad.

Relaciones como amplificadores de la felicidad: Cuando buscamos felicidad en varias áreas de la vida, nuestras relaciones pueden convertirse en amplificadores de esa felicidad. Compartir nuestras alegrías individuales y experiencias enriquece la conexión entre los socios, haciendo que el amor romántico sea aún más gratificante.

El amor romántico es una parte esencial de nuestras vidas, pero no debe ser la única fuente de felicidad. Cultivar intereses, amistades, logros profesionales y pasiones personales contribuye a un mosaico de felicidad rico y sostenible. Cuando entendemos que el amor es una parte, no la totalidad, de nuestra felicidad, somos capaces de construir relaciones más saludables y equilibradas, mientras continuamos floreciendo en todas las áreas de nuestras vidas.

Menos presión sobre la relación

Al entender que el amor no es la única fuente de alegría, aliviamos la presión sobre la relación, permitiendo que florezca de manera más saludable y auténtica. Cómo esta aproximación puede beneficiar las relaciones:

Equilibrando las expectativas: A menudo, ponemos expectativas irreales sobre nuestros socios, esperando que ellos sean responsables de nuestra felicidad total. Al reconocer que la felicidad también se puede encontrar en otros aspectos de la vida, nuestras expectativas se vuelven más realistas y alineadas con la realidad.

Crecimiento individual y colectivo: Cuando no dependemos exclusivamente de la relación para nuestra alegría, somos libres para buscar el crecimiento personal e individual. Esto es fundamental para una relación saludable, ya que permite que cada socio desarrolle su identidad, pasiones y logros de forma independiente.

Reducción del estrés y la presión: La idea de que el socio debe ser la única fuente de felicidad puede crear estrés y presión excesiva sobre ambos. Aprender a ser emocionalmente autosuficiente significa que no necesitamos poner el peso de nuestra felicidad sobre la espalda de la relación.

Fomentando un espacio de amor genuino: Cuando ambos socios reconocen que tienen sus propias fuentes de alegría, la relación se convierte en un espacio más genuino de amor y apoyo. En lugar de ser una búsqueda desesperada de plenitud, el amor es una elección consciente de compartir y enriquecer la vida del otro.

Promocionando relaciones de colaboración: Las relaciones saludables se basan en la colaboración. Cuando ambos socios tienen sus propias fuentes de felicidad, pueden unirse como dos individuos completos que eligen caminar juntos, en lugar de depender el uno del otro para ser completos.

Construyendo resiliencia relacional: La aproximación de encontrar alegría en varias áreas de la vida contribuye a la resiliencia relacional. Esto significa que la relación es menos vulnerable a los altibajos, ya que no está sobrecargada con la responsabilidad de ser la única fuente de satisfacción.

Reconocer que el amor no es la única fuente de alegría trae ligereza y autenticidad a las relaciones. Esto permite que ambos socios crezcan individualmente, compartiendo sus alegrías y desafíos de manera saludable. Cuando la relación no está sobrecargada con la expectativa de ser perfecta, tiene espacio para convertirse en una conexión verdadera, enriquecedora y llena de amor genuino.

Evitando la dependencia emocional

La dependencia emocional es un patrón perjudicial que ocurre cuando una persona coloca toda su felicidad y bienestar en las manos de otra. Evitar esta trampa es crucial para construir relaciones saludables y sostenibles. Cómo cultivar diversas fuentes de satisfacción ayuda a evitar la dependencia emocional:

Carga de la dependencia: Depender exclusivamente del amor romántico para la felicidad coloca una carga pesada sobre la relación. La otra persona se convierte en la única fuente de validación, apoyo y alegría, lo que puede ser insostenible a largo plazo.

Autonomía y autoestima: Tener múltiples fuentes de satisfacción en tu vida, como amigos, pasatiempos, intereses personales y logros profesionales, contribuye a la autonomía emocional y la autoestima. Te reconoces como una persona valiosa y completa, independientemente de tu estado de relación.

Equilibrio en las relaciones: Cuando evitas la dependencia emocional, tu relación puede desarrollarse de manera más equilibrada. Ambos socios comparten la responsabilidad de traer alegría y apoyo a la relación, en lugar de depender el uno del otro para satisfacer todas sus necesidades emocionales.

Crecimiento y colaboración: Una relación saludable se basa en el crecimiento mutuo y la colaboración. Cuando ambos socios tienen sus propias fuentes de satisfacción, pueden apoyar el crecimiento individual del otro, enriqueciendo la relación con sus experiencias únicas.

Menos presión y conflicto: La dependencia emocional puede conducir a conflictos excesivos y a una dinámica de control. Al cultivar la independencia emocional, reduces la presión sobre la relación, permitiendo que se convierta en un espacio de apoyo y amor genuino.

Reducción del miedo a la soledad: Una de las razones por las que las personas caen en la dependencia emocional es el miedo a la soledad. Tener otras fuentes de satisfacción reduce ese miedo, permitiéndote sentirte bien contigo mismo, independientemente de estar en una relación o no.

Fortalecer relaciones sólidas

Cuando reconocemos que el amor es solo una parte del panorama general de la felicidad y la satisfacción, estamos construyendo los cimientos para relaciones sólidas y duraderas. Cómo esta comprensión fortalece las relaciones:

Espacio para el crecimiento: Las relaciones saludables se construyen sobre una base de respeto mutuo, comprensión y espacio para el crecimiento individual. Comprender que el amor es una parte, no la totalidad, de la felicidad, permite que ambos socios tengan espacio para perseguir sus intereses, pasiones y metas personales.

Relaciones como asociaciones: Cuando el amor no es la única fuente de felicidad, la relación se convierte en una asociación genuina. Ambos socios contribuyen con sus propias fuentes de satisfacción a la relación, creando un ambiente de apoyo mutuo y crecimiento conjunto.

Valoración de la individualidad: Fortalecer una relación no significa fusionarse en un solo ser, sino valorar la individualidad de cada socio. Cuando ambos tienen sus propias fuentes de satisfacción e identidades distintas, pueden complementarse y crecer juntos de manera significativa.

Reducción de la presión: Al comprender que el amor no debe ser la única fuente de felicidad, hay menos presión sobre la relación para ser perfecta. Esto reduce las expectativas irreales y permite que la relación florezca a un ritmo más natural, sin la presión de cumplir con todas las necesidades emocionales.

Cultivo de la resiliencia: Las relaciones sólidas son resistentes y capaces de superar desafíos. Tener otras fuentes de satisfacción ayuda a cultivar la resiliencia emocional, permitiendo que ambos socios enfrenten las dificultades con fuerza y confianza, sabiendo que tienen un apoyo emocional diverso.

Compartiendo el viaje: Al construir una relación en la que el amor es parte del mosaico de la felicidad, los socios comparten el viaje de la vida de manera más completa. Celebran las alegrías de los demás, ofrecen apoyo durante los desafíos e inspiran mutuamente a buscar la plenitud en todas las áreas de la vida.

Equilibrio y armonía: Las relaciones saludables prosperan cuando hay equilibrio y armonía. Comprender que el amor es una parte, no la totalidad, de la felicidad, crea un ambiente donde ambos socios tienen la libertad de explorar su propia historia y, al mismo tiempo, disfrutar de la compañía y el apoyo mutuo.

Cuando el amor romántico se ve como una parte esencial, pero no exclusiva, de la felicidad, las relaciones ganan profundidad, autenticidad y resistencia. Ambos socios tienen la libertad de ser auténticos, crecer individualmente y compartir una conexión significativa. Al fortalecer la relación con bases sólidas, el amor tiene espacio para florecer y enriquecer la vida de ambos.

Construyendo vidas ricas y significativas

Al abrazar la búsqueda de la felicidad en múltiples fuentes, estás construyendo una vida rica, diversa y profundamente significativa. Cómo esta aproximación enriquece a ti individualmente y también contribuye a relaciones sólidas:

Diversidad de experiencias: Buscar la felicidad en diversas áreas de la vida ofrece una gama más amplia de experiencias. Esto te permite explorar diferentes aspectos de tu personalidad, pasiones e intereses, creando una narrativa de vida rica y envolvente.

Crecimiento individual: Encontrar satisfacción en varias fuentes promueve el crecimiento personal continuo. Al perseguir intereses, desafíos y proyectos que te traen alegría, te desarrollas como individuo, cultivando autoestima, confianza y una sensación de realización.

Autoconocimiento profundo: Explorar diversas áreas de la vida también conduce a un mayor autoconocimiento. A medida que experimentas diferentes actividades y relaciones, aprendes más sobre tus preferencias, límites y valores, fortaleciendo la comprensión de quién eres.

Compartiendo experiencias: Una vida rica en experiencias también contribuye a enriquecer tus relaciones. Al compartir tus pasiones, intereses y logros con tu pareja, creas una conexión más profunda, permitiendo que ambos crezcan juntos.

Reducción de la dependencia: La búsqueda de la felicidad en varias áreas disminuye la dependencia emocional de un solo aspecto de la vida, como el amor romántico. Esto conduce a relaciones más equilibradas, donde ambos socios se apoyan mutuamente, pero también mantienen una autonomía emocional saludable.

Resiliencia en desafíos: Una vida diversa y repleta de intereses ofrece resiliencia en tiempos difíciles. Cuando te enfrentas a obstáculos en un área de la vida, todavía tienes otras fuentes de satisfacción y apoyo para apoyarte, ayudando a mantener un sentido de equilibrio y bienestar.

Enriquecimiento de las relaciones: Buscar la felicidad en varias fuentes ayuda a enriquecer las relaciones. Al compartir tus experiencias diversas, traes nuevas dimensiones a la relación, manteniéndola dinámica, emocionante y llena de oportunidades para crecer juntos.

Contribución al amor romántico: Al construir una vida repleta de experiencias y satisfacciones diversas, estás contribuyendo al amor romántico de manera profunda. El amor se convierte en un elemento vital en tu vida, pero no es la única fuente de alegría y realización. Esto permite que el amor romántico florezca de manera saludable y contribuya a tu felicidad general.

Al buscar la felicidad en varias áreas de la vida, estás construyendo un mosaico de experiencias y satisfacciones que enriquecen tu camino. Esto no solo te fortalece individualmente, sino que también crea una base sólida para relaciones saludables y significativas. El amor romántico es una parte importante de ese mosaico, pero encaja armoniosamente en medio de otras piezas que componen tu vida plena y gratificante.

Construir relaciones basadas en la colaboración y el crecimiento mutuo

Las relaciones saludables no se basan solo en la pasión y el romance, sino también en valores compartidos, comunicación eficaz y crecimiento mutuo. ¿Cómo podemos crear relaciones que estén fundamentadas en la colaboración, el respeto y la evolución conjunta?

Comunicación abierta

La comunicación es el cimiento sobre el que se levantan las relaciones saludables y significativas. Tener la capacidad de conversar abiertamente y con empatía crea un espacio para el entendimiento mutuo, el respeto y el crecimiento. Cómo la comunicación abierta es esencial para construir conexiones profundas:

Expresión de expectativas: Comunicar expectativas desde el inicio de la relación es fundamental. Esto evita malentendidos y ayuda a definir las bases para una relación saludable. Discutir abiertamente lo que esperas de la relación y escuchar las expectativas de tu pareja promueve la claridad y el alineamiento.

Comprensión de las necesidades: A través de la comunicación abierta, puedes entender las necesidades de tu pareja de manera más profunda. Esto te permite ofrecer apoyo, estar presente y atender a las necesidades emocionales, fortaleciendo la conexión entre ustedes.

Conversaciones difíciles: La comunicación abierta es especialmente importante durante conversaciones difíciles. Abordar temas delicados con empatía y honestidad promueve la resolución de conflictos y evita que las preocupaciones se acumulen. Esto fortalece la confianza y la comprensión mutua.

Escucha activa: Escuchar activamente es tan importante como expresarse. Cuando escuchas con atención, le muestras a tu pareja que valoras sus palabras y estás dispuesto a entender sus sentimientos y perspectivas.

Esto crea un ambiente donde ambos se sienten escuchados y comprendidos.

Expresión respetuosa: La manera en que te expresas es crucial para una comunicación eficaz. Hablar de manera respetuosa, no acusatoria, y evitar críticas destructivas contribuye a un ambiente de comunicación saludable. Esto alienta un diálogo abierto y constructivo.

Creación de conexiones profundas: A través de la comunicación abierta, tienes la oportunidad de compartir tus pensamientos, sentimientos y experiencias más profundos. Esto crea una conexión íntima y auténtica entre tú y tu pareja, permitiéndote construir una relación más significativa y significativa.

Cultivo de empatía: La comunicación abierta exige empatía. Ponerte en el lugar de tu pareja y entender sus emociones y perspectivas fortalece la unión entre ustedes. La empatía promueve la comprensión y ayuda a construir una relación más solidaria.

Crecimiento mutuo: Las conversaciones abiertas también promueven el crecimiento mutuo. A medida que compartes tus objetivos, aspiraciones y desafíos, pueden apoyarse mutuamente en el proceso de desarrollo personal. Esto conduce a una relación en la que ambos están comprometidos con el crecimiento individual y colectivo.

Confianza y transparencia: La comunicación abierta construye confianza. Cuando eres transparente sobre tus sentimientos y pensamientos, estás demostrando a tu pareja que puede confiar en ti para ser honesto y auténtico. Esto fortalece la conexión entre ustedes.

La comunicación abierta es la base sobre la que se construyen las relaciones saludables y significativas. Al expresarte con empatía, escuchar activamente y cultivar una comprensión mutua, estás creando un espacio donde el amor, el respeto y el crecimiento pueden florecer. Comunicarse de manera abierta y respetuosa es fundamental para construir conexiones profundas que perduren a lo largo del tiempo.

Crecimiento individual y conjunto

En las relaciones saludables y significativas, el crecimiento personal y mutuo es una prioridad. Una relación no debe ser un obstáculo al desarrollo individual, sino más bien un medio de apoyo y estímulo para que ambos socios alcancen su pleno potencial. La importancia del crecimiento individual y conjunto en una relación:

Apoyo a los objetivos personales: Las relaciones saludables se basan en el apoyo mutuo. Esto significa que cada socio debe estar dispuesto a apoyar los objetivos personales del otro, incluso si esos objetivos no están directamente relacionados con la relación. El apoyo a los sueños y ambiciones individuales crea un ambiente de confianza y apoyo.

Cooperación en proyectos comunes: Además de apoyar objetivos individuales, la cooperación en proyectos comunes también es fundamental. Trabajar juntos en metas compartidas fortalece el vínculo entre ustedes y ofrece una oportunidad de crecimiento mutuo. Esta cooperación puede ser tan simple como planificar un viaje juntos o tan compleja como emprender un nuevo negocio.

Adaptación al cambio: El crecimiento individual a menudo trae cambios. Las relaciones saludables son capaces de adaptarse a estos cambios de manera positiva. A medida que cada socio evoluciona y se desarrolla, la relación también debe evolucionar para acomodar estos cambios. La adaptabilidad es fundamental para mantener la conexión a lo largo del tiempo.

Respeto a las diferencias: Cada persona es única, con intereses, valores y objetivos individuales. En una relación saludable, estas diferencias se respetan y celebran. Esto significa que ambos socios están dispuestos a apoyar y respetar las elecciones y pasiones del otro, incluso si son diferentes de las suyas propias.

Estímulo al crecimiento personal: El amor verdadero no es limitante, sino expansivo. Los socios en una relación saludable se animan y motivan mutuamente a buscar el crecimiento personal. Esto puede implicar la búsqueda de nuevas habilidades, la exploración de nuevas pasiones o incluso la superación de desafíos personales. El estímulo mutuo al crecimiento crea un ambiente de progreso constante.

Celebración de las conquistas: Celebrar las conquistas del socio es una demostración de apoyo genuino. Cuando un socio alcanza un objetivo importante, el otro debe ser el primero en celebrar y aplaudir. Esta celebración refuerza el sentido de pareja y comparte la alegría de las victorias individuales.

Compartir experiencias: Crecer juntos también implica compartir experiencias significativas. Esto puede incluir viajes, aventuras, momentos de aprendizaje e incluso desafíos. Compartir experiencias ayuda a fortalecer los lazos entre ustedes y crea recuerdos valiosos.

El crecimiento individual y conjunto es un ciclo continuo en una relación saludable. A medida que cada socio crece y se desarrolla, la relación se enriquece. Este crecimiento no solo fortalece la conexión entre ustedes, sino que también crea una base sólida para el amor y la asociación duraderos. El compromiso con el crecimiento mutuo es esencial para la construcción de relaciones significativas y evolutivas.

Aceptación y vulnerabilidad

La construcción de relaciones significativas y saludables requiere un nivel de aceptación mutua y vulnerabilidad. Estar dispuesto a ser auténtico y mostrar tu verdadera esencia es fundamental para crear lazos profundos. La importancia de la aceptación y vulnerabilidad en una relación:

Aceptación incondicional: La verdadera aceptación implica amar y valorar al otro exactamente como es, con todas sus imperfecciones y peculiaridades. En una relación saludable, ambos los socios se sienten seguros en su autenticidad, sabiendo que son amados incluso en sus fallas. La aceptación incondicional crea un espacio donde ambos pueden ser verdaderamente ellos mismos.

Compartir vulnerabilidades: La vulnerabilidad es la clave para crear conexiones profundas. Esto significa estar dispuesto a compartir pensamientos, sentimientos y experiencias que pueden ser difíciles o incómodos. Cuando un compañero se abre sobre sus inseguridades, miedos y desafíos, esto no solo promueve la comprensión, sino que también crea un ambiente de apoyo mutuo.

Construcción de confianza: La vulnerabilidad y la aceptación están interconectadas con la confianza. Cuando te permites ser vulnerable y eres aceptado por tu pareja, esto construye un sentido profundo de confianza y seguridad en la relación. La confianza es fundamental para cualquier relación saludable y es fortalecida cuando ambos los socios se sienten cómodos para compartir sus experiencias más íntimas.

Fortalecimiento de la intimidad: La intimidad no se trata solo de contacto físico; también es emocional y espiritual. Al compartir tus emociones, pensamientos y sueños más profundos, creas una intimidad emocional que fortalece los lazos entre ustedes. La aceptación mutua en este contexto permite que la intimidad florezca.

Creación de un espacio de apoyo: A través de la aceptación y vulnerabilidad, creas un espacio donde ambos los socios pueden encontrar apoyo y consuelo. En momentos de dificultad, saber que puedes compartir tus sentimientos y ser escuchado sin juicios es increíblemente poderoso. Este espacio de apoyo fortalece la conexión entre ustedes.

Desarrollo de la empatía: Al ser vulnerable y compartir tus experiencias, también desarrollas la empatía. Cuando un compañero entiende tus luchas y alegrías, están más aptos a relacionarse con tus experiencias y ofrecer apoyo. Este ciclo de empatía y apoyo mutuo es fundamental para relaciones saludables.

La aceptación y la vulnerabilidad son como una danza delicada que sustenta relaciones saludables. Al aceptarse plenamente y compartir sus vulnerabilidades, crean una base sólida de confianza, intimidad y apoyo mutuo. Esto permite que su relación crezca y florezca, convirtiéndose en un espacio donde ambos pueden encontrar amor, comprensión y crecimiento. La valentía de ser auténtico y vulnerable es uno de los mayores regalos que puedes ofrecer a tu relación y a ti mismo.

Cultivo del amor y la intimidad

El amor romántico es un viaje continuo, y mantener la llama de la pasión y el romance requiere esfuerzo y dedicación. ¿Cómo puedes cultivar el amor y la intimidad en tu relación?

Expresión de afecto: Pequeños gestos de afecto y cariño tienen un gran impacto en una relación. Decir "te amo", abrazar, besar, tomar de la mano e incluso dejar notas cariñosas son formas sencillas de mostrarle a tu pareja que te importa. La expresión regular de afecto refuerza el vínculo emocional entre ustedes.

Comunicación atenta: La comunicación es una de las herramientas más poderosas para mantener la intimidad. Reserva tiempo para conversaciones significativas, escucha activamente y comparte tus propias experiencias. Hablar sobre tus pensamientos, deseos, sueños e incluso preocupaciones ayuda a mantener la conexión emocional y fortalecer los lazos.

Creación de momentos especiales: Los recuerdos compartidos fortalecen la conexión entre ustedes. Crea momentos especiales juntos, como citas románticas, viajes o actividades que ambos disfruten. Estos momentos no solo proporcionan alegría inmediata, sino que también crean una base de recuerdos positivos que sustentan la relación a lo largo del tiempo.

Exploración de intereses comunes: Tener intereses compartidos ayuda a construir una base sólida para la relación. Encontrar actividades que ambos aprecien y disfrutar de ellas juntos contribuye a la intimidad y la conexión. Ya sea bailar, cocinar, practicar deportes o ver películas, la exploración conjunta de intereses enriquece el viaje del amor.

Fomento de la atracción física: La atracción física es un componente importante del amor romántico. Mantén la llama viva a través de demostraciones de cariño físico, elogios y mantenimiento de cuidados personales. Cuidar de tu apariencia y mostrar interés por el bienestar físico de tu pareja es una manera de mantener la atracción mutua.

Respeto y aceptación continuos: El respeto mutuo y la aceptación son fundamentales para la construcción de una relación sana. Continuar honrando y respetando a tu pareja, incluso cuando surgen desafíos, fortalece la base de la relación. La aceptación de cambios personales a lo largo del tiempo también es esencial para nutrir la intimidad.

Mantenimiento de la individualidad: Aunque la conexión es crucial, es importante mantener la individualidad. Reservar tiempo para actividades individuales, pasatiempos y tiempo con amigos permite que ustedes crezcan como individuos, lo que, a su vez, enriquece la relación. Recuerda que son socios, pero también son personas únicas.

Explorando novedades juntos: La novedad trae emoción y renovación. Experimentar cosas nuevas juntos, como aprender una nueva habilidad, viajar a lugares diferentes o incluso realizar aventuras inesperadas, agrega un toque de frescura y emoción a la relación.

Crecimiento conjunto: El crecimiento conjunto es la esencia de una relación duradera. A medida que ambos evolucionan como individuos, compartir sus historias de crecimiento y apoyarse mutuamente en la realización de metas y sueños crea una conexión profunda y significativa.

Redefinir el significado del amor romántico es una experiencia de autodescubrimiento y crecimiento personal. Al deconstruir mitos y equívocos, comprender que el amor no debe ser la única fuente de felicidad y construir relaciones basadas en la colaboración y el crecimiento mutuo, podemos crear lazos que son saludables, gratificantes y duraderos. El amor verdadero es una colaboración de dos personas independientes, comprometidas en apoyar, crecer y compartir sus vidas de manera significativa.

9

PRACTICANDO LA ACEPTACIÓN Y EL DESAPEGO

Al soltar las amarras del pasado, abrimos espacio para el presente.

El camino de la aceptación y del desapego es un viaje de autoconocimiento, crecimiento y equilibrio emocional. En este capítulo, exploraremos cómo practicar la aceptación y el desapego en diversas áreas de la vida, permitiéndonos vivir con más serenidad y bienestar.

Aceptando que no puedes controlar los sentimientos de los demás

Aceptar que no tenemos control sobre los sentimientos y reacciones de los demás es un paso importante en dirección a la madurez emocional y a la construcción de relaciones saludables. Cómo practicar esa aceptación:

Reconocimiento de la individualidad

Cada persona es una combinación única de experiencias de vida, historias, valores, creencias y emociones. Reconocer la individualidad de cada individuo es un principio fundamental para desarrollar relaciones saludables y respetuosas. Cómo el reconocimiento de la individualidad contribuye a la aceptación de los sentimientos de los demás:

Respeto por la diversidad emocional: Todos nosotros experimentamos el mundo de maneras diferentes, y eso se extiende a nuestros sentimientos. Lo que puede ser profundamente significativo para una persona puede no tener el mismo impacto en otra. Reconocer que cada uno de nosotros posee una gama única de emociones y reacciones ayuda a evitar juicios precipitados y a cultivar la empatía.

Validación de las experiencias personales: Reconocer la individualidad de alguien es validar sus experiencias personales, incluso que difieran de las nuestras. Eso no implica estar de acuerdo con esas experiencias, sino demostrar respeto por el derecho de cada persona de sentir lo que siente. Al validar los sentimientos de los demás, estamos construyendo una base de confianza y respeto mutuo.

Cultivo de la empatía: La empatía implica la capacidad de ponerse en el lugar de otra persona y comprender sus sentimientos a partir de su perspectiva única. Reconocer la individualidad es un paso crucial para cultivar la empatía, pues nos recuerda que cada persona enfrenta desafíos, alegrías y tristezas de maneras singulares.

Reducción de conflictos: Cuando reconocemos la individualidad, estamos menos propensos a imponer nuestras propias expectativas y opiniones sobre los demás. Eso ayuda a reducir conflictos, una vez que estamos más dispuestos a aceptar y comprender las diferencias, en lugar de intentar cambiarlas.

Promoción de la comprensión: Al reconocer que cada persona tiene una perspectiva única, abrimos espacio para un diálogo más enriquecedor y comprensivo. Estamos más inclinados a escuchar atentamente, hacer preguntas genuinas y aprender unos con otros. Eso resulta en relaciones más profundas y significativas.

El reconocimiento de la individualidad es una base fundamental para la aceptación de los sentimientos de los demás. Al entender que cada persona es única en su experiencia emocional, estamos creando un ambiente de respeto y comprensión. Eso no solo fortalece nuestras relaciones, sino también enriquece nuestra propia jornada de crecimiento personal. Al cultivar la aceptación de la individualidad, estamos promoviendo la empatía, la comunicación eficaz y la construcción de conexiones verdaderas con los demás.

Comunicación abierta

La comunicación es la columna vertebral de cualquier relación saludable. Aunque no podemos controlar los sentimientos de los demás, podemos influir significativamente en la calidad de la comunicación que establecemos con ellos. Una comunicación abierta y eficaz es esencial para construir conexiones profundas y comprensión mutua. Cómo la comunicación abierta contribuye a la aceptación de los sentimientos de los demás:

Escuchar atentamente: Uno de los aspectos más cruciales de la comunicación es la capacidad de escuchar atentamente. Cuando estamos dispuestos a escuchar las palabras y los sentimientos de los demás sin interrupciones ni juicios, estamos mostrando que valoramos sus perspectivas y experiencias. Esto crea un espacio seguro para que compartan sus sentimientos, incluso si son diferentes de los nuestros.

Validación de las experiencias: A través de la comunicación abierta, podemos validar las experiencias emocionales de los demás. Esto implica reconocer y respetar sus sentimientos, incluso si no concordamos o compartimos los mismos sentimientos. La validación crea un sentido de aceptación y comprensión, lo que es esencial para mantener relaciones saludables.

Expresarse con respeto: De la misma manera que escuchamos atentamente, también debemos expresar nuestros propios sentimientos de manera respetuosa. La comunicación abierta implica expresar nuestros puntos de vista sin recurrir a críticas, culpas o juicios. Esto promueve un ambiente de diálogo saludable, donde ambos lados se sienten cómodos para compartir.

Construcción de empatía: La comunicación abierta es un terreno fértil para cultivar la empatía. Cuando compartimos nuestros propios sentimientos y escuchamos los sentimientos de los demás, estamos más aptos a entender sus perspectivas y sentir empatía por sus experiencias. Esto fortalece los lazos emocionales y promueve un entendimiento más profundo.

Resolución de conflictos: En las relaciones, es natural haber diferencias de opinión y conflictos. La comunicación abierta es una herramienta vital para resolver estos conflictos de manera saludable. Cuando abordamos los problemas con honestidad, respeto y la intención de encontrar soluciones, estamos construyendo un terreno común para llegar a entendimientos y acuerdos.

Creación de un espacio seguro: La comunicación abierta crea un espacio seguro para que los sentimientos sean compartidos sin miedo a críticas o juicios. Esto es fundamental para permitir que las personas se expresen auténticamente y abiertamente. Un ambiente de comunicación seguro es un lugar donde las personas pueden hablar sobre sus sentimientos, incluso si son complejos o difíciles.

La comunicación abierta es una herramienta poderosa para practicar la aceptación de los sentimientos de los demás. Promueve la comprensión, la empatía y la construcción de relaciones saludables y significativas. Cuando estamos dispuestos a escuchar atentamente, validar experiencias emocionales y expresar nuestros propios sentimientos con respeto, estamos creando un ambiente de conexión genuina y comprensión mutua. La comunicación abierta nos permite reconocer la individualidad de las personas y aceptar sus sentimientos, independientemente de si concordamos con ellos.

Respeto por los límites

En cualquier relación sana, es fundamental reconocer y respetar los límites emocionales de las personas. Cada individuo tiene sus propias experiencias, historias y niveles de comodidad al compartir sus sentimientos. Demostrar consideración y respeto por los límites de los demás contribuye a un ambiente de confianza, seguridad y aceptación. Consideraciones importantes sobre el respeto por los límites:

Individualidad y autonomía: Cada persona es una individualidad única, y esto se extiende a sus límites emocionales. El respeto por los límites reconoce que cada uno tiene derecho a definir lo que se siente cómodo compartiendo, cuándo y con quién. Esto no solo honra la autonomía de cada persona, sino que también demuestra un profundo respeto por su integridad emocional.

Honestidad y comunicación: Al respetar los límites de los demás, es importante mantener la comunicación abierta y honesta. Esto implica expresar sus propios sentimientos y límites de manera clara y transparente. De la misma manera, estar dispuesto a escuchar cuando alguien comparte sus propios límites crea un ambiente de diálogo saludable. La comunicación ayuda a evitar malentendidos y construir un terreno común de respeto.

Aceptar la diversidad de experiencias: Todos tienen diferentes niveles de comodidad al hablar sobre ciertos temas. Algunas personas pueden ser más abiertas y expansivas sobre sus sentimientos, mientras que otras prefieren mantener ciertas cuestiones más privadas. Aceptar esta diversidad de experiencias es crucial para construir relaciones respetuosas. No debemos imponer nuestros propios estándares de apertura a otras personas.

Creación de un ambiente de confianza: Cuando los límites de las personas son respetados, esto contribuye a la creación de un ambiente de confianza y seguridad. Las personas se sienten cómodas para compartir sus sentimientos cuando saben que sus límites serán honrados. Esto es especialmente importante cuando se trata de temas sensibles o experiencias personales delicadas.

Flexibilidad y evolución: Los límites de una persona pueden evolucionar con el tiempo en función de sus experiencias y circunstancias. Ser sensible a estos cambios y estar abierto a ajustar la forma en que nos comunicamos con alguien demuestra respeto y cuidado. La flexibilidad en la comunicación ayuda a mantener relaciones sanas y dinámicas.

El respeto por los límites de las personas es una base esencial para construir relaciones sanas y respetuosas. Reconocer la individualidad de cada persona, comunicarse abiertamente y aceptar la diversidad de experiencias emocionales contribuyen a un ambiente donde todos se sientan valorados y comprendidos. Respetar los límites no solo promueve la aceptación de los sentimientos de los demás, sino que también fortalece los lazos emocionales y crea un espacio donde la confianza y la seguridad pueden prosperar.

Evitar la necesidad de validación externa

En muchos momentos de nuestras vidas, podemos encontrar la tendencia de buscar validación externa para nuestros sentimientos, opiniones y elecciones. Sin embargo, esta búsqueda constante de validación puede llevarnos a depender excesivamente de la aprobación de los demás para nuestra autoestima y autovaloración. Aprender a evitar esta necesidad de validación externa es un paso esencial para el crecimiento personal y para construir una autoconfianza saludable. Aquí hay algunas formas de abordar este aspecto:

Autoconocimiento y autenticidad: El primer paso para evitar la necesidad de validación es desarrollar un fuerte sentido de autoconocimiento. Esto implica explorar tus propios sentimientos, valores, deseos y opiniones. Cuanto más te entiendas a ti mismo, más fácil será confiar en tus propias emociones y decisiones, independientemente de lo que los demás puedan pensar.

Confianza en tus propias emociones: Reconoce que tus emociones son válidas por sí mismas. No es necesario que otras personas validen o estén de acuerdo con lo que sientes. La confianza en tus propias emociones es un signo de madurez emocional y autenticidad. Esto te da la capacidad de tomar decisiones alineadas con tus sentimientos y valores internos.

Desconstrucción de creencias limitantes: Muchas veces, la necesidad de validación externa está arraigada en creencias limitantes sobre nuestra propia autoestima. Puede ser útil explorar estas creencias y trabajar para desestructurarlas. Reconoce que no necesitas la aprobación constante de los demás para sentirte valioso y digno.

Cultivo de la autoestima: Invertir en el cultivo de una autoestima saludable es fundamental. Esto implica reconocer tus propias cualidades, logros y contribuciones. Cuanto más te valores a ti mismo, menos dependerás de la validación externa para sentirte bien contigo mismo.

Foco en la autenticidad e integridad: Cuando actúas de acuerdo con tus propios valores y autenticidad, la necesidad de validación externa tiende a disminuir. Al tomar decisiones que se alinean con quien eres verdaderamente, construyes una base sólida para la confianza en ti mismo.

Aceptación de la diversidad de opiniones: Recuerda que todos tienen opiniones diferentes y no siempre estarán de acuerdo contigo. Esto es natural y saludable. No dejes que la falta de acuerdo externo socave tu confianza interna.

Crecimiento personal y autonomía: A medida que evitas la necesidad de validación externa, ganas un sentido más profundo de autonomía y control sobre tu propia vida. Esto te permite tomar decisiones más auténticas y valientes, y crecer como individuo.

Aceptar que no podemos controlar los sentimientos de los demás es una parte vital del desarrollo emocional y de la construcción de relaciones saludables. Reconocer la individualidad, promover la comunicación abierta, respetar los límites personales y confiar en nuestras propias emociones son elementos clave de este proceso. Al practicar la aceptación, no solo fortalecemos nuestras relaciones, sino que también promovemos nuestro propio crecimiento personal y bienestar.

Aprender a salir de relaciones tóxicas

Salir de una relación tóxica es un paso valiente hacia tu propio bienestar emocional y mental. Identificar y aceptar que una relación no está contribuyendo positivamente a tu vida es un acto de amor propio y autocuidado. Aquí hay algunas estrategias para practicar el desapego de las relaciones que ya no sirven a tu bienestar:

Reconocimiento de los signos de toxicidad

Reconocer los signos de una relación tóxica es fundamental para tomar decisiones informadas sobre tu salud emocional y bienestar. Los siguientes son signos comunes de toxicidad en una relación:

Abuso verbal o emocional: El abuso verbal implica insultos, humillaciones y palabras dañinas destinadas a disminuir tu autoestima. El abuso emocional incluye manipulación, chantaje emocional, culpa excesiva y comportamientos que causan sufrimiento emocional.

Falta de respeto constante: Si te sientes constantemente despreciado, ignorado o devaluado en la relación, esto puede ser un signo de toxicidad. El respeto mutuo es la base de una relación saludable.

Manipulación y control: Si tu pareja intenta controlar tus acciones, decisiones o incluso tus interacciones con otras personas, esto puede indicar una dinámica tóxica. Las relaciones saludables se construyen sobre la confianza y la libertad individual.

Falta de apoyo emocional: Una relación saludable implica apoyo mutuo. Si te sientes incapaz de compartir tus sentimientos o si tu pareja no está ahí para apoyarte en momentos difíciles, esto puede ser perjudicial para tu salud emocional.

Desequilibrio de poder: Si un compañero ejerce un control excesivo sobre las decisiones y el poder en la relación es desigual, esto puede crear una dinámica de toxicidad. Las relaciones saludables se basan en la igualdad y el reparto de responsabilidades.

Falta de comunicación: La comunicación abierta es crucial en cualquier relación. Si tienen dificultades para hablar sobre problemas, sentimientos o preocupaciones, la dinámica de la relación puede estar dañada.

Falta de crecimiento personal: Las relaciones saludables promueven el crecimiento personal y mutuo. Si te sientes estancado, no estás creciendo o no estás apoyando los objetivos del otro, esto puede ser un signo de una relación no saludable.

Drenaje emocional constante: Si la relación te deja emocionalmente agotado y sientes que siempre estás cediendo para mantener la paz, esto puede ser perjudicial para tu salud mental.

Aislamiento social: Si tu pareja intenta aislarte de amigos y familiares, esto puede ser un signo de control y manipulación, lo que es perjudicial para tu red de apoyo.

Reconocer estos signos te permite evaluar la dinámica de la relación de manera realista y tomar decisiones informadas sobre tu salud emocional. Si identificas estos signos, considera buscar apoyo de amigos, familiares o profesionales de la salud mental para ayudarte a tomar las mejores decisiones para tu bienestar.

Autoevaluación profunda

La autoevaluación profunda es una herramienta poderosa para entender cómo una relación está impactando tu salud emocional y mental. Al mirarte internamente y evaluar tus emociones y sentimientos en relación a la relación, puedes ganar claridad sobre lo que es mejor para ti. Pasos para realizar una autoevaluación profunda:

Reflexión honesta: Tómate un tiempo para conocerte a ti mismo y reflexionar sobre cómo te sientes en la relación. Pregúntate a ti mismo si te sientes valorado, respetado y apoyado por tu pareja. Examina también cómo la relación afecta tu autoestima y bienestar emocional.

Identificación de sentimientos: Reconoce y nombra tus sentimientos en relación a la relación. ¿Te sientes feliz, seguro y amado la mayor parte del tiempo? ¿O existe una sensación constante de incomodidad, ansiedad o infelicidad?

Evaluación de la dinámica: Analiza cómo tú y tu pareja interactúan. ¿La dinámica es equilibrada? ¿Existe respeto mutuo y apoyo? ¿O hay señales de manipulación, control o falta de comunicación?

Comparación con tus valores: Evalúa si la relación está alineada con tus valores y objetivos de vida. Pregúntate a ti mismo si la relación contribuye a tu crecimiento personal y felicidad a largo plazo.

Reconocimiento de patrones: Observa patrones de comportamiento que ocurren repetidamente en la relación. ¿Estos patrones son saludables y constructivos o tóxicos y perjudiciales?

Impacto en tu salud mental: Considera cómo la relación está afectando tu salud mental y emocional. ¿Te sientes constantemente ansioso, estresado o deprimido por causa de la relación? ¿O te sientes apoyado y fortalecido emocionalmente?

Evaluación de cambios: Pregúntate a ti mismo si ha habido cambios positivos o negativos en tu vida desde el inicio de la relación. ¿La relación está contribuyendo a tu felicidad y crecimiento o está causando dolor y limitación?

La autoevaluación profunda requiere honestidad contigo mismo y un compromiso de enfrentar la verdad sobre tu situación. Al reflexionar sobre estos aspectos, estarás mejor equipado para tomar decisiones informadas sobre el futuro de la relación y tu propio bienestar. Entiende que la prioridad debe ser tu salud emocional y mental.

Establecimiento de límites

Cuando reconoces que una relación no es saludable y decides alejarte, establecer límites es un paso fundamental para proteger tu salud emocional y mental. Aquí hay algunas estrategias para establecer límites de manera efectiva:

Evaluación de límites personales: Antes que nada, determina cuáles son tus propios límites y necesidades. Sabe qué estás dispuesto a tolerar y qué es inaceptable en una relación.

Comunicación clara: Si decides continuar la relación en algún nivel, comunica tus límites de manera clara y directa. Explica qué comportamientos o acciones son perjudiciales para ti y lo que esperas.

Reducción gradual del compromiso: Si estás considerando el distanciamiento gradual, comienza a reducir gradualmente el tiempo y la energía que inviertes en la relación. Esto puede permitir que te alejes de forma más suave y menos traumática.

Establecimiento de reglas de interacción: Si decides seguir interactuando con la persona, establece reglas claras de interacción para crear un ambiente respetuoso. Esto puede implicar evitar ciertos temas de conversación, definir límites de comunicación o evitar interacciones en determinadas situaciones.

Foco en ti mismo: Concéntrate en cuidar de ti mismo y en tu propio bienestar. Sabe que es importante poner tus necesidades en primer lugar y no sentirte culpable por establecer límites saludables.

Autoafirmación: Recuerda que tienes derecho a establecer límites y priorizar tu propia salud y felicidad. Practica la autoafirmación y no te sientas presionado a ceder a comportamientos perjudiciales.

Mantenimiento de los límites: Una vez establecidos los límites, es importante mantenerlos de manera consistente. No permitas que las presiones externas o las manipulaciones te hagan desistir de los límites que definiste.

Ten en cuenta que establecer límites no es egoísta, sino un acto de amor propio y autocuidado. Al establecer límites claros, estás protegiendo tu salud emocional y creando un espacio para relaciones más saludables y respetuosas en tu vida.

Buscar apoyo de personas de confianza

Cuando estás lidiando con el desapego de relaciones insalubres, buscar apoyo de personas de confianza es una estrategia crucial para navegar por este proceso desafiante. Aquí hay algunas razones por las que buscar apoyo es importante y cómo puedes aprovechar al máximo este recurso:

Perspectiva objetiva: Amigos, familiares y profesionales de salud mental pueden ofrecer una perspectiva objetiva sobre la situación. Ellos pueden ver la relación desde afuera y proporcionarte información que quizás no hayas considerado.

Validación: Al compartir tus sentimientos y experiencias con personas de confianza, puedes recibir validación y comprensión. Esto ayuda a confirmar que tus preocupaciones son legítimas y que no estás solo en este proceso.

Recordatorio de tus valores: Las personas de confianza pueden ayudarte a recordar tus propios valores y objetivos de vida. Esto puede ser especialmente útil cuando estás tratando de tomar decisiones alineadas con lo que es importante para ti.

Apoyo emocional: El proceso de desapego de una relación insalubre puede ser emocionalmente desafiante. Tener a alguien que pueda proporcionarte apoyo emocional, escuchar tus preocupaciones y ofrecerte un hombro amigo puede ser muy reconfortante.

Espacio para expresión: Conversar sobre tus sentimientos y experiencias con personas de confianza te permite expresar lo que estás pasando. Esto puede ayudar a aliviar el peso emocional que estás cargando.

Estrategias y orientación: Los profesionales de salud mental tienen conocimiento y experiencia en lidiar con situaciones complejas como esta. Ellos pueden proporcionarte estrategias prácticas, herramientas y orientación para ayudarte a enfrentar los desafíos del desapego de relaciones insalubres.

Evitar el aislamiento: El aislamiento es común cuando estamos enfrentando dificultades emocionales. Buscar apoyo de personas de confianza ayuda a evitar el aislamiento y te mantiene conectado a una red de apoyo.

Toma de decisiones informadas: Al discutir tus preocupaciones con personas de confianza, puedes tomar decisiones más informadas y consideradas. Ellos pueden ayudarte a evaluar los pros y los contras de diferentes opciones.

Ten en cuenta que buscar apoyo no es un signo de debilidad, sino una demostración de autoconocimiento y autocuidado. Al compartir tu historia con personas de confianza, estás construyendo un sistema de apoyo que te ayudará a enfrentar los desafíos y a navegar por el proceso de desapego de relaciones insalubres de manera más saludable y bien informada.

Aceptar el proceso de desapego

Aceptar el proceso de desapego de una relación, incluso si es insalubre, es un paso fundamental para la curación y el crecimiento personal. Al enfrentar el final de una relación, es natural experimentar una variedad de emociones. Consideraciones importantes para ayudarte a aceptar y navegar por este proceso:

Reconociendo las emociones: Es normal sentir una mezcla de emociones durante el proceso de desapego. Puedes pasar por momentos de tristeza, ira, confusión, alivio e incluso soledad. Reconocer estas emociones y permitirte sentirlas es un paso importante para el proceso de curación.

Dándote permiso para sentir: No hay un camino correcto o incorrecto para sentirte durante el proceso de desapego. Date permiso para sentir lo que estás sintiendo, sin juicios. Tus emociones son válidas y parte natural de tu historia.

Tiempo de cicatrización: La cicatrización no sucede de la noche a la mañana. Acepta que el proceso de desapego es gradual y que llevará tiempo ajustarte a la nueva realidad. Ten paciencia contigo mismo mientras avanzas.

Aceptación de la incertidumbre: El proceso de desapego puede ir acompañado de incertidumbre sobre el futuro. Aceptar que no todo necesita resolverse de inmediato y que está bien no tener todas las respuestas es una parte importante del viaje.

Celebración de las pequeñas victorias: A medida que avanzas en el proceso de desapego, celebra las pequeñas victorias y progresos que hagas. Esto puede incluir momentos de autodescubrimiento, momentos de paz interior o momentos en los que te has sentido más fuerte.

Aprendizaje y crecimiento: Ten en cuenta que el proceso de desapego es una oportunidad para aprender más sobre ti mismo y crecer como individuo. Reflexiona sobre las perspectivas que has ganado con esta experiencia y cómo puede moldear tu futuro.

Aceptar el proceso de desapego no significa evitar las emociones difíciles, sino abrazarlas como parte integral de la experiencia de sanación. A través de la aceptación y el cuidado de uno mismo, se estará allanando el camino hacia un futuro más saludable y alineado con sus valores y bienestar emocional.

Enfocarse en el autocuidado

Después de la ruptura de una relación insalubre, enfocarse en el autocuidado es una forma esencial de promover la curación emocional y reconstruir la vida de manera saludable. Aquí hay algunas maneras de priorizar el autocuidado durante este período desafiante:

Atención a la salud física: Mantenga un estilo de vida saludable, que incluya una dieta equilibrada, ejercicio regular y sueño adecuado. Cuidar del cuerpo es fundamental para mantener el bienestar emocional.

Participación en actividades significativas: Invertir tiempo en actividades que le traigan alegría y realización personal es esencial. Explore pasatiempos, intereses y pasiones que puedan haber sido descuidados durante la relación.

Consideración de la terapia: La terapia individual puede ser una herramienta valiosa para ayudarlo a procesar sus emociones, lidiar con la ruptura y desarrollar estrategias para seguir adelante. Un profesional de la salud mental puede proporcionar apoyo neutral y orientación.

Tiempo para la reflexión: Reserve tiempo para reflexionar sobre sus necesidades, valores y metas personales. La ruptura de una relación es una oportunidad para redescubrir quién es usted y lo que quiere de la vida.

Establecimiento de límites personales: Defina límites claros para usted mismo y para los demás. Esto puede implicar definir límites en relación con la interacción con su ex pareja o establecer límites de tiempo para pensar en la relación.

Exploración de nuevas experiencias: Ábrase a nuevas experiencias y oportunidades. Experimentar cosas nuevas puede ayudar a ampliar su perspectiva y traer un sentido renovado de empoderamiento.

Perdón a sí mismo y al otro: Parte del autocuidado es el perdón: perdonarse a sí mismo por cualquier error o elección que haya contribuido a la situación, y perdonar al otro por lo que sucedió. El perdón lo libera del peso emocional.

Entiende que el autocuidado no es egoísmo, sino una demostración de amor propio y respeto por tus propias necesidades. Al practicar el autocuidado, estarás construyendo una base sólida para tu curación emocional y para la creación de una vida que esté más alineada con tus valores y bienestar.

Recordar tu valor

Durante el proceso de desapego de una relación insalubre, es fundamental recordar tu propio valor y dignidad. Aquí hay algunas maneras de mantener una perspectiva positiva y reforzar tu autoestima:

Practicar la autoaceptación: Reconoce que eres una persona valiosa y mereces respeto y amor genuinos. Acepta tus imperfecciones y celebra tus cualidades únicas.

Reflexionar sobre tus logros: Recuerda tus realizaciones personales y profesionales. Reconoce tu fuerza interior y capacidad de superar desafíos.

Rodearte de positividad: Rodéate de personas que te apoyen e incentiven a crecer. Mantente rodeado de influencias positivas que te recuerden tu valor.

Practicar la autocompasión: Sé amable contigo mismo, así como lo serías con un amigo querido. Trátate con compasión y cariño, especialmente durante momentos difíciles.

Enfocarse en las lecciones aprendidas: En lugar de concentrarte solo en las dificultades de la relación, reflexiona sobre las lecciones que aprendiste. Cada experiencia, incluso desafiante, contribuye a tu crecimiento personal.

Definir nuevos objetivos: Establece nuevos objetivos y metas para ti mismo. Concéntrate en lo que deseas alcanzar y trabaja hacia ellos, recordándote que eres capaz de lograr mucho.

Practicar afirmaciones positivas: Usa afirmaciones positivas para reforzar tu confianza en ti mismo y autoestima. Decir cosas positivas a ti mismo puede impactar positivamente tu mentalidad.

Rodearte de inspiración: Lee libros, escucha conferencias o mira videos que promuevan el crecimiento personal y el empoderamiento. La inspiración externa puede ayudar a reforzar tu autoimagen.

Celebrar tus logros: Reconoce y celebra cada paso que das hacia una vida más saludable y significativa. Cada progreso merece ser celebrado.

Aprender del pasado: En lugar de culparte, usa la experiencia para aprender y crecer. Evalúa lo que te gustaría hacer diferente en el futuro y cómo puedes aplicar esas lecciones en nuevas relaciones.

Aprender a salir de relaciones no saludables es un acto de coraje y amor propio. Reconocer las señales de toxicidad, autoevaluarse, establecer límites, buscar apoyo y cuidar de sí mismo son pasos esenciales para desvincularse de relaciones que no contribuyen a su bienestar. Tenga en cuenta que usted merece estar en relaciones que promuevan el crecimiento, el respeto y la felicidad mutua.

Cultivando la paciencia y la serenidad ante la incertidumbre

La incertidumbre es una realidad inevitable de la vida, y desarrollar la paciencia y la serenidad es esencial para navegar por ella de manera saludable. Aquí hay algunos modos de practicar la aceptación ante la incertidumbre:

Práctica del mindfulness

La práctica de la atención plena, también conocida como mindfulness, es una aproximación poderosa para cultivar la paciencia y la serenidad ante la incertidumbre. Implica la conciencia y la aceptación del momento presente, sin juicio. Cómo la práctica de mindfulness puede ser incorporada en su vida:

Conexión con el momento presente: La vida a menudo nos arrastra al pasado o nos proyecta al futuro, resultando en ansiedad, estrés y preocupaciones. La práctica de mindfulness ayuda a traerlo de vuelta al momento presente, permitiéndole experimentar la realidad del ahora sin ser dominado por pensamientos sobre lo que podría suceder.

Observación de los pensamientos y emociones: Durante la meditación mindfulness, usted es invitado a observar sus pensamientos y emociones a medida que surgen, sin juicio. Esto le permite desarrollar una relación más saludable con sus pensamientos, reconociendo que ellos no definen quién es usted. La práctica enseña a no dejarse llevar por pensamientos ansiosos sobre el futuro, sino a simplemente observarlos y dejarlos pasar.

Aceptación de las sensaciones: La práctica de mindfulness implica aceptar todas las sensaciones que surgen, sean ellas físicas, emocionales o mentales. En lugar de resistir a las sensaciones incómodas, usted las observa sin intentar cambiarlas. Esto ayuda a desarrollar la tolerancia al malestar y a evitar que el miedo a lo desconocido lo controle.

Reducción de la ansiedad: La ansiedad a menudo surge de la preocupación por el futuro y del deseo de controlar lo que aún no ha sucedido. A través de la meditación mindfulness, usted aprende a enfocarse en el presente y a liberar la necesidad de predecir el futuro. Esto contribuye a la reducción de la ansiedad y a la construcción de la paciencia ante la incertidumbre.

Cultivo de la serenidad: A medida que usted practica la observación de los pensamientos y las emociones sin reaccionar a ellos, usted desarrolla una sensación de calma interior. La serenidad surge de la capacidad de permanecer equilibrado, independientemente de las circunstancias externas. Esto es particularmente valioso cuando se enfrenta a situaciones inciertas.

Integración en la vida diaria: La práctica de mindfulness no está limitada a la meditación formal. Usted puede aplicarla en su vida diaria, prestando atención a lo que está haciendo mientras lo hace. Comer, caminar, interactuar con los demás y realizar tareas cotidianas se convierten en oportunidades para estar totalmente presente y consciente.

Beneficios duraderos: A medida que profundiza su práctica de la atención plena, los beneficios se extienden más allá de los momentos de meditación. Desarrolla una mentalidad más resiliente y una mayor capacidad de enfrentar las incertidumbres de la vida con compasión y aceptación.

La práctica de mindfulness es una jornada continua que requiere dedicación y paciencia. Al incorporar esta aproximación en su vida, usted se fortalece para enfrentar la incertidumbre con un corazón sereno y una mente equilibrada.

Aceptación del flujo de la vida

Aceptar el flujo natural de la vida es un aspecto crucial para cultivar la paciencia y la serenidad ante la incertidumbre. La vida es un camino lleno de altibajos, momentos de alegría y adversidad, cambios e imprevistos. Cómo practicar la aceptación del flujo de la vida:

Reconocimiento de la impermanencia: Todo en la vida es transitorio, incluidas situaciones, emociones y relaciones. Aceptar la impermanencia te permite entender que los momentos difíciles son temporales y que las cosas siempre están cambiando. Esto ayuda a evitar la fijación en los momentos malos y a cultivar una perspectiva más amplia.

Respeto por los ciclos de la naturaleza: La naturaleza en sí es un ejemplo poderoso del flujo constante y de los ciclos de crecimiento, declive y renovación. Observar cómo se suceden las estaciones del año puede recordarte que la vida también pasa por fases diferentes, cada una con sus propios desafíos y belleza única.

Desapego de las expectativas rígidas: A menudo, la resistencia a la incertidumbre surge de expectativas rígidas e inflexibles sobre cómo las cosas "deberían" ser. La aceptación del flujo de la vida implica soltar la necesidad de controlar cada detalle y estar abierto a la jornada desconocida que se desarrolla.

Enfrentar la adversidad con resiliencia: Aceptar que los desafíos y las adversidades son parte de la vida te permite desarrollar resiliencia. En lugar de luchar contra las dificultades, aprendes a enfrentarlas con una mente abierta y un corazón valiente, sabiendo que esos momentos también pasarán.

Valorar los momentos presentes: La aceptación del flujo de la vida ayuda a valorar los momentos presentes. Cuando estás consciente de que todo cambia, tiendes a apreciar más las experiencias, las conexiones y las alegrías que la vida ofrece.

Liberación del control excesivo: Intentar controlar cada aspecto de la vida puede llevar a un gran estrés y frustración. Aceptar el flujo de la vida implica liberar la necesidad de controlar y confiar en que, incluso en las situaciones insertas, tienes la capacidad de lidiar con lo que venga.

Práctica continua: La aceptación del flujo de la vida no es un cambio instantáneo, sino una práctica continua. Como cualquier habilidad, requiere tiempo y esfuerzo para desarrollar. Con el tiempo, te volverás más hábil para navegar por los cambios con una actitud de aceptación y ecuanimidad.

Valorización de la jornada: Al aceptar el flujo de la vida, empiezas a valorar la jornada tanto como el destino. Cada experiencia, incluso las desafiantes, forma parte del tejido que compone tu historia. Esto hace que la vida sea más rica y significativa, independientemente de cómo se desarrollen las cosas.

Al cultivar la aceptación del flujo de la vida, desarrollas una mayor capacidad para enfrentar la incertidumbre con calma y confianza. Esa perspectiva ayuda a construir una base sólida para enfrentar los cambios y desafíos que surgen, sabiendo que tienes la resiliencia necesaria para lidiar con ellos.

Enfoque en lo que puedes controlar

Concentrarse en lo que puedes controlar es una estrategia efectiva para cultivar la paciencia y la serenidad ante la incertidumbre. Aunque no siempre es posible controlar las circunstancias externas, tienes la capacidad de controlar tus propias reacciones, actitudes y acciones. Aquí hay algunas maneras de practicar este enfoque:

Identificación del círculo de influencia: El psicólogo Stephen Covey introdujo el concepto de "Círculo de Influencia", que se refiere a las cosas sobre las que tienes control directo. Identifica las áreas en las que puedes tomar decisiones y acciones concretas, y concentra tu energía en ellas.

Evitar preocupaciones excesivas: Preocuparse por lo que está fuera de tu control puede conducir a sentimientos de impotencia y ansiedad. En cambio, concéntrate en cuestiones que están dentro de tu alcance y que pueden tener un impacto positivo en tu vida.

Desarrollo de la resiliencia emocional: En lugar de reaccionar automáticamente a eventos externos, trabaja en la construcción de resiliencia emocional. Esto implica reconocer tus emociones, permitirte sentirlas y, luego, elegir cómo responder de manera constructiva.

Práctica de la aceptación: Aceptar que hay cosas que están fuera de tu control es una parte fundamental de enfocarse en lo que puedes controlar. En lugar de luchar contra la realidad, reconoces que la aceptación es el primer paso para lidiar eficazmente con las situaciones.

Definición de metas y prioridades: Definir metas claras y prioridades ayuda a dirigir tu energía hacia actividades y decisiones que pueden tener un impacto positivo en tu vida. Esto evita la dispersión de energía en áreas que no están alineadas con tus objetivos.

Cultivo de la autodisciplina: La autodisciplina implica la habilidad de tomar decisiones conscientes que estén alineadas con tus valores y metas, incluso cuando esas decisiones sean difíciles. Al cultivar la autodisciplina, tomas acciones que contribuyen a tu sensación de control.

Enfoque proactivo: En lugar de sentirte impotente ante la incertidumbre, adopta un enfoque proactivo. Incluso cuando no puedes controlar completamente una situación, puedes tomar medidas para influirla positivamente.

Aprendizaje y crecimiento: La incertidumbre puede ser una oportunidad para aprender, crecer y desarrollar nuevas habilidades. En lugar de sentirte intimidado, ve cada desafío como una oportunidad de desarrollo personal.

Al enfocarte en lo que puedes controlar, estás dirigiendo tu energía hacia áreas donde puedes hacer una diferencia real. Esto no solo ayuda a reducir la ansiedad en relación con la incertidumbre, sino que también te permite sentirte más capacitado para enfrentar los desafíos que surgen a lo largo de la vida.

Cultivo de la resiliencia

La resiliencia es la capacidad de adaptarse, superar desafíos y recuperarse después de situaciones difíciles. Cultivar la resiliencia es esencial para enfrentar la incertidumbre con coraje, equilibrio emocional y determinación. Aquí hay algunas prácticas y enfoques que pueden ayudar a fortalecer su resiliencia emocional:

Práctica regular de ejercicio físico: El ejercicio físico regular tiene beneficios significativos para la salud mental. Ayuda a liberar endorfinas, que son neurotransmisores relacionados con el bienestar. Además, el ejercicio puede mejorar su capacidad de manejar el estrés y mejorar la calidad del sueño.

Desarrollo de habilidades de resolución de problemas: La resiliencia implica la capacidad de enfrentar y resolver problemas de manera efectiva. Desarrollar habilidades de resolución de problemas ayuda a abordar los desafíos de manera más objetiva y a encontrar soluciones prácticas.

Fortalecimiento de las redes de apoyo: Tener una red de apoyo sólida, que incluye amigos, familiares y profesionales de salud mental, puede ser extremadamente beneficioso. Estas personas pueden proporcionar apoyo emocional, consejos prácticos y perspectivas diferentes sobre los desafíos que enfrenta.

Práctica de técnicas de relajación: Las técnicas de relajación, como la meditación y la respiración profunda, pueden ayudar a calmar la mente y reducir la ansiedad. Estas prácticas promueven un estado de relajación que contribuye a la resiliencia emocional.

Cultivo de la autoconciencia: Conocer sus propias emociones, pensamientos y reacciones es fundamental para la resiliencia. La autoconciencia le permite identificar los patrones de comportamiento y tomar medidas para cambiar las respuestas que no son constructivas.

Adopción de una mentalidad positiva: Una mentalidad positiva no niega los desafíos, sino que se centra en las oportunidades de crecimiento y aprendizaje que pueden surgir de las situaciones difíciles. Al adoptar una perspectiva optimista, desarrolla una actitud más resiliente ante las adversidades.

Búsqueda de ayuda profesional: En algunos casos, puede ser beneficioso buscar la ayuda de un profesional de salud mental, como un psicólogo o terapeuta. Ellos pueden proporcionar orientación personalizada y estrategias específicas para desarrollar resiliencia emocional.

Práctica de la autocompasión: Ser amable con uno mismo y practicar la autocompasión es crucial para la resiliencia. Esto implica tratarse con la misma comprensión y compasión con la que trataría a un amigo que está pasando por un momento difícil.

Definición de metas realistas: Definir metas realistas ayuda a crear un sentido de logro y progreso. Las metas alcanzables permiten experimentar el éxito, lo que contribuye a la sensación de resiliencia y capacidad.

Cultivar la resiliencia no significa que nunca enfrentarás dificultades, sino que tendrás las herramientas y la mentalidad para enfrentarlas de manera constructiva. La resiliencia no solo te ayuda a superar los desafíos actuales, sino que también construye una base sólida para enfrentar futuras incertidumbres con más confianza y serenidad.

Aceptación de lo desconocido

La incertidumbre es una constante en la vida, y aceptar lo desconocido es una habilidad valiosa para lidiar con las diversas situaciones que surgen. En lugar de resistirse a la incertidumbre, puedes practicar la aceptación de lo desconocido como parte integral de la jornada de la vida. Aquí hay algunas maneras de cultivar esta habilidad:

Práctica de la atención plena: La práctica de la atención plena implica estar plenamente presente en el momento actual, observando tus pensamientos y emociones sin juicio. Esto te permite estar más consciente del presente y reducir la preocupación excesiva por el futuro desconocido.

Flexibilidad mental: Desarrolla la capacidad de adaptarte y ajustarte a los cambios. La rigidez mental puede aumentar la incomodidad ante la incertidumbre, mientras que la flexibilidad mental te permite moverte con más facilidad a través de las situaciones imprevisibles.

Encontrar la belleza en la sorpresa: La incertidumbre también puede traer sorpresas positivas y oportunidades inesperadas. Al adoptar una mentalidad abierta, puedes sorprenderte con los momentos positivos que lo desconocido trae consigo.

Foco en el presente: Concéntrate en las actividades del presente en lugar de preocuparte excesivamente por el futuro. Al dirigir tu atención a lo que está sucediendo ahora, puedes reducir la ansiedad en relación con lo que aún no ha sucedido.

Transformar la incertidumbre en curiosidad: En lugar de ver la incertidumbre como algo aterrador, intenta encararla con curiosidad. La incertidumbre puede verse como una oportunidad para explorar nuevas direcciones, aprender cosas nuevas y crecer personalmente.

Aceptación del flujo de la vida: La vida es un flujo constante de cambios e imprevisibilidad. Aceptar que lo desconocido es parte del ciclo natural de la vida ayuda a reducir la resistencia interna a la incertidumbre.

Desarrollo de la tolerancia a la ambigüedad: La ambigüedad es la coexistencia de múltiples posibilidades, y no siempre tenemos respuestas claras. Desarrollar la tolerancia a la ambigüedad significa aprender a convivir con la falta de respuestas definitivas y encontrar consuelo en ese espacio.

Aprender de experiencias pasadas: Mira a situaciones en las que enfrentaste lo desconocido en el pasado. Reflexiona sobre cómo lidiaste con esas situaciones y qué lecciones puedes aplicar a las incertidumbres actuales.

Practicar el desapego: Desapegarse del deseo de control absoluto y de la necesidad de saber exactamente lo que va a pasar puede liberar una gran cantidad de estrés. Aceptar que no todo puede ser previsto permite que te liberes de la preocupación constante.

Al aceptar lo desconocido, te estás equipando con la mentalidad y las habilidades necesarias para enfrentar los desafíos imprevisibles de la vida. La práctica continua de la aceptación de lo desconocido no solo reduce el estrés, sino que también te ayuda a aprovechar más plenamente las oportunidades que cada momento presente ofrece.

Vivir un día a la vez

La práctica de vivir un día a la vez es un enfoque valioso para lidiar con la incertidumbre y lo desconocido. Implica dirigir tu atención y energía al momento presente, en lugar de preocuparte excesivamente por el futuro. Aquí hay algunas formas de cultivar esta mentalidad:

Apreciación de las pequeñas cosas: Concéntrate en las pequeñas alegrías y logros que cada día trae. Desde un amanecer sereno hasta una conversación agradable con un amigo, aprender a apreciar las pequeñas cosas ayuda a crear un sentido de gratitud y presencia.

Práctica de la gratitud: Dedícale un tiempo diariamente a reflexionar sobre las cosas por las que estás agradecido. Esto ayuda a mantener el foco en las bendiciones presentes en tu vida y aleja la mente de las preocupaciones futuras.

Mindfulness en la rutina: Lleva atención plena a las tareas diarias. Ya sea cocinar una comida, tomar un baño o caminar hacia el trabajo, sé totalmente presente en el momento y consciente de las sensaciones, olores y sonidos a tu alrededor.

Definición de intenciones diarias: Al iniciar el día, define una intención o foco para las próximas horas. Esto ayuda a orientar tu atención a lo que es importante en el presente, en lugar de dejarte llevar por preocupaciones futuras.

Limitación de las preocupaciones futuras: Reserva un tiempo específico para reflexionar sobre el futuro, como una breve sesión de planificación. Esto ayuda a evitar que las preocupaciones sobre el futuro tomen el control de tu mente durante todo el día.

Práctica de la respiración consciente: La respiración consciente es una técnica de mindfulness que implica enfocarte en tu respiración. Esto ayuda a traer tu atención de vuelta al momento presente, reduciendo la rumia sobre el futuro.

Aceptación del presente: Aceptar el momento presente tal como es, con todas sus complejidades, ayuda a reducir la lucha interna contra la realidad. Esto te permite concentrarte en hacer lo mejor con lo que tienes ahora.

Valorización de las experiencias: Cada día trae oportunidades únicas de aprendizaje y crecimiento. Valoriza las experiencias, incluso las desafiantes, como oportunidades para desarrollar resiliencia y sabiduría.

Celebración de los logros diarios: Al final del día, reconoce y celebra tus logros, por pequeños que sean. Esto ayuda a crear un sentimiento de realización y satisfacción.

Practicar la aceptación y el desapego es un proceso continuo que implica autoconocimiento, coraje y autocompasión. Al aceptar que no podemos controlar los sentimientos de los demás, dejar ir relaciones insalubres y cultivar la paciencia ante la incertidumbre, abrimos espacio para una vida más serena y equilibrada. Estas prácticas no solo fortalecen nuestra conexión con nosotros mismos, sino que también nos permiten vivir con más autenticidad y bienestar.

10
FORTALECER LA AUTONOMÍA

La verdadera libertad está en ser auténticamente uno mismo.

La autonomía es uno de los pilares fundamentales para una vida saludable y exitosa. Se trata de la capacidad de tomar decisiones, actuar y mantenerse de manera independiente. Fortalecer la autonomía no solo promueve el crecimiento personal, sino que también contribuye a relaciones más equilibradas y una sensación general de realización. En este capítulo, exploraremos cómo tomar decisiones beneficiosas, desarrollar independencia emocional y financiera, y crear una identidad sólida fuera de las relaciones.

Cómo tomar decisiones que beneficien su vida

La habilidad de tomar decisiones es una herramienta esencial para fortalecer su autonomía. Decisiones conscientes e informadas moldean su camino y moldean el futuro. Estrategias para tomar decisiones que beneficien su vida:

Autoconocimiento

El autoconocimiento es el cimiento sobre el que se construye la capacidad de tomar decisiones que beneficien su vida. Es la práctica de mirar dentro de sí mismo, explorar sus motivaciones, deseos, creencias y valores fundamentales. Cuando usted entiende quién es y lo que es importante para usted, está en una posición más fuerte para tomar decisiones alineadas con su autenticidad y bienestar. Cómo desarrollar el autoconocimiento para tomar decisiones conscientes:

Reflexionando sobre sus valores: Comience identificando cuáles son sus valores fundamentales. Estos son principios que orientan su vida e influyen en sus elecciones. Pregúntese a sí mismo qué aspectos de la vida son esenciales para usted, como honestidad, libertad, familia, carrera, contribución social, entre otros. Cuando sus decisiones están alineadas con sus valores, usted se siente más auténtico y satisfecho con los resultados.

Definiendo sus metas: Tener metas claras es esencial para tomar decisiones significativas. Considere lo que usted desea alcanzar en diferentes áreas de su vida, como profesional, personal, financiera, emocional y social. Tener metas establecidas le permite evaluar si una decisión lo llevará más cerca o más lejos de sus objetivos.

Explorando sus deseos: Pregúntese a sí mismo qué es lo que realmente desea alcanzar con sus decisiones. Estos deseos pueden variar de sueños de carrera a aspiraciones personales. Conectarse con sus deseos más profundos ayuda a direccionar sus elecciones hacia un futuro que lo dejará satisfecho y realizado.

Practicando la autorreflexión: Tómese un tiempo regularmente para autoevaluarse. Esto puede hacerse a través de la meditación, escritura en el diario o simplemente reservando momentos de silencio para conectarse con sus pensamientos y sentimientos. La autorreflexión le permite comprender sus motivaciones, miedos y aspiraciones con más claridad.

Buscando feedback: A veces, otros pueden tener perspectivas valiosas sobre usted que pueden ayudar en su proceso de autoconocimiento. Pida feedback honesto de amigos cercanos, familiares o colegas de confianza. Ellos pueden ofrecer perspectivas que usted puede no haber considerado.

Desarrollar el autoconocimiento es un viaje continuo y gratificante. Cuanto más se conecte con sus propios matices, más puede tomar decisiones que no solo se alinean con sus valores y metas, sino que también promueven un sentido de propósito y significado en su vida.

Evaluación de opciones

Tomar decisiones que beneficien su vida requiere un análisis cuidadoso de las opciones disponibles. Al considerar diferentes caminos, puede evaluar cómo cada elección puede impactar su vida a corto y largo plazo. Pasos para realizar una evaluación completa de opciones:

Listar sus opciones: Comience enumerando todas las opciones que están disponibles para usted. Esto puede implicar opciones diferentes en términos de carrera, educación, relaciones, estilo de vida, entre otros. Cuantas más opciones considere, más información tendrá para tomar una decisión informada.

Explorar los posibles resultados: Para cada opción, analice los posibles resultados a corto y largo plazo. Considere cómo cada elección puede afectar su vida en términos de satisfacción personal, crecimiento, felicidad y realización. Pregúntese cómo cada opción se alinea con sus valores y metas.

Análisis de costos y beneficios: Evalúe los costos y beneficios asociados a cada opción. Esto puede incluir aspectos financieros, emocionales, de tiempo e incluso de impacto en las relaciones. Pregúntese cuáles son los pros y contras de cada elección y si los posibles beneficios superan los posibles desafíos.

Ponderar las prioridades: Considere qué factores son más importantes para usted. Algunas opciones pueden alinearse más estrechamente con sus valores, mientras que otras pueden ser más atractivas en términos de oportunidades de crecimiento o estabilidad. Pondere lo que es más relevante para usted en su fase actual de la vida.

Visualizar el futuro: Imagine vivir cada una de las opciones en cuestión. ¿Cómo se siente al visualizar su vida con cada elección? Esto puede ayudar a identificar qué opción resuena más con usted emocionalmente e intelectualmente.

Solicitar opiniones de confianza: Conversar con personas en las que confía puede aportar diferentes perspectivas a la evaluación de opciones. Pueden resaltar aspectos que puede que no haya considerado y ayudar a ampliar su visión sobre las consecuencias de cada elección.

Al realizar una evaluación completa de opciones, estará en una posición más sólida para tomar decisiones informadas y bien fundamentadas. Esto le permite tomar decisiones que estén alineadas con sus metas y valores, proporcionando un camino más claro para un futuro gratificante.

Análisis de riesgos y beneficios

Cuando se trata de tomar decisiones que beneficien su vida, es importante considerar los riesgos y beneficios asociados a cada elección. Cada decisión conlleva posibles resultados positivos y negativos, y el análisis de riesgos y beneficios ayuda a sopesar cuidadosamente estos aspectos. Abordajes para realizar un análisis eficaz:

Identificación de riesgos: Comience identificando los posibles riesgos asociados a cada opción. Esto puede implicar considerar qué desafíos u obstáculos pueden surgir como resultado de su decisión. Pregúntese cuáles son los posibles impactos negativos en diferentes áreas de su vida, como financiera, emocional, profesional y social.

Evaluación de beneficios: A continuación, analice los beneficios que cada opción puede aportar. Esto puede incluir la consecución de metas, el aumento de la satisfacción personal, el crecimiento personal y profesional, entre otros aspectos positivos. Considere cómo cada elección puede contribuir a su bienestar general.

Comparación de riesgos y beneficios: Compare los riesgos y beneficios de cada opción. Pregúntese si los posibles beneficios superan los riesgos asociados. Esto puede ayudarle a determinar qué opción ofrece el equilibrio más favorable entre riesgos y recompensas.

Alineación con metas y valores: Evalúe cómo cada decisión se alinea con sus metas de vida y valores personales. Pregúntese si la elección contribuirá a su crecimiento, felicidad y realización a largo plazo. Las decisiones que estén en consonancia con sus valores probablemente traerán un mayor sentido de satisfacción.

Consideración de diferentes escenarios: Visualice diferentes escenarios resultantes de cada decisión. Esto puede ayudarle a entender mejor cómo su vida podría desarrollarse en diferentes circunstancias. Pregúntese cómo se enfrentaría a los desafíos y recompensas que cada opción traería.

Tolerancia al riesgo: Evalúe su propia tolerancia al riesgo. Algunas personas son más reacias al riesgo, mientras que otras están más dispuestas a asumir riesgos calculados en busca de recompensas mayores. Conocer su propia tolerancia al riesgo le ayudará a tomar decisiones que estén alineadas con su personalidad y preferencias.

El análisis de riesgos y beneficios es una herramienta valiosa para tomar decisiones informadas y ponderadas. Al considerar cuidadosamente los posibles resultados positivos y negativos, estará mejor preparado para elegir un camino que promueva su crecimiento, felicidad y éxito.

Intuición y razón

Cuando se trata de tomar decisiones que beneficien su vida, la combinación de intuición y análisis racional puede ser extremadamente poderosa. Ambos aspectos tienen un papel importante que desempeñar en el proceso de toma de decisiones. Estas son formas de aprovechar tanto la intuición como la razón al tomar decisiones importantes:

Sintonizando con la intuición: La intuición es una sensación instintiva que a menudo no se puede explicar racionalmente. Es una voz interior que puede estar guiada por sus experiencias pasadas, conocimientos acumulados y emociones subyacentes. Practicar la escucha atenta de su intuición implica prestar atención a sus primeras impresiones y sentimientos sobre una decisión.

Reflexionando sobre experiencias pasadas: Su intuición a menudo se ve influenciada por las experiencias que ha tenido a lo largo de la vida. Reflexionar sobre situaciones similares que haya enfrentado anteriormente y cómo se desarrollaron puede proporcionarle información valiosa para sus decisiones actuales. Pregúntese si hay patrones que reconoce en sus experiencias pasadas.

Análisis racional de la información: El análisis racional implica la evaluación objetiva de la información disponible. Esto puede incluir datos tangibles, hechos concretos e información que puede ser investigada o cuantificada. Al analizar racionalmente la información relevante, puede evaluar las posibles implicaciones de cada elección.

Investigación y recopilación de información: Al tomar decisiones importantes, es esencial recopilar información relevante y confiable. Esto puede implicar investigar, hacer preguntas, consultar con expertos y obtener una comprensión integral del contexto. El análisis racional se basa en información sólida y bien fundamentada.

Equilibrio entre intuición y análisis: El equilibrio entre intuición y análisis racional es fundamental. En algunas situaciones, su intuición puede proporcionarle información valiosa que no se puede obtener mediante el análisis puramente racional. Por otro lado, el análisis racional puede ayudar a validar y fundamentar las impresiones intuitivas.

Tomando una decisión informada: Al tomar una decisión, intente integrar los conocimientos intuitivos con el análisis racional. Pregúntese cómo su intuición se alinea con los hechos e información disponibles. Esto le permitirá tomar una decisión más informada y equilibrada.

Al aprovechar tanto la intuición como la razón, crea un enfoque integral para tomar decisiones que se basan en sus experiencias personales e información objetiva. Esta combinación puede ayudarlo a tomar decisiones más alineadas con sus valores, metas y deseos.

Consulta a fuentes confiables

Tomar decisiones que beneficien su vida a menudo implica obtener perspectivas externas e información adicional. Consultar fuentes confiables puede ayudar a enriquecer su comprensión de una situación, proporcionarle información valiosa que puede no haber considerado y aumentar su confianza en la decisión que está a punto de tomar. Estas son formas de buscar orientación de fuentes confiables al tomar decisiones importantes:

Amigos y familiares: Las personas cercanas a usted, como amigos íntimos y familiares, a menudo tienen una visión objetiva de su vida y pueden ofrecer consejos sinceros. Pueden compartir sus propias experiencias, brindarle apoyo emocional y ayudarlo a considerar diferentes perspectivas.

Mentores y expertos: Los mentores son individuos experimentados en un campo específico que pueden ofrecer orientación basada en su experiencia. Si se enfrenta a una decisión relacionada con su carrera, educación o desarrollo personal, un mentor puede compartir sus conocimientos y proporcionarle información valiosa.

Profesionales de la salud mental: En algunas situaciones, puede ser beneficioso buscar asesoramiento de profesionales de la salud mental, como terapeutas o psicólogos. Pueden ayudarlo a explorar sus sentimientos, preocupaciones y pensamientos sobre la decisión, además de proporcionarle estrategias para lidiar con cualquier ansiedad o indecisión.

Especialistas en el campo: Si está tomando una decisión relacionada con un campo específico, buscar asesoramiento de expertos en ese campo puede ser invaluable. Pueden compartir información detallada, tendencias actuales y consideraciones importantes que afectan su decisión.

Redes profesionales y comunidades en línea: Participar en redes profesionales, foros en línea o comunidades relacionadas con su área de interés puede brindarle la oportunidad de intercambiar ideas y buscar consejos de personas que han enfrentado situaciones similares.

Considerando diferentes perspectivas: Recuerde que, aunque es importante buscar consejos, la decisión final aún debe estar alineada con sus propios valores, objetivos e intuición. Al consultar fuentes confiables, está expandiendo su base de conocimiento para tomar una decisión más informada y ponderada.

Aceptación de la incertidumbre

La vida está llena de incertidumbres, y la capacidad de aceptar y lidiar con esta realidad es fundamental para fortalecer tu autonomía. Al abrazar la incertidumbre como una parte intrínseca de la experiencia humana, desarrollas la resiliencia necesaria para enfrentar los desafíos y tomar decisiones con confianza, incluso cuando no hay garantías claras. Puntos a considerar al practicar la aceptación de la incertidumbre:

Naturaleza inherente de la incertidumbre: La incertidumbre es una constante en la vida. Muchos aspectos del futuro están fuera de nuestro control, independientemente de cuánto planeemos o nos preparemos. Reconocer que no podemos predecir o controlar todos los resultados es el primer paso para aceptar la incertidumbre.

Aprender a tolerar lo desconocido: Al aceptar la incertidumbre, estás aprendiendo a tolerar lo desconocido y a lidiar con la ambigüedad. Esto no significa que debas ignorar todas las preocupaciones o información relevantes al tomar decisiones, sino reconocer que algunas cosas simplemente no pueden ser conocidas con anticipación.

Desarrollo de flexibilidad mental: Aceptar la incertidumbre requiere una mentalidad flexible. En lugar de quedarte atrapado en un único resultado deseado, sé dispuesto a adaptarte y ajustar tu enfoque a medida que surjan nuevas informaciones o cambien las circunstancias.

Control sobre reacciones y actitudes: Mientras no podemos controlar todas las situaciones, podemos controlar nuestras reacciones y actitudes en relación a ellas. Cultivar una actitud de apertura y calma ante la incertidumbre puede ayudar a reducir la ansiedad y el estrés asociados a situaciones desconocidas.

Foco en el presente: Cuando nos preocupamos excesivamente por el futuro y la incertidumbre que trae, perdemos el presente. Enfocarse en el momento presente, en lo que está a tu alrededor ahora y en las acciones que puedes tomar inmediatamente, puede ayudar a reducir la sensación de sobrecarga por la incertidumbre.

Aprendizaje y crecimiento: La incertidumbre también trae oportunidades de aprendizaje y crecimiento. A menudo, es cuando enfrentamos situaciones desconocidas que descubrimos nuevas habilidades, perspectivas y recursos que no hubiéramos explorado de otra forma.

Practicando la aceptación: La aceptación de la incertidumbre no sucede de la noche a la mañana. Es una habilidad que puede desarrollarse a través de la práctica y el autocuidado. La práctica de la atención plena, la meditación y la terapia pueden ayudar a fortalecer tu capacidad de lidiar con la incertidumbre de manera saludable.

Confianza en el proceso: Recuerda que la incertidumbre no significa falta de control total; es una invitación a confiar en el proceso de la vida y en tus propias habilidades para lidiar con lo que venga. Al abrazar la incertidumbre, estás construyendo una base sólida para enfrentar lo desconocido con resiliencia y autoconfianza.

Al aplicar estas estrategias en tu vida, estarás fortaleciendo tu capacidad de tomar decisiones informadas y alineadas con tu visión de mundo y valores. Entiende que cada decisión es una oportunidad de crecer y aprender, incluso si los resultados no son exactamente como esperabas. Lo importante es seguir un camino auténtico y constructivo, guiado por tu propio entendimiento y deseo de crecimiento.

Desarrollo de la independencia emocional y financiera

La independencia emocional y financiera son componentes esenciales de la autonomía. Te capacitan para apoyarte a ti mismo y tomar decisiones basadas en tus propias necesidades y valores. Estos son los medios para cultivar estas formas de independencia:

Conoce tus emociones

El autoconocimiento emocional es un proceso fundamental para desarrollar la independencia emocional. Se basa en la capacidad de conectarte profundamente con tus propias emociones, entender sus orígenes y lidiar con ellas de manera saludable. Cómo profundizar en el conocimiento sobre tus emociones:

Autoconciencia emocional: Convertirse en consciente de las emociones que estás experimentando es el primer paso. Practicar la atención plena (mindfulness) puede ayudarte a sintonizarte con tus emociones en el momento presente. Pregúntate a ti mismo regularmente: "¿Cómo me siento ahora?" Esto te ayuda a identificar tus emociones básicas, como alegría, tristeza, ira, miedo y otros matices emocionales.

Reconocimiento sin juicio: Cuando percibas una emoción, intenta aceptarla sin juicio. En lugar de etiquetarla como "buena" o "mala", obsérvala como una experiencia válida. Esto evita que rechaces o reprimas emociones incómodas, permitiéndote explorarlas de manera saludable.

Comprensión de los orígenes: Intenta entender el origen de tus emociones. Esto implica reflexionar sobre las situaciones, pensamientos o desencadenantes que pueden estar causando tus emociones. A veces, las emociones pueden ser una reacción a eventos pasados o patrones recurrentes.

Aceptación y permiso: Acepta tus emociones como parte natural de la experiencia humana. No intentes suprimir emociones negativas; en su lugar, permítete sentirlas y explora lo que están tratando de comunicar. Esto puede ayudarte a lidiar con las emociones de manera constructiva.

Expresión adecuada: Encuentra formas saludables de expresar tus emociones. Esto puede implicar hablar con alguien de confianza, escribir en un diario, practicar arte o incluso practicar ejercicios físicos para liberar la energía emocional acumulada.

Auto gerenciamiento: Una vez que conoces tus emociones, trabaja en el auto gerenciamiento de ellas. Desarrolla estrategias saludables para lidiar con emociones intensas, como la práctica de la respiración profunda, la meditación, el ejercicio regular y técnicas de relajación.

Beneficios de la inteligencia emocional: Desarrollar la inteligencia emocional te permite tomar decisiones más informadas y auténticas en tu vida. Te vuelves menos susceptible a ser influenciado por las emociones de los demás y más capaz de comunicar tus necesidades emocionales de manera efectiva. La independencia emocional también promueve relaciones más saludables, ya que no sobrecargas a los demás con la responsabilidad de gestionar tus emociones.

La jornada del autoconocimiento emocional es continua y puede llevar tiempo. A medida que profundices en tu comprensión de las emociones, te capacitas para vivir una vida más auténtica, alineada con tus valores y objetivos.

Busca la autoestima

La autoestima es la opinión que tienes de ti mismo, tu imagen y valor personal. Cultivar una autoestima saludable es fundamental para desarrollar la independencia emocional. Cuando te valoras y confías en tus propias capacidades, estás mejor preparado para tomar decisiones basadas en tus propios valores y necesidades. Formas de buscar y fortalecer tu autoestima:

Autoaceptación: Aceptarte a ti mismo en su totalidad, incluyendo tus imperfecciones, es un paso importante para construir la autoestima. Reconoce que todos tienen defectos y que eso no disminuye tu valor como persona.

Reconocimiento de logros: Haz una lista de tus logros pasados, por pequeños que sean. Esto puede incluir logros académicos, profesionales, personales y cualquier cosa que hayas conseguido. Valorar tus logros ayuda a construir una visión positiva de ti mismo.

Afirmaciones positivas: Practica el uso de afirmaciones positivas. Identifica cualidades positivas sobre ti mismo y repítelas regularmente. Esto ayuda a contrarrestar los pensamientos negativos y a crear una mentalidad más positiva.

Definición de límites: Definir y mantener límites saludables es una forma de demostrar respeto propio. Cuando estableces límites claros para lo que es aceptable en tus relaciones y en las situaciones, estás reafirmando tu valor e importancia.

Autocompasión: Trátate con gentileza y compasión, así como tratarías a un amigo querido. Reconoce que es humano cometer errores y enfrentar desafíos. La autocompasión permite que lidies con las dificultades de manera más amorosa y constructiva.

Autenticidad: Vivir de acuerdo con tus propios valores y autenticidad fortalece tu autoestima. Al ser fiel a quien eres, construyes una base sólida para la confianza en ti mismo.

Evita la comparación social: Compararte constantemente con los demás puede socavar tu autoestima. Recuerda que cada persona tiene su propio camino y circunstancias únicas. En lugar de compararte, concéntrate en tu propia jornada.

Practica la autonomía: Tomar decisiones independientes y asumir la responsabilidad de ellas fortalece tu autoestima. A medida que ves el impacto positivo de tus elecciones en tu vida, tu confianza en ti mismo aumenta.

Busca experiencias positivas: Participa en actividades que te traigan alegría, realización y satisfacción. Cuando inviertes tiempo en cosas que amas y te sientes bien, esto contribuye a la construcción de una autoestima saludable.

Aprende de la adversidad: Ve los desafíos y fracasos como oportunidades de aprendizaje y crecimiento, en lugar de interpretaciones negativas sobre ti mismo. Al superar obstáculos, fortaleces tu resiliencia y confianza en ti mismo.

Beneficios de la autoestima saludable: Una autoestima saludable es un pilar fundamental para la independencia emocional. Cuando te valoras y confías en tus propias habilidades, es menos probable que busques validación externa. Esto te permite tomar decisiones alineadas con tus objetivos y valores, y también contribuye a relaciones más equilibradas y gratificantes. La búsqueda de la autoestima es un viaje continuo, pero los esfuerzos invertidos valdrán la pena cuando te sientas más seguro y confiado en ti mismo.

Definir y alcanzar metas financieras

Establecer metas financieras es un paso fundamental para alcanzar la independencia financiera. Cuando tienes objetivos claros y específicos en mente, es más fácil dirigir tus acciones y tomar decisiones financieras informadas. Pasos para definir y alcanzar tus metas financieras:

Identifica tus metas: Comienza identificando cuáles son tus metas financieras a corto, mediano y largo plazo. Esto puede incluir la compra de una casa, la creación de un fondo de emergencia, el pago de deudas, la jubilación cómoda, la realización de viajes o la búsqueda de educación adicional.

Define metas específicas y medibles: Asegúrate de que tus metas sean específicas y medibles. En lugar de decir "quiero ahorrar dinero", define algo más concreto, como "quiero ahorrar € 5.000 en un año".

Establece plazos realistas: Establece plazos realistas para alcanzar tus metas. Considera cuánto tiempo será necesario para ahorrar o invertir la cantidad necesaria para alcanzar tu meta.

Evalúa tu situación financiera actual: Antes de trazar un plan para alcanzar tus metas, evalúa tu situación financiera actual. Calcula tus ingresos, gastos, deudas y activos. Esto te ayudará a entender cuánto puedes ahorrar e invertir.

Crea un plan financiero: Desarrolla un plan detallado para alcanzar tus metas financieras. Esto puede implicar la creación de un presupuesto, la definición de cantidades específicas a ser ahorradas regularmente y la identificación de estrategias para reducir gastos innecesarios.

Haz un seguimiento de tu progreso: Mantente actualizado sobre el progreso hacia tus metas. Haz un seguimiento de tus ahorros e inversiones regularmente para garantizar que estás en el camino correcto.

Haz los ajustes necesarios: Si te das cuenta de que tus metas están fuera de alcance debido a cambios en tu situación financiera u otras circunstancias, sé flexible y haz ajustes. Lo importante es mantener tus metas realistas y alcanzables.

Busca educación financiera: Busca conocimiento sobre finanzas personales e inversiones. Cuanto más sepas sobre cómo administrar tu dinero, más eficazmente podrás trabajar en dirección a tus metas financieras.

Construye hábitos financieros saludables: Desarrolla hábitos financieros saludables, como ahorrar regularmente, evitar deudas innecesarias e invertir de manera inteligente. Estos hábitos te ayudarán a alcanzar tus metas y a mantener una base sólida para la independencia financiera.

Celebra tus logros: A medida que alcanzas cada meta financiera, celebra tus logros. Esto no solo reconoce tu progreso, sino que también te motiva a seguir trabajando en dirección a metas futuras.

Beneficios de alcanzar metas financieras: Definir y alcanzar metas financieras no solo contribuye a tu independencia financiera, sino que también trae una sensación de realización y seguridad. La conquista de metas financieras crea una base sólida para el futuro, permitiéndote tomar decisiones informadas y construir una vida financiera más estable y satisfactoria. Además, alcanzar metas financieras puede abrir oportunidades para invertir en experiencias y objetivos personales que son importantes para ti.

Aprende a administrar el dinero

Adquirir habilidades sólidas de gestión financiera es un paso crucial para alcanzar la independencia financiera. Al entender cómo controlar tus finanzas, te vuelves capaz de tomar decisiones informadas, ahorrar dinero y construir un futuro financieramente estable. Cómo administrar tu dinero de manera eficaz:

Crea un presupuesto: Un presupuesto es una herramienta esencial para entender dónde está yendo tu dinero y planificar gastos futuros. Lista todas tus ingresos y gastos, separando los gastos esenciales (como vivienda, alimentación y transporte) de los discrecionales (como entretenimiento y compras).

Monitoreo de gastos: Realiza un seguimiento de tus gastos regularmente para asegurarte de que estás adhiriéndote a tu presupuesto. Esto te permite identificar áreas donde puedes ahorrar y evita sorpresas desagradables al final del mes.

Ahorrar regularmente: Prioriza el ahorro en tu presupuesto. Reserva una porción de tus ingresos para ahorrar antes de gastar en otras categorías. Tener un fondo de emergencia es esencial para lidiar con gastos imprevistos.

Reduce deudas: Si tienes deudas, como préstamos estudiantiles o tarjetas de crédito, desarrolla un plan para pagarlas. Reducir deudas disminuye los gastos financieros y aumenta tu flexibilidad financiera.

Invierte en educación financiera: Busca recursos educativos sobre finanzas personales e inversiones. Existen cursos en línea, libros y talleres que pueden ayudarte a entender conceptos financieros complejos y tomar decisiones informadas.

Establece metas financieras: Define objetivos financieros claros y realistas, como ahorrar para un viaje, comprar una casa o jubilarte cómodamente. Tener metas ayuda a dirigir tus esfuerzos de ahorro e inversión.

Diversifica inversiones: Si estás listo para invertir, diversifica tus opciones. Esto significa distribuir tus inversiones en diferentes tipos de activos para reducir el riesgo.

Mantente actualizado: El panorama financiero y económico está siempre cambiando. Mantente informado sobre noticias financieras y tendencias del mercado que pueden afectar tus decisiones financieras.

Evita compras impulsivas: Antes de hacer una compra significativa, tómate tu tiempo para pensar. Evita compras impulsivas que puedan dañar tu presupuesto.

Pide ayuda profesional: Si te sientes inseguro sobre cuestiones financieras complejas, como invertir o planificación de jubilación, considera buscar un consultor financiero para orientación especializada.

Beneficios de aprender a administrar el dinero: Aprender a administrar el dinero no solo contribuye a la independencia financiera, sino que también aporta una sensación de control sobre tu vida financiera. Cuando entiendes cómo gestionar tus finanzas de manera eficaz, estás más preparado para lidiar con desafíos financieros y tomar decisiones informadas. Además, la gestión financiera adecuada puede ayudarte a reducir el estrés financiero y permitirte alcanzar tus objetivos financieros a largo plazo, como construir riqueza, alcanzar la jubilación cómoda y realizar sueños personales.

Construye una red de apoyo

Aunque la búsqueda de la independencia sea valiosa, es esencial reconocer que construir y mantener una red de apoyo saludable es fundamental para el bienestar emocional y el crecimiento personal. Tener amigos, familiares o mentores en quienes puedas confiar ofrece una red de seguridad emocional y práctica, permitiéndote sentirte apoyado y conectado mientras buscas tu autonomía. Cómo construir y nutrir una red de apoyo:

Reconoce la importancia de la conexión humana: A pesar de buscar independencia, los seres humanos son seres sociales por naturaleza. El apoyo emocional y las conexiones significativas son esenciales para el bienestar mental y emocional.

Identifica personas de confianza: Identifica personas en tu vida en quienes confías y que demuestran apoyo genuino. Esto puede incluir amigos cercanos, miembros de la familia, compañeros de trabajo o mentores.

Cultiva relaciones recíprocas: Una red de apoyo saludable se construye en relaciones recíprocas, donde el apoyo es dado y recibido de manera equilibrada. Sé dispuesto a ofrecer ayuda y apoyo cuando sea necesario.

Comunica tus necesidades: No dudes en comunicar tus necesidades emocionales y prácticas a personas en tu red de apoyo. Ellos no pueden adivinar lo que necesitas, por lo que la comunicación abierta es fundamental.

Ofrece apoyo cuando puedas: Así como tú necesitas apoyo, sé dispuesto a ofrecer apoyo a los demás cuando lo necesiten. Las relaciones de apoyo mutuo fortalecen los lazos y crean una sensación de comunidad.

Valora la diversidad de perspectivas: Una red de apoyo diversa incluye personas con diferentes experiencias y perspectivas. Esto puede enriquecer tu comprensión y proporcionar perspectivas importantes en momentos de desafío.

Mantén límites saludables: Mientras buscas apoyo de otras personas, es importante mantener límites saludables. Respeta el espacio personal y los límites emocionales de los demás, así como te gustaría que respetaran los tuyos.

Sé consciente de cuándo buscar ayuda profesional: En algunos casos, es posible que necesites apoyo más allá de tu red personal. No dudes en buscar ayuda profesional de terapeutas, consejeros u otros profesionales de la salud mental, si es necesario.

Comparte logros y desafíos: Comparte tus logros y desafíos con personas de tu red de apoyo. Celebrar logros juntos y obtener perspectivas en momentos difíciles puede crear un sentido de unión.

Nutrí las relaciones significativas: Dedica tiempo y esfuerzo para nutrir relaciones significativas. Esto implica mantener contacto regular, mostrar interés genuino en la vida de los demás y demostrar gratitud por el apoyo que reciben.

Beneficios de una red de apoyo: Una red de apoyo saludable ofrece innumerables beneficios. Proporciona un espacio seguro para compartir emociones, buscar consejos y orientaciones, y proporciona un sistema de soporte en tiempos de necesidad. Además, tener una red de apoyo fortalece el sentido de pertenencia y conexión social, reduciendo sentimientos de aislamiento y soledad. Mientras buscas independencia, recuerda que construir y mantener relaciones significativas puede enriquecer tu vida y contribuir a tu crecimiento personal.

Equilibrio entre autonomía y conexión

Mientras trabajas para fortalecer tu autonomía e independencia, es importante reconocer que la búsqueda de independencia no significa cortar todos los lazos y conexiones con los demás. En cambio, se trata de encontrar un equilibrio saludable entre tu capacidad de tomar decisiones y cuidar de ti mismo, al mismo tiempo que mantienes conexiones significativas y saludables con las personas que te rodean. Encontrar ese equilibrio entre autonomía y conexión es fundamental para una vida plena y gratificante. Cómo alcanzar ese equilibrio:

Reconoce la importancia de las relaciones: Las conexiones humanas desempeñan un papel vital en nuestra vida. Las relaciones saludables proporcionan apoyo emocional, enriquecen nuestras experiencias y nos permiten compartir la jornada de la vida con los demás.

Define límites claros: Al buscar autonomía, define límites claros en tus relaciones. Esto significa comunicar tus necesidades, expectativas y limitaciones de manera respetuosa. Los límites saludables garantizan que no sacrifiques tus propias necesidades en nombre de las relaciones.

Mantén la comunicación abierta: Mantener una comunicación abierta y honesta es esencial. Comunica tus intenciones y decisiones a tus seres queridos, para que comprendan tu búsqueda de independencia y sepan que tus acciones no son un reflejo de distanciamiento.

Comparte tus logros: A medida que tomas decisiones independientes y alcanzas metas, comparte esas conquistas con las personas en tu vida. Esto les permite participar de tu jornada y celebrar tus éxitos.

Cultiva relaciones de apoyo: Prioriza relaciones que apoyan e incentivan tu crecimiento personal. Amigos y familiares que comprenden tus aspiraciones y metas son valiosos para mantener el equilibrio entre autonomía y conexión.

Aprende a pedir ayuda cuando sea necesario: Parte del equilibrio es saber cuándo pedir ayuda. Independientemente de cuán independiente te vuelvas, hay momentos en que todos necesitan apoyo, orientación o asistencia. Aprende cuándo es apropiado buscar ayuda.

Valoriza las experiencias compartidas: Mantener conexiones significa compartir experiencias, momentos alegres y desafíos con los demás. Valoriza la capacidad de aprender de las experiencias de los demás y de crecer juntos.

Evita el aislamiento excesivo: Recuerda que el aislamiento excesivo puede ser perjudicial. Encontrar un equilibrio entre autonomía y conexión no significa aislarse completamente. Tener una red de apoyo es fundamental para el bienestar emocional.

Aprecia la individualidad y diversidad: Reconoce que cada persona es única, con sus propios objetivos y trayectorias de vida. Valoriza la individualidad y la diversidad en las relaciones, permitiendo que cada persona siga su propio camino.

Adáptate a los cambios: A medida que creces y evolucionas, tus necesidades de autonomía y conexión pueden cambiar. Estés dispuesto a reevaluar tus relaciones y ajustar el equilibrio según sea necesario a lo largo del tiempo.

Encontrar el equilibrio entre autonomía y conexión es una trayectoria continua y única para cada individuo. Al cultivar tu independencia, entiende que tener conexiones saludables con los demás enriquece tu vida y contribuye a tu bienestar emocional y mental.

Crecimiento continuo

El desarrollo de la independencia emocional y financiera es un proceso continuo de crecimiento personal que se extiende a lo largo de toda la vida. A medida que adquieres más habilidades, conocimiento y autoconciencia, tu capacidad de tomar decisiones informadas y autónomas continuará a fortalecerse. El crecimiento continuo en estos aspectos es fundamental para alcanzar una vida plena y auténtica. Consideraciones sobre cómo cultivar ese crecimiento:

Aprende de experiencias anteriores: Tus experiencias pasadas moldean tu camino de crecimiento. Reflexiona sobre tus decisiones anteriores y evalúa cómo impactaron tu vida. Identifica lo que aprendiste de cada experiencia y usa esos conocimientos para tomar decisiones más informadas en el futuro.

Busca educación y aprendizaje constantes: El aprendizaje es un proceso continuo. Busca oportunidades de educación formal e informal para expandir tu conocimiento sobre asuntos financieros, inteligencia emocional y habilidades prácticas. Aprender constantemente enriquece tu perspectiva y capacidad de tomar decisiones sólidas.

Practica la autorreflexión: La autorreflexión es una herramienta poderosa para el crecimiento personal. Reserva tiempo para analizar tus acciones, decisiones y comportamientos. Pregúntate qué está funcionando bien y qué puede ser mejorado. Esto ayuda a ajustar tu curso y tomar decisiones más alineadas con tus valores.

Define nuevas metas: A medida que alcanzas tus metas financieras y emocionales, no dejes de definir nuevos objetivos desafiantes. Tener metas en constante evolución mantiene tu motivación alta e incentiva el desarrollo continuo.

Mantente abierto a cambios: La vida es fluida y está en constante cambio. Sé abierto a ajustar tus metas y planes a medida que surjan nuevas oportunidades y desafíos. La capacidad de adaptarse es una característica clave para el crecimiento continuo.

Cultiva hábitos saludables: Hábitos saludables, como ejercicios regulares, meditación y prácticas de autorreflexión, pueden contribuir a tu crecimiento personal. Estos hábitos sustentan tu bienestar emocional y mental, permitiéndote tomar decisiones más claras y equilibradas.

Sé paciente contigo mismo: El crecimiento no ocurre de la noche a la mañana. Sé paciente contigo mismo a medida que enfrentas desafíos y aprendes de ellos. Reconoce que cada paso en dirección al crecimiento es valioso, independientemente del ritmo.

Busca nuevas experiencias: Nuevas experiencias pueden expandir tus horizontes y desafiar tu perspectiva. Experimenta cosas nuevas, explora nuevos lugares y conoce personas diferentes. Estas experiencias enriquecen tu comprensión del mundo y contribuyen a tu crecimiento.

Aprende de otras personas: Conversa con personas que ya han alcanzado independencia emocional y financiera. Ellos pueden ofrecer conocimientos valiosos y compartir lecciones aprendidas a lo largo de sus jornadas.

Celebre el progreso: A medida que creces y conquistas tus objetivos, celebra cada hito alcanzado. Reconocer tu propio progreso refuerza tu confianza y motivación para continuar creciendo.

Cultivar una mentalidad de crecimiento continuo es esencial para fortalecer tu autonomía al longo del tiempo. Sabe que el crecimiento es un proceso individual y único, y la trayectoria en dirección a la independencia emocional y financiera es una búsqueda gratificante que enriquecerá tu vida de maneras significativas.

El camino hacia la independencia

Es importante recordar que la búsqueda de la independencia emocional y financiera no es un destino final, sino una trayectoria continua de crecimiento personal y autodescubrimiento. A medida que cultivas estas formas de independencia, estás invirtiendo en ti mismo y construyendo una base sólida para una vida más autónoma, gratificante y alineada con tus valores y objetivos. Consideraciones finales sobre el camino hacia la independencia:

Valora el proceso: Así como el destino, el camino también es valioso. Cada paso que das hacia la independencia emocional y financiera es una oportunidad para aprender, crecer y desarrollarse como individuo. Valora el proceso de autodescubrimiento y perfeccionamiento.

Sé resiliente: A lo largo de la trayectoria, encontrarás desafíos y obstáculos. La resiliencia es fundamental para superar esos momentos difíciles. Sé consciente de que la independencia no se conquista sin enfrentar adversidades, y tu capacidad de superarlas fortalecerá tu determinación.

Celebra tus logros: A medida que alcanzas hitos en tu búsqueda por la independencia, celebra tus logros, no importa cuán pequeños puedan parecer. Reconocer y celebrar tu progreso te motiva a continuar avanzando hacia tus objetivos.

Adapta-te a los cambios: La vida es dinámica y está siempre cambiando. Sé dispuesto a adaptarte y ajustar tus enfoques a medida que surjan nuevas situaciones. La flexibilidad es una habilidad importante para mantener tu camino hacia la independencia.

Comparte tus experiencias: A medida que creces en independencia, tus experiencias pueden ser una fuente de inspiración para otros. Comparte tus batallas, desafíos y éxitos con amigos, familiares y comunidades. Tu historia puede impactar positivamente la vida de otras personas.

Cultiva la gratitud: Practica la gratitud por cada etapa de la jornada. Reconoce a las personas que te han apoyado, las lecciones que has aprendido y las oportunidades que has encontrado. La gratitud te mantiene conectado con el presente y valora la progresión que estás haciendo.

Mantente curioso: La curiosidad es una cualidad valiosa para mantener en tu búsqueda por la independencia. Sé abierto a aprender más sobre ti mismo, sobre finanzas, sobre relaciones y sobre el mundo que te rodea. La búsqueda del conocimiento enriquece tu historia.

Sé consciente de que es un proceso continuo: Recuerda que la independencia no es un punto de llegada, sino una trayectoria que dura toda la vida. Continúa mejorando tus habilidades, tomando decisiones conscientes y buscando el equilibrio entre autonomía y conexión.

Disfruta de la libertad y autonomía: A medida que fortaleces tu independencia emocional y financiera, disfruta de la libertad que te proporciona. Toma decisiones alineadas con tus valores, busca oportunidades que te emocionen y aprovecha la sensación de control sobre tu propia vida.

Cultiva la autenticidad: La independencia te permite vivir de acuerdo con tus propios valores y deseos, en lugar de ser influenciado por las expectativas de los demás. Continúa profundizándote en quién eres, cultivando tu autenticidad y creando una vida que sea verdaderamente tuya.

Consciente de que la independencia emocional y financiera es una jornada continua, estarás preparado para abrazar los cambios, superar los desafíos y celebrar los éxitos que vienen a lo largo del camino. Al invertir en ti mismo y en tu crecimiento personal, estás construyendo un futuro más autónomo, gratificante y auténtico.

Creando un sentido de identidad fuera de las relaciones

Desarrollar una identidad fuerte y auténtica es un paso crucial para alcanzar la autonomía. Esto significa comprender quién eres más allá de tus relaciones y roles sociales. Al crear una identidad sólida e independiente, te vuelves más resiliente ante los cambios, más seguro de tus elecciones y más capaz de vivir una vida alineada con tus valores y deseos. Hay varias maneras de crear una identidad sólida e independiente:

Exploración personal

La exploración personal es una experiencia de autodescubrimiento que te permite profundizar en tus intereses, pasiones y talentos individuales. Es una búsqueda activa por comprender quién eres en un nivel más profundo, más allá de las capas externas de roles sociales y expectativas. Al tomarte un tiempo para explorarte a ti mismo, construyes una base sólida para una identidad auténtica e independiente. Formas de involucrarse en la exploración personal:

Abre-te a la novedad: Sé dispuesto a experimentar cosas nuevas. Esto puede implicar participar en actividades que nunca has considerado antes, viajar a lugares desconocidos o aprender nuevas habilidades. La novedad estimula la mente y puede revelar aspectos de ti mismo que nunca has explorado.

Autoconocimiento a través de la experiencia: A través de la experiencia, puedes descubrir más sobre tus preferencias y tendencias naturales. Al enfrentar desafíos o involucrarte en oportunidades, puedes aprender cómo reaccionas a diferentes situaciones, proporcionando conocimientos preciosos sobre tus características personales.

Sumérgete en tus intereses: Identifica las actividades, temas o tópicos que genuinamente te interesan. Pregúntate a ti mismo qué te trae alegría y curiosidad. Sumérgete en estas áreas, aprendiendo más sobre ellas y explorando sus matices.

Aprende del fracaso y el éxito: Tanto el fracaso como el éxito pueden ser maestros valiosos. Al intentar algo nuevo, puedes enfrentar desafíos y obstáculos. La forma en que manejas estos momentos puede proporcionar información sobre tu resiliencia, perseverancia y adaptabilidad.

Autoexpresión creativa: La expresión creativa, ya sea a través del arte, la escritura, la música u otra forma, te permite explorar tus emociones, pensamientos y experiencias de manera única. Esto puede ayudarte a entender y comunicar quién eres de manera más profunda.

Reflexiona sobre tus experiencias: Tómate un tiempo para reflexionar sobre tus experiencias y cómo te han afectado. Pregúntate a ti mismo qué has aprendido, cómo has crecido y cómo estas experiencias han moldeado tu visión del mundo.

Busca el aprendizaje constante: El aprendizaje continuo es una parte intrínseca de la exploración personal. Sé abierto a aprender cosas nuevas, ya sea a través de cursos, lecturas, talleres o conversaciones con personas interesantes.

Sé curioso sobre ti mismo: Cultiva una actitud de curiosidad en relación a ti mismo. Haz preguntas, explora tus reacciones emocionales y observa cómo respondes a diferentes situaciones. Esto puede ayudarte a descubrir patrones de comportamiento y comprender tus motivaciones.

Acepta el cambio: A medida que exploras diferentes aspectos de ti mismo, sé abierto a cambios y evolución. Tus descubrimientos pueden llevarte por caminos inesperados, y estar dispuesto a adaptarte es una parte importante de la exploración personal.

La exploración personal es un viaje emocionante de autodescubrimiento que puede enriquecer tu comprensión de quién eres y de lo que deseas en la vida. Al construir una base sólida de autoconocimiento, estás creando los cimientos para una identidad auténtica e independiente, permitiéndote vivir de manera más alineada con tus valores y deseos más profundos.

Inversión en el autoconocimiento

El autoconocimiento es un viaje continuo de exploración interna que te permite comprender quién eres en un nivel profundo. Es la clave para construir una identidad auténtica e independiente, ya que te conectas con tus motivaciones, valores y objetivos de vida. Invertir en el desarrollo del autoconocimiento no solo enriquece tu comprensión de ti mismo, sino que también proporciona una base sólida para tomar decisiones alineadas con tu verdadera identidad. Formas de invertir en el autoconocimiento:

Reflexión regular: Dedica tiempo regularmente para observarte a ti mismo y reflexionar sobre tus experiencias, pensamientos y emociones. Pregúntate cómo te sientes en varias situaciones y por qué. La reflexión te ayuda a identificar patrones de comportamiento y a comprender tus reacciones emocionales.

Escucha interna: Mantente atento a las voces internas que guían tus acciones y decisiones. Aprende a distinguir entre tu voz auténtica e influencias externas, como expectativas sociales o presiones de los demás.

Exploración de tus valores: Identifica cuáles valores son más importantes para ti. Ellos sirven como guías para tus elecciones y acciones. Pregúntate sobre las creencias que orientan tus decisiones y cómo se alinean con tus valores fundamentales.

Evaluación de tus fortalezas y debilidades: Entiende tus fortalezas y debilidades, tanto en términos de habilidades como de rasgos de personalidad. Al reconocer tus características positivas y áreas que necesitan desarrollo, puedes tomar decisiones que capitalicen tus fortalezas y aborden tus debilidades.

Exploración de tus intereses y pasiones: Descubre lo que realmente te interesa y apasiona. Al participar en actividades que alimentan tu pasión, puedes aprender más sobre tus impulsos naturales y lo que te trae alegría genuina.

Análisis de experiencias pasadas: Revisa tus experiencias de vida, tanto las positivas como las desafiantes. Considera lo que aprendiste de cada experiencia y cómo ellas moldearon tu visión del mundo y tu identidad.

Búsqueda de retroalimentación: Pide retroalimentación de personas de confianza en tu vida. Esto puede proporcionarte perspectivas sobre cómo los demás te perciben, lo que puede revelar aspectos de tu personalidad que tú mismo no hayas percibido.

Paciencia contigo mismo: La experiencia del autoconocimiento no es instantánea. Es un proceso continuo de crecimiento y descubrimiento. Sé amable contigo mismo mientras exploras diferentes aspectos de quién eres.

Práctica de la aceptación: Al profundizar en tu autoconocimiento, puedes descubrir aspectos de ti mismo que pueden ser desafiantes. La práctica de la aceptación implica abrazar todos los aspectos de quién eres, incluso aquellos que pueden considerarse imperfecciones.

El investimento en el autoconocimiento es un viaje valioso que puede enriquecer tu vida de muchas maneras. A medida que comprendes tus motivaciones, valores y objetivos, te vuelves más capaz de tomar decisiones informadas y auténticas. Esto no solo fortalece tu identidad personal, sino que también te capacita a vivir una vida alineada con tu verdadera esencia.

Definición de límites

Definir límites saludables es una habilidad esencial para preservar tu autonomía y garantizar que tu identidad permanezca intacta. Esto implica la capacidad de decir "no" cuando sea necesario y proteger tu tiempo, energía y valores. Al establecer límites claros, creas un espacio donde puedes expresarte auténticamente, sin comprometer tus propias necesidades y objetivos. Estrategias para establecer y mantener límites saludables:

Conoce tus necesidades: Antes de poder establecer límites, es fundamental entender cuáles son tus necesidades emocionales, físicas y mentales. Conoce tus propios límites y reconoce cuando algo está afectando negativamente tu salud y bienestar.

Define prioridades: Identifica lo que es más importante para ti. Al saber cuáles valores y objetivos son esenciales en tu vida, puedes tomar decisiones que se alinean con ellos y establecer límites cuando algo entra en conflicto con esas prioridades.

Comunícate de manera clara y respetuosa: Cuando sea necesario establecer un límite, hazlo de manera clara y respetuosa. Comunica tus necesidades y limitaciones de manera asertiva, manteniendo el foco en cómo esto impacta en ti, en lugar de culpar a los demás.

Sé capaz de decir "no": La habilidad de decir "no" es fundamental para establecer límites saludables. Reconoce cuando una solicitud o compromiso no se alinea con tus necesidades o valores y esté dispuesto a rechazar educadamente.

Define tus límites personales: Identifica los límites personales que deseas establecer en diferentes áreas de tu vida, como relaciones, trabajo y tiempo personal. Esto puede incluir definir límites de disponibilidad, límites de trabajo y límites emocionales.

Mantén la consistencia: Una vez que hayas definido límites, es importante mantener la consistencia. No cedas a la presión externa para comprometer tus límites, a menos que sea una elección consciente y alineada con tus necesidades.

Prepárate para la reacción de los demás: No siempre las personas reaccionarán positivamente cuando establezcas límites. Algunas personas pueden resistir o sentirse decepcionadas. Ten en cuenta que tus necesidades y bienestar son prioridades.

Prioriza el autocuidado: Al establecer límites saludables, estás invirtiendo en tu propio autocuidado. Entiende que cuidar de ti mismo es una prioridad y que establecer límites es una forma de honrar esa prioridad.

Sé abierto a los ajustes: Aunque es importante establecer límites, también es esencial estar abierto a los ajustes cuando la situación lo exige. Tus límites pueden evolucionar con el tiempo, y es importante ser flexible cuando sea necesario.

Establecer límites saludables es un acto de respeto por ti mismo y por los demás. Esto te permite preservar tu identidad, mantener tu autonomía y tomar decisiones alineadas con tus valores y necesidades. Al equilibrar tu capacidad de conectarte con los demás y de cuidar de ti mismo, construyes relaciones más saludables y una vida más auténtica.

Práctica de actividades individuales

Participar de actividades individuales es una manera poderosa de construir y fortalecer una identidad independiente. Estas actividades ofrecen un espacio para que usted se exprese, crezca y se divierta de forma auténtica, independientemente de las expectativas o influencias externas. Al dedicar tiempo a estas actividades, usted no solo desarrolla su identidad única, sino que también enriquece su vida de maneras significativas. Consideraciones sobre la práctica de actividades individuales:

Identificación de intereses personales: El primer paso para participar de actividades individuales es identificar sus intereses personales. Pregúntese a sí mismo qué le gusta hacer cuando está solo, qué le trae alegría y qué despierta su curiosidad. Esto puede incluir pasatiempos, deportes, arte, música, lectura o cualquier otra actividad que resuene con usted.

Dedicación de tiempo: Es importante reservar un tiempo específico para dedicarse a las actividades individuales. Sea una hora por día o algunos momentos toda semana, crear una rutina que priorice estas actividades ayuda a garantizar que ellas hagan parte integral de su vida.

Exploración de nuevas experiencias: No tenga miedo de explorar nuevas actividades. Experimentar cosas nuevas expande sus horizontes y ayuda a descubrir nuevas pasiones e intereses. Incluso si algo es totalmente nuevo para usted, la experiencia de aprendizaje puede ser gratificante.

Valorización de la autenticidad: Participar de actividades individuales permite que usted se conecte con su autenticidad. Cuando se involucra en algo que genuinamente le interesa, usted está expresando quien realmente es, sin preocupaciones con lo que los demás puedan pensar.

Foco en el presente: Envolvía-se completamente en las actividades individuales que usted elija. Esto ayuda a cultivar la atención plena, permitiéndole concentrarse en el presente y disfrutar plenamente de la experiencia.

Desarrollo de habilidades: Muchas actividades individuales involucran el desarrollo de habilidades específicas. Al profundizar en estas actividades, usted está expandiendo su repertorio de talentos y habilidades, lo que puede contribuir aún más a su identidad.

Autocuidado y bienestar: Actividades individuales no solo ayudan a construir su identidad, sino que también promueven el autocuidado y el bienestar. Ellas pueden servir como una forma de relajación, alivio del estrés y rejuvenecimiento.

Resiliencia y autoestima: Participar de actividades individuales fortalece su resiliencia emocional y autoestima. El sentido de realización que viene al dominar una nueva habilidad o alcanzar un objetivo personal contribuye a su confianza y autoconfianza.

Compartición de experiencias: Aunque las actividades individuales están orientadas a usted, también pueden crear oportunidades para compartir experiencias con los demás. Participar de grupos o comunidades relacionados a sus intereses puede proporcionar conexiones significativas con personas que comparten sus valores.

Crecimiento continuo: Recuerde que sus actividades individuales pueden evolucionar a medida que usted crece y cambia. Esté abierto a nuevas pasiones e intereses que puedan surgir a lo largo del tiempo, pues esto es una parte natural del desarrollo personal.

La práctica de actividades individuales no solo construye una identidad independiente, sino que también agrega una dimensión enriquecedora a tu vida. Estas actividades son una forma de nutrirte, expresarte y conectarte contigo mismo de una manera auténtica y gratificante.

Foco en el autodesarrollo

El autodesarrollo es un proceso continuo y dinámico que desempeña un papel crucial en la construcción y el fortalecimiento de la identidad. Al abrazar el crecimiento personal, estás abriendo espacio para una comprensión más profunda de ti mismo y para la evolución constante de tu identidad. Estas son algunas maneras en que puedes centrarte en el autodesarrollo para nutrir tu identidad:

Aprendizaje continuo: El autodesarrollo está intrínsecamente ligado al aprendizaje continuo. Buscar nuevos conocimientos, habilidades y perspectivas amplía tus horizontes y enriquece tu comprensión del mundo. Esto, a su vez, influye en cómo te ves a ti mismo y en cómo te relacionas con los demás.

Reflexión profunda: La reflexión es una herramienta poderosa para entender tus pensamientos, sentimientos, valores y objetivos. Reserva tiempo para profundizar en tu viaje interno, cuestionándote sobre tus motivaciones, deseos y áreas de crecimiento.

Aceptación del cambio: La identidad no es estática; evoluciona con el tiempo. Sé abierto al cambio y al crecimiento, reconociendo que tus prioridades y valores pueden cambiar a medida que pasas por diferentes etapas de la vida. Aceptar este cambio es fundamental para desarrollar una identidad flexible y adaptable.

Definición de metas personales: Define metas que estén alineadas con tus valores y aspiraciones. Al trabajar en dirección a estas metas, no solo alcanzas logros significativos, sino que también solidificas tu identidad como alguien comprometido con el autodesarrollo.

Salida de la zona de confort: El crecimiento personal a menudo ocurre cuando te desafías y sales de tu zona de confort. Experimentar cosas nuevas, enfrentar desafíos y superar obstáculos contribuye a un sentido más profundo de autoconocimiento y confianza.

Desarrollo de habilidades emocionales: Desarrollar habilidades emocionales, como empatía, inteligencia emocional y manejo del estrés, mejora tu capacidad de lidiar con los desafíos de la vida. Esto fortalece tu identidad, permitiéndote lidiar con situaciones de manera equilibrada y saludable.

Construcción de relaciones significativas: Las relaciones desempeñan un papel importante en el autodesarrollo. Interactuar con personas que valoran y apoyan tu crecimiento personal contribuye a una identidad positiva y enriquecedora.

Práctica de la autocompasión: Ser amable contigo mismo durante tu viaje de autodesarrollo es esencial. La autocompasión te permite lidiar con desafíos y errores sin un juicio excesivo, promoviendo una relación saludable contigo mismo.

Flexibilidad mental: Al abordar el autodesarrollo, sé dispuesto a cuestionar tus creencias y asumir perspectivas diferentes. Esto fortalece tu adaptabilidad y mejora tu comprensión del mundo y de ti mismo.

Celebrar las conquistas: A medida que te desarrollas y alcanzas tus objetivos, celebra tus conquistas. Reconocer tu progreso refuerza una identidad positiva y recompensa el esfuerzo que has invertido en tu autodesarrollo.

Ten en cuenta que el autodesarrollo es un proceso personal y único. Tu historia estará moldeada por tus experiencias, deseos y valores individuales. Al permanecer comprometido con el crecimiento personal, estás enriqueciendo tu identidad y construyendo una base sólida para una vida significativa y auténtica.

Evolución constante

La comprensión de la identidad como un proceso en constante evolución es esencial para abrazar plenamente tu experiencia de autodescubrimiento y crecimiento. Reconocer que tu identidad no es una entidad fija, sino una construcción fluida y dinámica, te permite abrirte a nuevas experiencias, aprendizajes y oportunidades de crecimiento. Cómo abrazar la evolución constante de tu identidad:

Abraza el cambio: La vida está marcada por cambios y transiciones. En lugar de resistirte al cambio, abrázalo como una oportunidad de crecimiento y aprendizaje. Cada nueva etapa de la vida trae consigo nuevas perspectivas y perspectivas sobre quién eres y lo que valoras.

Flexibilidad de pensamiento: Sé dispuesto a cuestionar tus creencias y suposiciones. A medida que te expones a diferentes perspectivas e ideas, tu comprensión de ti mismo se profundiza. La flexibilidad de pensamiento también te ayuda a adaptarte a los cambios en tu identidad a lo largo del tiempo.

Experimentación y exploración: Permítete experimentar cosas nuevas, ya sean hobbies, actividades, estudios o experiencias de vida. La exploración constante enriquece tu comprensión de tus preferencias y puede incluso revelar aspectos de tu identidad que aún no has descubierto.

Aceptación de la complejidad: Tu identidad es multifacética y está compuesta por varias dimensiones. Acepta que puedes ser muchas cosas al mismo tiempo: un amigo, un profesional, un amante, un aprendiz y mucho más. Esta complejidad refleja tu rica experiencia de vida.

Auto perdón y autocompasión: A medida que evolucionas, es posible que revises decisiones pasadas o te encuentres con momentos de imperfección. Practica el perdón a ti mismo y la autocompasión, recordando que el crecimiento implica errores y aprendizajes.

Aprendizaje con la adversidad: Los desafíos y la adversidad pueden proporcionar oportunidades valiosas para el autodescubrimiento. Reflexiona sobre cómo estas experiencias han moldeado tu identidad y cómo puedes crecer a partir de ellas.

Valora la autenticidad: Prioriza la autenticidad en todas las áreas de tu vida. Al alinear tus acciones con tus valores fundamentales, estás contribuyendo a una identidad sólida y congruente.

Aprovecha las transformaciones positivas: A medida que te desarrollas, es probable que experimentes transformaciones positivas en tu personalidad, objetivos y valores. Aprovecha estos cambios como evidencias de tu crecimiento personal y evolución continua.

Cultiva la curiosidad: Mantente curioso sobre ti mismo y sobre el mundo que te rodea. Pregúntate a ti mismo preguntas profundas sobre tus motivaciones, deseos y metas. La búsqueda constante del autoconocimiento enriquece tu historia.

Gratitud por el progreso: Celebra el progreso que haces en tu experiencia de evolución de la identidad. Mirar hacia atrás y reconocer cómo has crecido, aprendido y cambiado puede ser una fuente poderosa de motivación y autoestima.

Conciencia de que la evolución constante de tu identidad es una caminata emocionante y enriquecedora. Al permanecer abierto y dispuesto a abrazar el cambio, estás fortaleciendo tu capacidad de adaptarte, crecer y crear una vida auténtica y significativa.

Apreciación de la singularidad

La apreciación de la singularidad es un acto poderoso de autodescubrimiento y autoaceptación. Reconocer y valorar las características únicas que traes al mundo no solo fortalece tu identidad, sino que también enriquece tu conexión con los demás y el mundo que te rodea. Cómo cultivar una profunda apreciación por tu singularidad:

Reconociendo tu viaje: Tu viaje de vida es único y moldeado por tus experiencias, desafíos y logros. Reflexiona sobre los momentos que te definieron y los caminos que has recorrido para llegar a dónde estás hoy. Cada paso ha contribuido a la persona que eres.

Celebrando tus diferencias: En un mundo diverso, tus diferencias son un tesoro. Tus habilidades, intereses y rasgos de personalidad únicos contribuyen a la riqueza del tejido social. Celebra esas diferencias en lugar de intentar conformarte con los estándares externos.

Valorando tus experiencias: Cada experiencia que has vivido ha moldeado tu visión del mundo. Ya sea un viaje, una relación, un logro profesional o un desafío superado, tus experiencias son un tesoro de aprendizaje y crecimiento.

Aceptando imperfecciones: Parte de la singularidad es la aceptación de tus imperfecciones. Percibe que nadie es perfecto y que tus fallas también forman parte de lo que te hace humano y auténtico. La autocompasión es fundamental en este proceso.

Valorando tus pasiones: Tus pasiones e intereses son reflejos de lo que te excita e inspira. No importa cuán inusuales o distintas puedan parecer, son una parte esencial de tu identidad. Dedicar tiempo a esas pasiones es una forma de honrar tu singularidad.

Expresándote auténticamente: Cuando te expresas de manera auténtica, estás compartiendo tu verdadera esencia con el mundo. Esto se puede hacer a través del arte, la comunicación, el trabajo o cualquier forma de expresión que resuene contigo.

Nutriendo relaciones auténticas: Las relaciones auténticas valoran la individualidad de cada persona. Cultiva amistades y conexiones que acepten y aprecien tu singularidad, permitiéndote ser tú mismo sin miedo al juicio.

Aprendiendo de los demás: Aprecia la singularidad de los demás también. Al interactuar con personas de diferentes orígenes y perspectivas, amplías tu comprensión del mundo y valoras la diversidad.

Foco en el autodescubrimiento: Mantén una postura curiosa en relación a ti mismo. A medida que te profundizas en el autodescubrimiento, descubrirás aspectos de tu singularidad que tal vez no conoces.

Practicando la gratitud por ti mismo: Agradecer por tus características únicas, experiencias y viaje de vida es una manera poderosa de cultivar la apreciación por tu singularidad. La gratitud crea un espacio para valorar quién eres en el presente.

Entiende que eres una obra maestra única e irrepetible. Cultivar una apreciación por tu singularidad no solo enriquece tu propia vida, sino que también influye positivamente en las vidas de aquellos que te rodean. Al vivir y compartir auténticamente quien eres, contribuyes a un mundo más diverso, inclusivo y enriquecedor.

Aceptación y amor propio

La aceptación y el amor propio son las bases sólidas de una identidad auténtica y saludable. Cuando te aceptas incondicionalmente, estás abriendo camino para una relación positiva contigo mismo y para la construcción de una identidad que es verdadera, significativa y alineada con tus valores. Cómo profundizar la comprensión sobre la importancia de la aceptación y el amor propio:

Autocompasión: La autocompasión es la práctica de tratarte a ti mismo con la misma gentileza y comprensión que le tratarías a un amigo querido. Reconoce tus fallas, errores e imperfecciones con bondad, en lugar de criticarte.

Abrazando la autenticidad: Cuando te aceptas como eres, sin intentar encajar en patrones externos o expectativas, estás abrazando tu autenticidad. Esto te permite vivir en armonía con tu verdadera esencia.

Reconociendo el valor personal: La aceptación y el amor propio provienen del reconocimiento de que eres digno de amor, respeto y felicidad, independientemente de las conquistas externas o las opiniones de los demás. Valórate por el simple hecho de ser quien eres.

Liberación del auto juicio: Al aceptarte, liberas el peso del auto juicio constante. En lugar de castigarte por tus fallas, aprendes de ellas y sigues adelante con comprensión y crecimiento.

Valorando tus contribuciones: Reconoce las contribuciones positivas que aportas al mundo. Ya sea a través de relaciones, talentos, logros o actos de bondad, tus acciones tienen un impacto positivo.

Enfocando en tus cualidades positivas: Concéntrate en tus cualidades positivas. En lugar de fijarte en tus debilidades, valora tus fortalezas y cualidades que te hacen único y valioso.

Respetando tus límites: El amor propio también implica establecer y mantener límites saludables. Esto significa reconocer cuándo necesitas decir "no" y priorizar tu bienestar, incluso si eso puede desagradar a otros.

Nutrirte emocionalmente: Cuida de tus necesidades emocionales, ya sea a través de la práctica de la autocompasión, la búsqueda de actividades que te traigan alegría o la expresión saludable de tus emociones.

Autoaceptación: Recuerda que el camino de la aceptación y el amor propio es continuo. Habrá altibajos, pero la práctica constante lleva a una relación más saludable contigo mismo.

La creación de relaciones saludables: Cuando te amas y te aceptas, estableces un estándar para el trato que esperas de los demás. Las relaciones saludables se basan en el respeto mutuo y la aceptación mutua.

La aceptación y el amor propio no son solo sentimientos, sino prácticas activas que requieren intención y esfuerzo continuos. A medida que internalizas estos valores, estás construyendo una base sólida para una identidad auténtica y para una vida de autenticidad, confianza y gratitud.

La jornada de toda la vida

La construcción y el desarrollo de la identidad son un viaje continuo y emocionante que se extiende a lo largo de toda la vida. Al igual que una planta que crece y florece con el tiempo, la identidad también pasa por fases de descubrimiento, crecimiento y transformación. Cómo entender y abrazar la idea de la identidad como un viaje duradero:

Autodescubrimiento constante: El camino de construcción de la identidad implica un proceso continuo de autodescubrimiento. A medida que experimentas nuevas situaciones, aprendes de los desafíos y te expones a diferentes perspectivas, descubres más sobre quién eres y quién quieres ser.

Crecimiento y desarrollo: Al igual que evolucionas en términos de conocimiento y experiencia, también evolucionas como persona. A medida que enfrentas nuevos desafíos, tus creencias, valores y metas pueden adaptarse y cambiar.

Aprendizaje con las experiencias: Cada experiencia, positiva o negativa, contribuye a tu historia de desarrollo. Las lecciones aprendidas en las situaciones difíciles pueden moldear tu perspectiva y fortalecer tu identidad.

Flexibilidad y adaptación: Una identidad saludable es flexible y capaz de adaptarse a los cambios. Sé abierto a nuevas ideas, perspectivas y posibilidades, permitiendo que tu identidad evolucione a medida que creces.

Apreciación de la jornada: La jornada en sí es tan valiosa como el destino. Aprende a apreciar cada paso, incluso los más desafiantes, porque ellos moldean quién te conviertes.

Aceptación del proceso: Al igual que la naturaleza pasa por estaciones, tu identidad también pasa por diferentes fases. Acepta que habrá momentos de cuestionamiento e incertidumbre, pero que esos momentos son esenciales para el crecimiento.

Creación de un legado: La construcción de la identidad no es solo para ti, sino también para las generaciones futuras. La forma en que vives, creces y contribuyes al mundo deja un legado duradero.

Reevaluación y refinamiento: Periódicamente, reserva un tiempo para reflexionar sobre tu experiencia hasta ahora. Evalúa si tus creencias, metas y valores aún están alineados con quien te has convertido y ajústalos según sea necesario.

Celebración de las conquistas: A lo largo del camino, celebra tus conquistas e hitos. Cada paso hacia el autodesarrollo es digno de reconocimiento y celebración.

Apertura para lo desconocido: La ruta de construcción de la identidad es un territorio desconocido y emocionante. Sé abierto a explorar áreas no descubiertas de ti mismo y a abrazar lo desconocido con curiosidad y coraje.

La jornada para fortalecer la autonomía es continua y desafiante, pero los beneficios son innegables. Cuanto más inviertas en tomar decisiones conscientes, desarrollar independencia emocional y financiera, y crear una identidad sólida, más te acercarás a vivir una vida auténtica y gratificante. La autonomía no significa alejarse de los demás, sino capacitarse para vivir de acuerdo con tus valores y objetivos, mientras contribuyes a relaciones y comunidades de manera significativa.

11

VIVIR EL PRESENTE

El pasado es una memoria, el futuro es una ilusión;
él ahora es la única realidad.

Vivir plenamente en el presente es un arte que muchos buscan dominar. En un mundo lleno de distracciones, preocupaciones y presiones, cultivar la habilidad de estar verdaderamente presente puede traer una sensación profunda de calma, contentamiento y autenticidad. En este capítulo, exploraremos la importancia de la atención plena en la superación de la dependencia emocional, prácticas para conectarse con el presente y reducir la ansiedad, así como estrategias para evitar la rumia sobre el pasado o la preocupación excesiva por el futuro.

La importancia de la atención plena en la superación de la dependencia emocional

La dependencia emocional a menudo se origina de la falta de presencia y conciencia plena. Cuando nos encontramos constantemente envueltos en pensamientos sobre el pasado o preocupaciones con el futuro, perdemos la oportunidad de experimentar las relaciones y experiencias en el presente. La atención plena, o mindfulness, desempeña un papel vital en la superación de la dependencia emocional, permitiéndonos:

Comprender las emociones

La atención plena es una práctica que nos invita a observar nuestras emociones con claridad y aceptación. En un mundo donde a menudo somos inundados por una variedad de emociones complejas, la atención plena nos ofrece la oportunidad de entender profundamente cómo surgen esas emociones y cómo pueden impactar nuestros pensamientos, comportamientos y relaciones. Cómo la atención plena nos ayuda a comprender nuestras emociones:

Observación sin juicio: La atención plena nos invita a observar nuestras emociones a medida que surgen, sin juicio o intento de suprimirlas. Esto significa que permitimos que las emociones se manifiesten, reconociéndolas como parte natural de la experiencia humana, independientemente de si se consideran "positivas" o "negativas". Al hacer esto, comenzamos a cultivar una relación saludable con nuestras emociones, evitando la auto punición por sentimientos que pueden ser incómodos.

Identificación de patrones emocionales: Al practicar la atención plena, podemos notar patrones recurrentes en nuestras emociones. Por ejemplo, podemos darnos cuenta de que a menudo nos sentimos ansiosos cuando nos enfrentamos a situaciones de incertidumbre o que tendemos a sentirnos inseguros en ciertos tipos de interacciones sociales. Esta conciencia de patrones nos ayuda a entender mejor lo que puede estar alimentando nuestra dependencia emocional.

Exploración de las raíces emocionales: A medida que nos adentramos en nuestras emociones, podemos comenzar a investigar sus orígenes. Esto implica explorar eventos pasados, experiencias de vida y creencias personales que pueden estar contribuyendo a nuestras reacciones emocionales presentes. Por ejemplo, puede ser que una dependencia emocional esté enraizada en experiencias de abandono en la infancia. La atención plena nos da la oportunidad de explorar estas conexiones de manera amable y curiosa.

Desarrollo de respuestas conscientes: Al comprender mejor nuestras emociones y los desencadenantes que las activan, podemos comenzar a cultivar respuestas conscientes en lugar de reacciones automáticas. Por ejemplo, si identificamos que la carencia alimenta nuestra dependencia emocional, podemos comenzar a explorar maneras saludables de lidiar con esa carencia, como el autocuidado, la búsqueda de apoyo de amigos o el desarrollo de autoestima.

Aceptación y transformación: La atención plena nos enseña a acoger nuestras emociones, incluso las incómodas, con aceptación. Esto no significa que debamos resignarnos a sentimientos negativos, sino que podemos crear un espacio seguro para experimentarlos y entender lo que nos están diciendo. Esta aceptación es el punto de partida para la transformación emocional, permitiéndonos elegir cómo responder de manera consciente y saludable.

Al comprender nuestras emociones a través de la atención plena, ganamos una perspectiva más clara sobre cómo pueden estar contribuyendo a nuestra dependencia emocional. Esta comprensión nos capacita a tomar medidas conscientes para lidiar con esas emociones de manera saludable y reducir nuestra dependencia de fuentes externas para la validación emocional. La atención plena nos ayuda a desarrollar una relación más equilibrada y auténtica con nuestras emociones, promoviendo nuestro crecimiento personal y bienestar emocional.

Autonomía emocional

La autonomía emocional es la capacidad de reconocer, comprender y gestionar nuestras propias emociones de forma independiente. Esto significa no depender exclusivamente de las emociones y acciones de los demás para sentirnos bien o estables emocionalmente. La atención plena desempeña un papel fundamental en el fortalecimiento de la autonomía emocional, permitiéndonos desarrollar una relación saludable con nuestras emociones y promoviendo la estabilidad interna. Cómo la atención plena ayuda a aumentar la autonomía emocional:

Reconocimiento de las emociones propias: La atención plena nos invita a estar conscientes de nuestras emociones a medida que surgen. Esto significa que no ignoramos ni suprimimos nuestros sentimientos, sino que los reconocemos plenamente. Al hacer esto, empezamos a desarrollar una mayor comprensión de cómo las emociones se manifiestan en nosotros, lo que es esencial para aumentar la autonomía emocional.

Evitar la supresión emocional: A menudo, buscamos evitar emociones desagradables suprimiéndolas o distrayéndonos de ellas. Sin embargo, la atención plena nos anima a no juzgar nuestras emociones y a permitir que se desenvuelvan naturalmente. Esto evita que las emociones queden atrapadas y se acumulen, lo que puede conducir a una dependencia emocional de otras personas para el alivio.

Cultivar la estabilidad interna: La práctica de la atención plena nos ayuda a cultivar una sensación de estabilidad interna, incluso cuando enfrentamos desafíos emocionales. Al observar nuestras emociones con aceptación y sin juicio, aprendemos a permanecer presentes con ellas, en lugar de ser dominados por ellas. Esto resulta en una mayor autonomía emocional, ya que no nos dejamos llevar por las fluctuaciones emocionales.

Tomar decisiones conscientes: Cuando estamos conectados con nuestras emociones y las comprendemos, somos capaces de tomar decisiones conscientes e informadas. Esto es especialmente importante cuando se trata de relaciones e interacciones interpersonales. La atención plena nos permite evaluar si estamos actuando de acuerdo con nuestros propios valores y necesidades, en lugar de reaccionar impulsivamente a las emociones de los demás.

Menos dependencia de la validación externa: Una de las formas más comunes de dependencia emocional es buscar validación y aprobación constantes de los demás. La atención plena nos ayuda a desarrollar una confianza interna, para que no necesitemos de la validación externa para sentirnos bien con nosotros mismos. Esto nos libera de la trampa de la dependencia emocional, permitiéndonos confiar en nuestras propias evaluaciones y percepciones.

Empoderamiento emocional: A medida que aumentamos nuestra autonomía emocional a través de la atención plena, experimentamos un sentido creciente de empoderamiento. Ya no estamos a merced de las circunstancias o de las emociones de los demás. En cambio, somos capaces de conectarnos profundamente con nuestras emociones, entender nuestras necesidades y tomar medidas para satisfacerlas de manera saludable y autosustentable.

A través de la práctica continua de la atención plena, podemos crear un espacio interno donde nuestras emociones sean bienvenidas y comprendidas. Esto nos permite desarrollar una relación más saludable e independiente con nuestras emociones, promoviendo la autonomía emocional y contribuyendo a nuestra capacidad de vivir una vida más equilibrada y significativa.

Fortalecer las relaciones

Las relaciones saludables son fundamentales para una vida feliz y significativa. La atención plena, o mindfulness, desempeña un papel vital en el fortalecimiento de las relaciones, ya que nos ayuda a estar verdaderamente presentes en las interacciones con los demás. Cómo la atención plena puede contribuir al fortalecimiento de las relaciones y reducir la dependencia emocional:

Escucha activa y empatía: Cuando practicamos la atención plena en las interacciones, estamos completamente presentes para escuchar lo que los demás están diciendo. Esto implica no solo escuchar las palabras, sino también estar conscientes de las sutilezas del lenguaje corporal, el tono de voz y las emociones subyacentes. La escucha activa y la empatía resultante de este estado de presencia profundizan la conexión emocional y demuestran que nos importamos genuinamente con los sentimientos de los demás.

Comunicación auténtica: La atención plena nos ayuda a comunicarnos de forma más auténtica y clara. Cuando estamos presentes, somos menos propensos a reaccionar impulsivamente o a expresar nuestras palabras sin considerar el impacto. Esto promueve una comunicación más eficaz y honesta, evitando malentendidos y conflictos que pueden surgir de la comunicación desatenta.

Reducción de expectativas no atendidas: A menudo, la dependencia emocional surge cuando ponemos expectativas excesivas en las relaciones y nos decepcionamos cuando esas expectativas no se cumplen. La atención plena nos ayuda a estar presentes con las personas como son, en lugar de como queremos que sean. Esto nos permite aceptar a las personas como son y reducir la dependencia emocional que resulta de la búsqueda incesante de validación y atención.

Construcción de confianza: La presencia y la autenticidad promovidas por la atención plena construyen confianza en las relaciones. Cuando estamos verdaderamente presentes y abiertos, los demás sienten que pueden confiar en nosotros y compartir sus pensamientos y sentimientos sin miedo a ser juzgados. Esto fortalece la conexión emocional y crea un ambiente de seguridad y respeto mutuo.

Alejamiento de la dependencia emocional: La atención plena nos ayuda a cultivar una independencia emocional, lo que, a su vez, nos aleja de la dependencia emocional de los demás. Cuando estamos presentes y conscientes de nuestras propias emociones, somos menos propensos a buscar validación constante o a depender de los demás para sentirnos bien. Esto crea una base sólida para construir relaciones saludables y equilibradas.

Al practicar la atención plena en las relaciones, estamos construyendo una base de comunicación abierta, empatía y aceptación mutua. Esto no solo fortalece las relaciones existentes, sino que también nos capacita para desarrollar relaciones más auténticas y significativas, libres de las trampas de la dependencia emocional.

Construir autoconocimiento

El autoconocimiento es un viaje crucial para el crecimiento personal y la superación de desafíos emocionales, como la dependencia emocional. La práctica de la atención plena desempeña un papel significativo en la construcción de ese autoconocimiento profundo, permitiéndonos explorar nuestros patrones emocionales, desencadenantes y motivaciones subyacentes. Veamos cómo la atención plena contribuye a la construcción de autoconocimiento:

Observación sin juicio: La atención plena nos invita a observar nuestros pensamientos, emociones y reacciones sin juicio. Esto nos permite presenciar nuestros patrones emocionales sin censura, lo que es fundamental para entender por qué actuamos de ciertas maneras en relaciones y situaciones específicas. Al observar nuestros patrones con curiosidad y compasión, comenzamos a desentrañar los aspectos más profundos de nuestra psicología.

Identificación de patrones: Con la práctica de la atención plena, comenzamos a notar patrones recurrentes en nuestros pensamientos y emociones. Esto nos ayuda a identificar desencadenantes emocionales que pueden estar alimentando nuestra dependencia emocional. Por ejemplo, podemos descubrir que buscamos validación excesiva cuando nos sentimos inseguros o que evitamos la soledad a toda costa. Identificar estos patrones es el primer paso para abordarlos de manera consciente.

Exploración de motivaciones: La atención plena nos anima a explorar las motivaciones subyacentes detrás de nuestras acciones y decisiones. ¿Por qué nos sentimos atraídos por ciertos tipos de relaciones? ¿Qué buscamos obtener de ellos? Al sumergirnos en estas preguntas, podemos descubrir motivaciones ocultas, como el deseo de ser amados, la necesidad de evitar el abandono o la búsqueda de seguridad emocional. Conocer estas motivaciones nos capacita para tomar decisiones más conscientes.

Aceptación y transformación: A medida que nos volvemos más conscientes de nuestros patrones y motivaciones, tenemos la oportunidad de aceptarlos con compasión e iniciar el proceso de transformación. La atención plena nos da la libertad de elegir cómo responder a estos patrones, en lugar de reaccionar automáticamente a ellos. Podemos comenzar a cuestionar estas motivaciones y patrones, buscando maneras más saludables y auténticas de lidiar con nuestras emociones.

Crecimiento personal continuo: La construcción del autoconocimiento es un camino continuo. A medida que practicamos la atención plena regularmente, continuamos profundizando nuestra comprensión de nosotros mismos. Esto nos ayuda a crecer, evolucionar y expandir nuestra conciencia emocional, permitiéndonos enfrentar la dependencia emocional de manera cada vez más eficaz.

La atención plena nos invita a explorar nuestra propia mente con curiosidad y aceptación. Al comprender nuestros patrones emocionales, desencadenantes y motivaciones, ganamos la capacidad de abordar la dependencia emocional de manera consciente, promoviendo el crecimiento personal y la construcción de relaciones más saludables y auténticas.

Desapego de relaciones tóxicas

El desapego de relaciones tóxicas es un acto de autocuidado y respeto propio que puede ser facilitado por la práctica de la atención plena. Cuando nos involucramos en la práctica de la atención plena, nos volvemos más conscientes de los impactos de las relaciones tóxicas en nuestra salud emocional y bienestar. Cómo la atención plena puede ayudarnos a desapegar de relaciones tóxicas:

Claridad sobre los patrones de comportamiento: La atención plena nos permite observar los patrones de comportamiento de nosotros mismos y de los demás de manera imparcial. Cuando estamos en una relación tóxica, podemos notar cómo ciertos patrones de comunicación, manipulación o abuso emocional se repiten. Esta claridad nos ayuda a reconocer que estamos en una situación perjudicial.

Conciencia de las emociones: La práctica de la atención plena nos ayuda a sintonizar nuestras emociones y reacciones mientras estamos en una relación tóxica. Puede mostrarnos cómo nos sentimos drenados, ansiosos, tristes o inseguros cuando estamos cerca de la persona tóxica. Esta concientización nos permite conectar esas emociones negativas a la relación, animándonos a considerar el desapego.

Reconocimiento de los impactos en la salud mental: Con la atención plena, podemos percibir cómo una relación tóxica afecta nuestra salud mental y emocional. Estar constantemente bajo estrés, sentirse disminuido, tener la autoestima perjudicada son señales de que la relación no es saludable. La atención plena nos ayuda a evaluar estos impactos y a tomar la decisión consciente de alejarnos.

Redefinición de prioridades: Al practicar la atención plena, ganamos claridad sobre nuestras prioridades y valores. Percibimos lo importante que es nuestra salud emocional y bienestar para una vida plena. Esto nos da la motivación necesaria para alejarnos de las relaciones tóxicas, incluso si eso significa enfrentar desafíos temporales.

Enfoque en el bienestar personal: La práctica de la atención plena nos recuerda constantemente la importancia de cuidar de nosotros mismos. Cuando estamos en una relación tóxica, tendemos a ponernos en segundo lugar. Sin embargo, la atención plena nos ayuda a mantener el enfoque en nuestro propio bienestar, permitiéndonos tomar la decisión de desapegar e invertir en nuestro propio crecimiento.

Cultivo de la resiliencia: La práctica de la atención plena nos ayuda a cultivar la resiliencia emocional. Esto significa que, a medida que nos alejamos de las relaciones tóxicas, estamos mejor equipados para lidiar con el dolor, el vacío y el duelo que pueden surgir. La atención plena nos enseña a aceptar estas emociones como parte de la jornada de desapego y crecimiento.

La atención plena nos invita a vivir cada momento con conciencia, a comprender nuestras emociones y a tomar decisiones conscientes en lugar de reaccionar automáticamente. A través de esta práctica, podemos cultivar un sentido de autonomía emocional que nos permite disfrutar de relaciones saludables, genuinas y libres de la dependencia emocional. La atención plena nos recuerda que la verdadera satisfacción y felicidad reside en nuestra propia capacidad de estar presentes y auténticos, independientemente de las circunstancias externas.

Prácticas para conectar con el presente y reducir la ansiedad

La vida contemporánea nos pone a menudo bajo presión, estimulando preocupaciones sobre el futuro y reflexiones sobre el pasado. La ansiedad, resultado de estas tensiones temporales, puede perjudicar nuestro bienestar emocional y mental. La práctica de la atención plena ofrece varias herramientas prácticas para conectarnos con el presente, reducir la ansiedad y experimentar un mayor sentido de tranquilidad y claridad.

Meditación de la respiración

La meditación de la respiración es una técnica de atención plena que tiene raíces profundas en diversas tradiciones espirituales y filosofías contemplativas. Se destaca como una de las prácticas más accesibles y eficaces para conectarnos con el momento presente, calmar la mente y reducir la ansiedad. La esencia de esta práctica reside en la simplicidad de la propia respiración, algo que nos acompaña a cada momento de nuestras vidas. Cómo practicar la meditación de la respiración:

Preparación: Elige un lugar tranquilo y cómodo para sentarte o acostarte. Mantén la espalda erguida y relajada, permitiendo que tu respiración fluya naturalmente.

Foco en la respiración: Cierra los ojos suavemente y comienza a dirigir tu atención a la sensación de la respiración. No intentes alterar tu respiración, solo obsérvala tal como es. Siente el aire entrando y saliendo por las fosas nasales u observa el movimiento del abdomen a medida que se expande y se contrae con la respiración.

Manteniendo el foco: Concéntrate en la sensación completa de la respiración. Esto puede incluir el flujo de aire fresco en las fosas nasales, el calor de la respiración exhalada o la expansión del abdomen. A medida que te concentras en la respiración, es natural que la mente se distraiga con pensamientos, preocupaciones o sensaciones físicas. Cuando esto suceda, gentilmente trae tu atención de vuelta a la respiración, sin juicio.

No juicio: Uno de los principios clave de la meditación de la respiración es la práctica del no juicio. No te preocupes si tu mente divaga o si te sientes impaciente. Esto es normal y forma parte de la práctica. Sé amable contigo mismo y trae suavemente tu atención de vuelta a la respiración siempre que te des cuenta de que te has distraído.

Duración de la práctica: Comienza con sesiones cortas, como de 5 a 10 minutos, y gradualmente aumenta el tiempo a medida que te sientas más cómodo. La meditación de la respiración puede practicarse a cualquier hora del día, siempre que necesites un momento de calma y enfoque.

Beneficios: La meditación de la respiración ofrece innumerables beneficios. Calma el sistema nervioso, reduciendo la respuesta al estrés y la ansiedad. Además, ayuda a mejorar la concentración, la claridad mental y la capacidad de estar presente en el momento actual.

Integración en la vida diaria: La belleza de la meditación de la respiración es que puedes incorporarla a tu vida diaria. Reserva momentos para practicar cuando sientas la necesidad de calmarte o reconectarte con el momento presente. Puedes hacerlo al despertar, antes de dormir, o incluso durante pequeñas pausas a lo largo del día.

La meditación de la respiración es una herramienta poderosa para interrumpir el ciclo de pensamientos ansiosos y traer tu atención de vuelta al presente. A medida que te adentras en esta práctica, cultivarás un mayor sentido de tranquilidad interior, así como una capacidad aumentada de lidiar con las presiones de la vida cotidiana de manera más calmada y centrada.

Observación sensorial

La observación sensorial es una práctica de atención plena que nos invita a conectarnos con nuestros sentidos y con el mundo que nos rodea de forma consciente y apreciativa. En medio del ajetreo de la vida moderna, a menudo nos desconectamos de los detalles sensoriales del momento presente. La observación sensorial nos ofrece la oportunidad de volver nuestra atención a las experiencias sensoriales inmediatas, alejándonos de las preocupaciones y ansiedades que pueden acumularse en nuestra mente. Guía paso a paso para practicar la observación sensorial:

Elige un lugar tranquilo: Encuentra un lugar tranquilo donde puedas sentarte o estar de pie cómodamente. Esto puede ser dentro de casa o en un espacio al aire libre. Asegúrate de que no serás interrumpido.

Foco en los sentidos: Comienza por dirigir tu atención a tu cuerpo y al entorno que te rodea. Elige un sentido para enfocar primero, como la vista, el tacto, el olfato o el oído.

Observación visual: Si eliges la vista, concéntrate en los colores, formas y patrones que te rodean. Observa los detalles de los objetos, la interacción de las luces y sombras, y la variedad de colores presentes.

Observación táctil: Si eliges el tacto, concéntrate en las sensaciones físicas en tu cuerpo o en los objetos que tienes al alcance. Siente la textura de las superficies, la temperatura y la presión contra la piel.

Observación olfativa: Si eliges el olfato, observa los diferentes olores en el entorno. Respira profundamente y percibe los aromas sutiles o marcados que te rodean.

Observación auditiva: Sintoniza con los sonidos que te rodean. Escucha los sonidos cercanos y lejanos, los ritmos y patrones que componen el entorno sonoro.

Alternancia entre los sentidos: Después de unos minutos de enfoque en un sentido, cambia a otro sentido. Explora cada sentido por un período de tiempo similar, permitiéndote sumergirte profundamente en la experiencia sensorial.

Aceptación y presencia: A medida que observas los detalles sensoriales, hazlo sin juicio o análisis. Simplemente observa y acepta lo que está presente en tus sentidos en el momento. Esto ayuda a traerte de vuelta al presente.

Registra tus observaciones: Después de completar la práctica, considera anotar tus observaciones sensoriales en un diario. Esto puede ser una forma de registrar y revisitar esas experiencias sensoriales únicas.

La práctica de la observación sensorial ofrece un refugio del constante ajetreo mental y ayuda a reducir la ansiedad al traer la atención de vuelta al momento presente. A medida que te adentras en esta práctica, puedes descubrir una nueva apreciación por los detalles sensoriales de la vida cotidiana y una sensación renovada de presencia y calma interior.

Diario de gratitud

El diario de gratitud es una práctica poderosa que nos ayuda a dirigir nuestra atención a las cosas buenas que están presentes en nuestras vidas, cultivando un sentido de apreciación y positividad. En tiempos de ansiedad, a menudo nos perdemos en los pensamientos sobre lo que puede salir mal o en lo que falta. El diario de gratitud nos ayuda a cambiar el foco al presente y a las bendiciones que ya tenemos. Cómo iniciar y mantener un diario de gratitud:

Elige un momento del día: Define un momento específico del día para escribir en tu diario de gratitud. Puede ser por la mañana, por la noche o en cualquier momento que funcione mejor para ti.

Comienza con tres cosas: A cada día, escribe al menos tres cosas por las que estás agradecido. Estas cosas pueden variar de pequeñas a grandes, desde un gesto amable de un amigo hasta algo significativo que sucedió.

Sé específico: Intenta ser específico al describir tus gratitudes. En lugar de escribir "Estoy agradecido por mi familia", podrías escribir "Estoy agradecido por la conversación sincera que tuve con mi padre esta noche".

Incluye pequeños momentos: Además de eventos significativos, incluye pequeños momentos y detalles del día que te trajeron alegría. Esto ayuda a cultivar una apreciación más profunda por la vida cotidiana.

Revive las experiencias: Al escribir sobre tus gratitudes, intenta revivir las experiencias en tu mente. Esto ayuda a intensificar la sensación de gratitud.

Varía las gratitudes: No dudes en variar tus gratitudes diarias. Esto ayuda a mantener la práctica interesante y a descubrir nuevas fuentes de alegría.

Explora diferentes áreas de la vida: Además de las personas, incluye también aspectos de tu vida, como salud, trabajo, hobbies, naturaleza y logros personales.

Mantén la consistencia: Intenta mantener la consistencia en tu práctica de diario de gratitud. Cuanto más te involucres, más natural se convertirá en buscar las cosas positivas en tu vida.

Reflexiona a lo largo del tiempo: De vez en cuando, relee tus entradas anteriores en el diario. Esto puede darte una visión de cómo tu perspectiva y apreciación han evolucionado a lo largo del tiempo.

El diario de gratitud es una práctica simple, pero profundamente transformadora. Al enfocar lo positivo del presente, no solo reducirás la ansiedad, sino que también desarrollarás una mentalidad más positiva y una mayor conexión con la alegría que ya existe en tu vida.

Escaneo corporal

El escaneo corporal es una técnica de atención plena que ayuda a traer la conciencia al presente, centrándose en las sensaciones físicas del cuerpo. Esta práctica implica una exploración gentil y cuidadosa de cada parte del cuerpo, ayudando a reducir la ansiedad al dirigir la atención al momento presente y alejarla de los pensamientos preocupantes. Pasos para practicar el escaneo corporal:

Encuentra un lugar tranquilo: Elige un lugar donde puedas sentarte o acostarte cómodamente, donde no serás interrumpido.

Posición cómoda: Siéntate o acuéstate en una posición cómoda. Cierra los ojos suavemente, si lo prefieres.

Trae tu atención a la respiración: Comienza la práctica trayendo tu atención a la respiración. Siente el movimiento del aire entrando y saliendo de tu cuerpo. Esto ayuda a calmar la mente y prepararte para la práctica del escaneo corporal.

Comienza por el dedo del pie: Dirige tu atención al dedo del pie izquierdo. Observa cualquier sensación que esté presente allí, ya sea hormigueo, calor, presión u otras sensaciones. No juzgues las sensaciones, solo observa.

Movimiento gradual: Continúa moviendo tu atención gradualmente hacia arriba, explorando cada parte del cuerpo. Pasa a la planta del pie, el tobillo, la pantorrilla y así sucesivamente. Observa cada parte con una mente curiosa y abierta.

Sensaciones y observaciones: Mientras exploras cada parte, sé atento a las sensaciones físicas. Algunas partes pueden tener más sensaciones que otras, y eso es perfectamente normal.

Cambia a la otra pierna: Cuando llegues a la cabeza, cambia tu atención a la otra pierna y repite el proceso de exploración.

Finaliza con la respiración: Después de explorar todo el cuerpo, lleva tu atención de vuelta a la respiración por unos momentos. Siente el flujo constante de tu respiración.

Apertura y gratitud: Antes de terminar la práctica, dedícate un momento para agradecerte a ti mismo por dedicar ese tiempo a la atención plena y a la conexión con tu cuerpo.

A través de la incorporación de estas prácticas de atención plena en tu rutina, puedes experimentar un aumento en la sensación de calma, una mayor capacidad de involucrarte plenamente en el presente y una reducción significativa en la ansiedad relacionada con el pasado y el futuro. La atención plena te permite conectarte de forma más profunda con la realidad del momento actual, proporcionando un espacio de paz interior y claridad mental.

Como evitar la rumia sobre el pasado o la preocupación excesiva por el futuro

La rumia sobre el pasado y la preocupación excesiva por el futuro pueden atraparnos en un ciclo de ansiedad e inquietud. La atención plena ofrece estrategias prácticas para interrumpir estos patrones de pensamiento y reorientar nuestra atención al momento presente.

Práctica de atención plena a la respiración

La práctica de atención plena enfocada en la respiración es una de las herramientas más poderosas para interrumpir los patrones de pensamiento sobre el pasado o el futuro y conectarnos con el momento presente. Esta técnica simple, pero profundamente eficaz, implica concentrar nuestra atención en las sensaciones de la respiración mientras entra y sale del cuerpo. Cómo practicar la atención plena a la respiración:

Encontrar un lugar tranquilo: Elige un lugar tranquilo donde puedas sentarte o acostarte cómodamente. Esto puede ser un rincón tranquilo en tu casa, un espacio al aire libre o cualquier lugar donde te sientas a gusto.

Posición cómoda: Adopta una posición cómoda. Esto puede ser sentado en una silla con los pies apoyados en el suelo o en posición de loto en el suelo. Mantén la espalda recta, pero no rígida, y permite que tus hombros se relajen.

Concentración en la respiración: Cierra los ojos suavemente y comienza a dirigir tu atención a la respiración. Siente el movimiento del aire entrando y saliendo de tus fosas nasales. Observa las sensaciones de la respiración en tu cuerpo: el movimiento del abdomen o del pecho, el flujo de aire fresco al inhalar y el aire cálido al exhalar.

Sé un observador desapegado: A medida que respiras, observa tus sensaciones respiratorias sin juicio. No estás tratando de controlar la respiración; simplemente estás observando con curiosidad y aceptación.

Atención plena al presente: Cuando te des cuenta de que tu mente comienza a divagar hacia pensamientos sobre el pasado o el futuro, gentilmente reorienta tu atención de vuelta a la respiración. Usa la respiración como ancla para traer tu mente de vuelta al presente.

Aceptación de las distracciones: Es natural que tu mente se distraiga. Si esto sucede, no te sientas frustrado. Simplemente reconoce la distracción y vuelve a tu atención a la respiración.

Práctica regular: La práctica de atención plena a la respiración es más eficaz cuando se convierte en una parte regular de tu rutina diaria. Comienza con sesiones cortas, de cinco a diez minutos, y gradualmente aumenta el tiempo a medida que te sientas más cómodo.

Beneficios duraderos: Al practicar regularmente la atención plena a la respiración, fortalecerás tu capacidad de anclarte en el presente. Esto no solo ayudará a interrumpir la rumia sobre el pasado o la preocupación por el futuro, sino que también creará un sentido general de calma y claridad en tu mente. Recordándote de traer tu atención de vuelta a la respiración siempre que tu mente se pierda en pensamientos, estás entrenando tu mente para estar más presente en el momento actual. Esta práctica no solo reduce la ansiedad, sino que también promueve una conexión más profunda contigo mismo y con el mundo que te rodea.

Recordándote de traer tu atención de vuelta a la respiración siempre que tu mente se pierda en pensamientos, estás entrenando tu mente para estar más presente en el momento actual. Esta práctica no solo reduce la ansiedad, sino que también promueve una conexión más profunda contigo mismo y con el mundo que te rodea.

Establece un tiempo para las preocupaciones

La práctica de reservar un tiempo específico del día para preocuparse es una estrategia eficaz para evitar la rumia excesiva sobre el futuro y controlar la ansiedad. Al implementar esta práctica, creas un espacio dedicado para lidiar con tus preocupaciones, lo que te permite mantener tu mente más presente y tranquila durante el resto del día. Cómo usar esta técnica:

Elige un horario: Elige un horario que funcione para ti, preferiblemente durante el día. Puede ser de 15 a 30 minutos, según la cantidad de preocupaciones que tiendes a tener.

Lugar designado: Elige un lugar tranquilo donde puedas sentarte y reflexionar sin distracciones. Puede ser un rincón cómodo en tu casa o cualquier lugar donde puedas concentrarte.

Tiempo designado: Durante el período designado, concéntrate en tus preocupaciones y pensamientos ansiosos. Anota estos pensamientos en un cuaderno o dispositivo electrónico, si lo deseas. Explorar tus preocupaciones de manera estructurada puede ayudarte a traerlas a la luz y reducir su intensidad.

Límite de tiempo: Recuerda que el tiempo reservado es limitado. Al final del período determinado, cierra esta sesión de preocupaciones. Esto ayuda a evitar que te aferres excesivamente a estos pensamientos.

Redirige la atención: Si durante el día te atrapas preocupándote fuera del horario designado, haz una nota mental para abordar estas preocupaciones durante la próxima sesión de preocupaciones. Esto te permite redirigir tu atención al presente.

Integra en el día a día: A medida que practiques esta técnica regularmente, comenzarás a notar que tu mente se siente más libre para concentrarse en el presente. Te volverás más capaz de reconocer los momentos en los que la preocupación está surgiendo y tendrás la confianza de que dedicarás un tiempo para lidiar con ella.

Ajusta según sea necesario: Si te das cuenta de que 15 a 30 minutos no son suficientes para todas tus preocupaciones, ajusta el período según sea necesario. El objetivo es evitar que tus preocupaciones dominen tu mente todo el tiempo, no limitar totalmente el tiempo de reflexión.

Separa tiempo para soluciones: Además de simplemente reflexionar sobre las preocupaciones, usa parte del tiempo designado para pensar en soluciones prácticas. A menudo, la ansiedad se alimenta de la sensación de impotencia. Encontrar soluciones o pasos concretos para enfrentar tus preocupaciones puede reducir la ansiedad.

Esta práctica ayuda a estructurar tus preocupaciones y a evitar que ocupen todo el espacio mental durante el día. Con el tiempo, entrenarás tu mente para lidiar de manera más eficaz con las preocupaciones futuras, lo que te permitirá vivir con más atención y tranquilidad en el presente.

Atención plena en las actividades cotidianas

Una manera eficaz de desconectarse de la rumia sobre el pasado o las preocupaciones sobre el futuro es traer la atención plena a las actividades cotidianas. Esta práctica implica dirigir conscientemente tu atención a la tarea que estás realizando en el momento, en lugar de perderte en pensamientos dispersos. Cómo incorporar la atención plena a las actividades cotidianas:

Elección de la actividad: Selecciona una tarea cotidiana para empezar, como lavar los platos, bañarte, cepillarte los dientes, preparar una comida o caminar. Elige una actividad que realices regularmente, para que puedas convertirla en un momento de práctica constante de atención plena.

Foco en la sensación y el movimiento: Concéntrate en las sensaciones físicas y los movimientos involucrados en la tarea. Por ejemplo, al lavar los platos, siente la temperatura del agua, la textura de los platos, la sensación de la espuma. Al caminar, siente el contacto de los pies con el suelo, observa la cadencia de los pasos.

Trae tu mente de vuelta: Es normal que la mente se distraiga con pensamientos mientras realizas la tarea. Cuando te des cuenta de que tu mente ha divagado, gentilmente tráela de vuelta a la tarea en cuestión. Sin juicio, dirige tu atención nuevamente a las sensaciones y movimientos de la actividad.

Explora los detalles: Desarrolla una curiosidad por los detalles de la actividad. Observa colores, texturas, aromas, sonidos y cualquier otra sensación que puedas experimentar mientras realizas la tarea.

Respira conscientemente: Además de enfocarte en las sensaciones de la actividad, presta atención a tu respiración. Usa la respiración como un ancla para traer tu atención de vuelta al presente siempre que tu mente se disperse.

Evita la prisa: En las actividades cotidianas, a menudo estamos inclinados a hacer las cosas rápidamente para pasar a la siguiente tarea. Al practicar la atención plena, permítete desacelerar y saborear cada momento de la tarea.

Sin juicio: Recuerda que la atención plena no implica juzgar si una actividad es buena o mala. Se trata de estar presente, independientemente de la naturaleza de la tarea.

Variedad de actividades: A medida que te familiarizas con esta práctica, experimenta traer la atención plena a una variedad de actividades a lo largo del día. Esto aumentará tu capacidad de vivir de manera más consciente en todos los aspectos de la vida.

Cultiva la gratitud: A medida que traes la atención plena a las actividades, cultivar un sentimiento de gratitud por el momento presente puede ser poderoso. Esto ayuda a realzar la experiencia y a reducir la preocupación.

Practicar la atención plena en las actividades cotidianas ayuda a entrenar tu mente para estar más presente, aumentando tu capacidad de alejarte de los patrones de pensamiento ansioso y la rumia. Con el tiempo, comenzarás a encontrar más paz y satisfacción en cada momento, independientemente de la tarea que estés realizando.

Técnica del 5-4-3-2-1

La técnica del 5-4-3-2-1 es una práctica de atención plena que utiliza los sentidos para anclar tu mente en el momento presente. Es una herramienta simple y eficaz para reducir la ansiedad, especialmente cuando te encuentras atrapado en pensamientos sobre el futuro o preocupaciones pasadas. Cómo practicar la técnica del 5-4-3-2-1:

Encuentra un lugar tranquilo: Para practicar esta técnica, encuentra un lugar tranquilo donde puedas sentarte o estar cómodo durante unos minutos. Esto se puede hacer en casa, en el trabajo o en cualquier lugar donde puedas concentrarte. Comienza a observar los siguientes elementos con tus sentidos:

Cinco cosas que puedes ver: Mira a tu alrededor e identifica cinco objetos o elementos visuales frente a ti. Puede ser cualquier cosa, desde muebles hasta pequeños detalles en la habitación.

Cuatro cosas que puedes tocar: Toca cuatro objetos cerca de ti. Concéntrate en la sensación táctil de cada objeto, su textura y temperatura.

Tres cosas que puedes escuchar: Escucha atentamente los sonidos a tu alrededor. Identifica tres sonidos distintos, sean cercanos o lejanos.

Dos cosas que puedes oler: Huele el aire a tu alrededor e intenta identificar dos aromas. Esto puede incluir el olor a comida, plantas u otros elementos del entorno.

Una cosa que puedes saborear: Si tienes algo para comer o beber al alcance, prueba un sabor y concéntrate en la sensación del paladar.

Atención plena en los sentidos: Mientras practicas esta técnica, concéntrate plenamente en tus sentidos. Al observar cada elemento, esté presente en la experiencia sensorial, alejando tu mente de los pensamientos ansiosos.

Repite según sea necesario: Esta técnica se puede realizar rápidamente o con más tiempo, dependiendo de la situación. Si te sientes particularmente ansioso, puedes repetir la secuencia varias veces hasta sentir una mayor sensación de calma.

Ancorando en el presente: El objetivo de la técnica es anclar tu atención en el presente, interrumpiendo el ciclo de pensamientos preocupantes. Al concentrarte en los sentidos y las sensaciones inmediatas, te estás conectando con el momento presente de forma significativa.

La técnica del 5-4-3-2-1 es una herramienta poderosa para traer tu mente de vuelta al aquí y ahora. Al practicarla regularmente, entrenas tu mente para desconectarse de los patrones de pensamiento ansioso y concentrarse en las experiencias sensoriales inmediatas, proporcionando alivio y una sensación de tranquilidad.

Resignificación de pensamientos

La resignificación de pensamientos es una técnica poderosa de la psicología cognitiva que puede ayudar a reducir la rumia sobre el pasado o la preocupación excesiva por el futuro. Esta técnica implica recontextualizar los pensamientos, cuestionando su utilidad e impacto en el momento presente. Cómo practicar la resignificación de pensamientos:

Reconoce los pensamientos: El primer paso es reconocer cuando estás atrapado en pensamientos sobre el pasado o el futuro. Esté atento a los patrones de pensamiento que pueden estar contribuyendo a la ansiedad o la inquietud.

Evalúa la utilidad: Pregúntate si el pensamiento que ocupa tu mente es productivo o útil en el momento presente. A menudo, nuestros pensamientos rumiantes no tienen un propósito positivo y pueden alejarnos del presente.

Resignifica los pensamientos: Al darte cuenta de que un pensamiento no es productivo, intenta resignificarlo. En lugar de dejarte llevar por pensamientos ansiosos o preocupaciones, dirige tu atención a algo más positivo, presente o constructivo.

Vuelve al presente: Cuando te des cuenta de que te estás perdiendo en pensamientos sobre el pasado o el futuro, haz un esfuerzo consciente para traerte de vuelta al presente. Concéntrate en una tarea, una actividad sensorial o una experiencia inmediata.

Practica la autorregulación: La resignificación de pensamientos es una forma de autorregulación emocional. Al elegir conscientemente dónde dirigir tu atención, estás asumiendo el control sobre tus pensamientos y emociones.

Cultiva la autocompasión: Ten en cuenta que todos tenemos pensamientos ansiosos o preocupantes en algún momento. Cultiva la autocompasión al darte cuenta de que es normal tener estos pensamientos, pero tienes el poder de elegir cómo reaccionar a ellos.

Practica regularmente: La resignificación de pensamientos es una habilidad que puede desarrollarse con la práctica regular. Cuanto más practiques esta técnica, más eficaz serás en redirigir tu atención y evitar la espiral de pensamientos negativos.

Recordando que la resignificación de pensamientos no se trata de negar sentimientos o ignorar preocupaciones legítimas. En cambio, es una herramienta para evaluar la utilidad de pensamientos que no están contribuyendo a tu bienestar en el momento presente. Al traer tu atención de vuelta al aquí y ahora, estás cultivando una mayor presencia mental y emocional, reduciendo la ansiedad y encontrando un espacio para la calma.

Práctica regular de meditación

La práctica regular de la meditación de atención plena es una herramienta valiosa para cultivar la habilidad de concentrarse en el presente y reducir la ansiedad. La meditación ofrece un espacio tranquilo para entrenar la mente, observar los pensamientos y las emociones sin juicio, y desarrollar una relación más saludable con el flujo constante de pensamientos. Cómo practicar meditación de atención plena para reducir la ansiedad:

Elige un lugar tranquilo: Encuentra un lugar calmado y libre de distracciones para meditar. Puede ser un rincón tranquilo en tu casa, un parque o cualquier otro lugar donde puedas sentirte cómodo.

Establece un tiempo: Comienza con un período corto de meditación, como 5 a 10 minutos, y gradualmente aumenta el tiempo según te sientas cómodo.

Postura cómoda: Siéntate en una posición cómoda, con la espalda erguida y las manos descansando en el regazo. También puedes elegir sentarte en una almohada, silla o incluso tumbarte, si lo prefieres.

Foco en la respiración: Comienza dirigiendo tu atención a la sensación de la respiración. Observa las sensaciones del aire entrando y saliendo de tus fosas nasales o el movimiento de tu abdomen. La idea no es controlar la respiración, sino observarla con atención.

Observación de pensamientos: Durante la meditación, es natural que surjan pensamientos. En lugar de luchar contra ellos, obsérvalos sin aferrarte ni juzgarlos. Imagina que estás observando pensamientos pasar como nubes en el cielo.

Retorna al presente: Siempre que te des cuenta de que tu mente se ha desviado a pensamientos o preocupaciones, gentilmente trae tu atención de vuelta a la respiración o a la sensación del momento presente.

Cultiva la gentileza: Al meditar, trátate con gentileza y paciencia. No te preocupes si tu mente se distrae; esto es normal. Lo importante es reconocer y traer tu atención de vuelta.

Practica regularmente: La consistencia es esencial para cosechar los beneficios de la meditación. Intenta practicar diariamente, aunque sea por períodos cortos de tiempo.

Utiliza guías de meditación: Si eres nuevo en la meditación, puede ser útil usar guías de meditación en audio o aplicaciones que ofrecen instrucciones paso a paso para ayudarte a concentrarte y relajarte.

La práctica regular de la meditación no solo reduce la ansiedad, sino que también mejora la claridad mental, la resiliencia emocional y la capacidad de conectarse con el presente. Entiende que la meditación es una habilidad que se desarrolla con el tiempo, así que sé gentil contigo mismo a medida que exploras esta práctica y cosechas los beneficios de una mente más calma y centrada.

Aceptación y no juicio

Uno de los principios fundamentales de la práctica de la atención plena es la aceptación y el no juicio de los pensamientos y emociones que surgen durante la práctica. Es natural que la mente se distraiga con pensamientos sobre el pasado o el futuro; sin embargo, el objetivo no es eliminar esos pensamientos, sino desarrollar una relación más saludable con ellos. Cómo practicar la aceptación y el no juicio durante la atención plena:

Cultiva la autocompasión: Al darte cuenta de que tu mente se ha distraído, evita ser duro contigo mismo. En su lugar, sé amable y comprensivo. La autocrítica solo dificulta la práctica. Sé consciente de que todos tienen pensamientos que distraen.

Observa sin juicio: Cuando surjan pensamientos sobre el pasado o el futuro, obsérvalos sin juicio. En lugar de etiquetar los pensamientos como "buenos" o "malos", simplemente reconoce su presencia y dirige tu atención de vuelta al presente.

No fuerces la eliminación de pensamientos: Intentar forzar a la mente a no tener pensamientos sobre el pasado o el futuro puede crear más ansiedad. Acepta que la mente es naturalmente activa y que algunos pensamientos surgirán.

La práctica es un viaje: La práctica de la atención plena es un viaje continuo. No esperes tener una mente completamente tranquila desde el principio. Con el tiempo, te convertirás en más hábil para dirigir tu atención al presente.

Deja que los pensamientos pasen: Los pensamientos vendrán y se irán. Imagínalos como nubes que pasan por el cielo de tu mente. No necesitas aferrarte a cada pensamiento; déjalos seguir su curso.

Aumenta la autoconciencia: A medida que practiques la atención plena, desarrollarás una mayor autoconciencia sobre los patrones de pensamientos y preocupaciones que surgen con frecuencia. Esto te permitirá reconocerlos más fácilmente y abordarlos con aceptación.

Foco en el presente: Siempre que te des cuenta de que te estás perdiendo en pensamientos sobre el pasado o el futuro, gentilmente trae tu atención de vuelta al presente. Concéntrate en tu respiración, en las sensaciones del cuerpo o en cualquier otra ancla de atención que estés utilizando.

Al traer la atención plena a tu vida diaria, te liberas de las garras del pasado y de las preocupaciones con el futuro. Esto no solo fortalece tu capacidad de estar presente y auténtico, sino que también promueve una sensación profunda de paz interior y resiliencia ante los desafíos de la vida. Por lo tanto, permítete explorar las prácticas de la atención plena y experimentar los beneficios transformadores de vivir plenamente el momento presente.

12
BUSCANDO AYUDA PROFESIONAL

A veces, el mayor acto de valentía es pedir ayuda.

En muchos momentos de la vida, enfrentamos desafíos que pueden afectar nuestra salud mental y emocional. En esas situaciones, buscar ayuda profesional, como terapia o asesoramiento, puede ser un paso importante para el autocuidado y la superación. Este capítulo explora cómo reconocer cuándo es necesario buscar ayuda, la importancia de un apoyo profesional calificado y cómo encontrar un terapeuta adecuado para sus necesidades.

Reconociendo cuándo es necesario buscar terapia o asesoramiento

Reconocer cuándo es apropiado buscar ayuda profesional es una parte crucial del cuidado de la salud mental. Señales que indican que puede ser hora de buscar terapia o asesoramiento:

Persistencia de los síntomas

Cuando los síntomas emocionales, psicológicos o conductuales persisten durante un período prolongado y comienzan a impactar negativamente su calidad de vida, puede ser un indicativo de que buscar ayuda profesional es una elección importante. Estos síntomas pueden tomar varias formas y presentarse de maneras diferentes para cada individuo.

Sentimientos de tristeza profunda: Si se encuentra atrapado en un estado de tristeza prolongada, perdiendo el interés en actividades que antes le traían placer, puede ser un signo de depresión. La depresión no se limita a sentirse triste ocasionalmente; se caracteriza por una persistente sensación de desesperanza, falta de energía y motivación.

Ansiedad constante: La ansiedad es una respuesta natural al estrés, pero si está constantemente preocupado, sintiendo miedo o aprensión, puede estar enfrentando un nivel de ansiedad que interfiere con sus actividades diarias. La ansiedad excesiva puede ser debilitante e impacta su calidad de vida.

Cambios de humor extremos: Fluctuaciones extremas de humor, como pasar de momentos de euforia a períodos de tristeza profunda rápidamente, pueden indicar trastorno bipolar. Este trastorno requiere intervención profesional para ayudar a estabilizar el estado de ánimo y minimizar los impactos de estas oscilaciones.

Pensamientos y comportamientos autodestructivos: Si tiene pensamientos recurrentes de autolesión, suicidio o si está involucrado en comportamientos autodestructivos, es fundamental buscar ayuda de inmediato. Esto indica un nivel crítico de angustia emocional que requiere intervención profesional urgente.

Dificultades en el trabajo o estudios: Si sus síntomas están afectando negativamente su desempeño en el trabajo, estudios u otras responsabilidades, es una señal de que puede beneficiarse del apoyo profesional para superar estos desafíos.

Cambios significativos en el sueño y el apetito: Alteraciones drásticas en el sueño, como insomnio o exceso de sueño, así como cambios en el apetito, como pérdida de apetito o alimentación excesiva, pueden ser síntomas de problemas emocionales subyacentes.

Dificultad para lidiar con eventos de la vida

La vida está llena de eventos y situaciones que pueden ser profundamente desafiantes de afrontar, especialmente cuando ocurren cambios significativos, traumas o pérdidas. En estos momentos, la capacidad de lidiar con el estrés y las emociones asociadas a estos eventos puede verse sobrecargada. Situaciones en las que la búsqueda de ayuda profesional puede ser valiosa:

Pérdida de seres queridos: La muerte de un ser querido es una experiencia emocionalmente devastadora que puede provocar una amplia gama de emociones, incluyendo tristeza profunda, ira, culpa y confusión. Si estás enfrentando dificultades para lidiar con la pérdida de alguien cercano, un terapeuta puede ayudarte a navegar por el proceso de duelo de manera saludable.

Trauma y eventos traumáticos: Los eventos traumáticos, como accidentes, abuso, violencia o desastres naturales, pueden tener un impacto profundo en la salud mental. Los síntomas del trauma, como flashbacks, pesadillas y ansiedad intensa, pueden interferir en la calidad de vida. La terapia, especialmente aquellas centradas en el tratamiento del trauma, puede ayudar a procesar estas experiencias y desarrollar mecanismos de afrontamiento eficaces.

Divorcio y separación: El fin de una relación puede ser emocionalmente agotador, especialmente si implica cuestiones como divorcio o separación. Tener un espacio para discutir tus sentimientos, comprender el proceso de duelo y desarrollar estrategias para afrontar esta transición puede ser invaluable.

Cambios drásticos en la vida: Los cambios significativos, como cambios de empleo, cambios de ciudad, jubilación o cambios en la dinámica familiar, pueden generar estrés y ansiedad. Si estás luchando para adaptarte a estos cambios, un terapeuta puede ayudarte a navegar por los desafíos emocionales y psicológicos asociados.

Aislamiento y dificultad en las relaciones

Las relaciones interpersonales desempeñan un papel crucial en nuestras vidas, influyendo en nuestro bienestar emocional y psicológico. Sin embargo, no siempre es fácil navegar por estas relaciones de manera saludable y eficaz. Si estás enfrentando problemas en las relaciones personales, familiares o profesionales, esto puede tener un impacto significativo en tu calidad de vida. Situaciones en las que la búsqueda de ayuda profesional puede ser beneficiosa:

Problemas de comunicación: La comunicación es la base de cualquier relación saludable. Si te encuentras repetidamente en situaciones en las que la comunicación es ineficaz, los malentendidos ocurren o los conflictos surgen debido a la falta de comunicación, un terapeuta puede ayudarte a desarrollar habilidades de comunicación asertiva y no violenta.

Conflictos recurrentes: Si te encuentras atrapado en patrones de conflicto con una persona o grupo específico, esto puede afectar negativamente tu bienestar emocional. La terapia puede ayudarte a explorar las raíces de estos conflictos, entender sus dinámicas subyacentes y aprender estrategias para resolver conflictos de manera constructiva.

Establecimiento de límites: Definir límites saludables en las relaciones es fundamental para mantener el equilibrio emocional. Si estás teniendo dificultades para establecer y mantener límites adecuados, un terapeuta puede ayudarte a desarrollar la capacidad de decir "no", identificar cuando tus límites son violados y comunicar tus necesidades de manera asertiva.

Aislamiento y soledad: El aislamiento social y la soledad pueden tener un impacto perjudicial en la salud mental. Si te sientes aislado, con dificultad para hacer conexiones sociales significativas o enfrentando soledad persistente, un terapeuta puede ayudarte a explorar maneras de conectarte con los demás y desarrollar relaciones más saludables.

Relaciones familiares complejas: Las dinámicas familiares pueden ser complicadas y desafiantes. Si estás enfrentando conflictos familiares, dificultades de comunicación o cuestiones no resueltas dentro de la familia, la terapia puede proporcionar un espacio seguro para explorar estas cuestiones y buscar soluciones constructivas.

Autoestima y baja confianza

La autoestima y la confianza son elementos fundamentales para el bienestar emocional y psicológico de una persona. Cuando se lucha con baja autoestima, inseguridad constante o falta de confianza en uno mismo, puede afectar la capacidad de enfrentar los desafíos de la vida y aprovechar las oportunidades. La terapia es un recurso valioso para construir una imagen más positiva de uno mismo y desarrollar habilidades para lidiar con los pensamientos negativos. Formas en que la terapia puede ser eficaz en este contexto:

Exploración de las raíces: Un terapeuta puede ayudar a explorar las raíces de la baja autoestima e inseguridades. Esto puede implicar la identificación de experiencias pasadas, mensajes negativos internalizados o creencias limitantes que pueden estar contribuyendo a la visión negativa de uno mismo. Comprender estas raíces es el primer paso para la transformación.

Desafío de los pensamientos distorsionados: La terapia cognitivo-conductual (TCC) es un enfoque común que puede ayudar a desafiar y reconstruir pensamientos negativos y distorsionados. Un terapeuta trabajará con uno para identificar patrones de pensamiento negativo, cuestionar su validez y sustituirlos por pensamientos más realistas y positivos.

Construcción de autoestima: La terapia puede ayudar a construir una autoestima más saludable, destacando las cualidades, logros y características positivas de uno mismo. Esto puede implicar la creación de listas de logros, el reconocimiento de elogios genuinos y la práctica de la autocompasión.

Desarrollo de habilidades sociales: Mejorar la autoestima a menudo está ligado al desarrollo de habilidades sociales e interpersonales. Un terapeuta puede orientar en el desarrollo de habilidades de comunicación, asertividad y empatía, ayudando a sentirse más seguro en las interacciones sociales.

Foco en el presente y en el autocuidado: La terapia también puede ayudar a desarrollar el hábito de centrarse en el presente y practicar el autocuidado. A través de la atención plena y el desarrollo de rutinas de autocuidado, uno puede aprender a valorar y cuidar de sí mismo, contribuyendo a una imagen de sí mismo más positiva.

Comportamientos destructivos

Comportamientos como abuso de sustancias, compulsiones, autolesiones o pensamientos suicidas son graves y requieren atención inmediata. Cuando se lucha contra estos comportamientos, es crucial buscar ayuda profesional para lidiar con ellos de manera saludable y segura. Un terapeuta calificado puede ser un recurso valioso para entender, enfrentar y superar estos comportamientos destructivos. Formas en que la terapia puede ser eficaz en este contexto:

Evaluación y estabilización: Un terapeuta comenzará por realizar una evaluación completa de la situación, para entender la extensión de los comportamientos destructivos e identificar riesgos potenciales. Trabajarán para ayudar a desarrollar estrategias de estabilización para reducir el riesgo inmediato y proporcionar un entorno seguro.

Identificación de causas subyacentes: A menudo, los comportamientos destructivos están ligados a cuestiones emocionales, traumas no resueltos, trastornos mentales subyacentes o problemas de relación. Un terapeuta trabajará con uno para identificar las causas subyacentes que pueden estar contribuyendo a estos comportamientos.

Desarrollo de estrategias de afrontamiento: Los terapeutas están bien equipados para ayudar a desarrollar estrategias de afrontamiento saludables que sustituyan los comportamientos destructivos. Esto puede implicar el desarrollo de habilidades de afrontamiento para lidiar con el estrés, la ansiedad, las emociones intensas o los deseos destructivos.

Promoción de la salud mental: La terapia no solo se centra en abordar los comportamientos destructivos, sino también en mejorar la salud mental de manera más general. Un terapeuta puede trabajar con uno para tratar trastornos mentales subyacentes, como depresión, trastorno de ansiedad o trastorno de personalidad, que pueden contribuir a estos comportamientos.

Construcción de resiliencia: La terapia ayuda a construir resiliencia emocional y habilidades de afrontamiento que pueden ayudar a enfrentar desafíos futuros de manera más saludable. Esto incluye la identificación de desencadenantes, el desarrollo de planes de seguridad y la construcción de un sistema de apoyo.

Remisión a recursos adicionales: En casos más graves, un terapeuta puede remitir a uno a recursos adicionales, como tratamiento médico, hospitalización o grupos de apoyo específicos para lidiar con comportamientos destructivos.

Recuerda que pedir ayuda no es señal de debilidad, sino un paso valiente hacia el cuidado de tu salud mental y emocional. Un terapeuta o consejero calificado puede proporcionar las herramientas y el apoyo necesarios para superar desafíos y construir una vida más saludable y gratificante.

La importancia de un apoyo profesional cualificado

Buscar ayuda de un terapeuta o consejero profesional cualificado puede marcar una diferencia notable en su salud mental y bienestar general. La decisión de buscar apoyo profesional no solo demuestra autocuidado, sino que también reconoce la complejidad de los desafíos emocionales y psicológicos que usted puede estar enfrentando. Razones por las que el apoyo profesional es crucial:

Especialización y experiencia

Uno de los principales beneficios de buscar ayuda profesional es la especialización y la experiencia que los terapeutas y consejeros profesionales aportan a la mesa. Ellos poseen una formación académica rigurosa y una amplia base de conocimiento sobre cuestiones emocionales, conductuales y psicológicas. Especialización y experiencia que los terapeutas ofrecen:

Formación académica y entrenamiento especializado: Los terapeutas y consejeros pasan por años de formación académica, que incluye cursos de psicología, psicopatología, teoría y práctica terapéutica. Además, reciben entrenamiento específico en diferentes aproximaciones terapéuticas, como terapia cognitivo-conductual, terapia de aceptación y compromiso, terapia familiar, terapia de pareja, entre otras. Esto los equipa con una base sólida para abordar una variedad de desafíos emocionales y psicológicos.

Experiencia clínica: Además de la formación académica, los terapeutas también acumulan experiencia práctica a través de pasantías clínicas supervisadas y trabajo con clientes en entornos reales. Esta experiencia es fundamental para entender cómo aplicar teorías y técnicas terapéuticas de manera eficaz y sensible a las necesidades individuales de cada cliente.

Aproximaciones terapéuticas diversas: Los terapeutas tienen un conocimiento profundo de varias aproximaciones terapéuticas, lo que les permite adaptar su aproximación para atender a las necesidades de cada persona. Sea usted alguien que está enfrentando depresión, ansiedad, estrés postraumático, problemas de relación u otros desafíos, un terapeuta cualificado será capaz de elegir y aplicar la aproximación terapéutica más apropiada.

Liderar con cuestiones complejas: Terapeutas y consejeros están preparados para lidiar con cuestiones complejas, incluyendo traumas, duelo, trastornos alimenticios, adicciones y mucho más. Ellos no solo ofrecen apoyo emocional, sino que también implementan estrategias terapéuticas comprobadas para ayudar a los clientes a enfrentar y superar estas cuestiones.

Orientación especializada: Los terapeutas pueden ofrecer orientaciones especializadas sobre cómo lidiar con problemas específicos. Ellos entienden los matices de las condiciones mentales y emocionales y pueden ayudar a identificar patrones de pensamiento y comportamiento que pueden estar contribuyendo a sus desafíos. Ellos también pueden ofrecer información educativa sobre su condición y ayudarle a desarrollar estrategias para mejorar su salud mental.

Parceiros en el proceso de cura: Los terapeutas no solo proporcionan soluciones inmediatas, sino que también son socios en su proceso de cura y crecimiento. Ellos trabajan en conjunto con usted para desarrollar una relación terapéutica sólida, basada en la confianza y la colaboración. Esto crea un espacio seguro para usted explorar sus emociones, reflexionar sobre sus pensamientos y encontrar maneras constructivas de lidiar con sus desafíos.

Confidencialidad y ambiente seguro

La confidencialidad y el ambiente seguro son pilares fundamentales de la terapia. Los terapeutas entienden la importancia de crear un espacio donde te sientas cómodo para compartir tus experiencias más íntimas y vulnerables. Por qué la confidencialidad y el ambiente seguro son esenciales en la terapia:

Protección de la privacidad: La confidencialidad es una obligación ética y legal para los terapeutas y consejeros. Esto significa que todo lo que compartes durante las sesiones se mantiene en secreto. Los terapeutas no comparten tu información personal, detalles sobre tu tratamiento o cualquier otra información sin tu consentimiento explícito.

Promoción de la apertura y honestidad: Saber que tus palabras están protegidas por la confidencialidad te permite ser más abierto y honesto durante las sesiones. Esto es crucial para que puedas explorar cuestiones profundas y discutir tus sentimientos de manera franca. La confidencialidad ayuda a construir una relación de confianza entre tú y tu terapeuta.

Expresión sin juicio: Un ambiente seguro es aquel donde puedes expresarte sin miedo a ser juzgado. Los terapeutas están entrenados para ser no críticos y empáticos, creando un espacio donde puedes hablar sobre tus pensamientos, emociones y experiencias sin preocupaciones. Esto es especialmente importante al abordar temas sensibles o vergonzosos.

Exploración profunda de emociones: La confidencialidad y el ambiente seguro alientan la exploración profunda de tus emociones y pensamientos. Esto te permite identificar patrones, desafiar creencias limitantes y desarrollar una comprensión más completa de ti mismo. A medida que te sientes más seguro, es más probable que alcances perspectivas profundos.

Creación de vínculo terapéutico: La confidencialidad y el ambiente seguro son esenciales para construir un vínculo terapéutico fuerte entre tú y tu terapeuta. Cuando sientes que puedes confiar en tu terapeuta y compartir tus experiencias sin reservas, la terapia se vuelve más eficaz y gratificante.

Promoción de cambios positivos: La confidencialidad y el ambiente seguro te permiten sentirte apoyado y validado mientras trabajas en cambios positivos. A medida que exploras tus desafíos y desarrollas nuevas estrategias para enfrentarlos, este ambiente ayuda a mantener el foco en el crecimiento y el autodesarrollo.

Técnicas de intervención

Los profesionales de la salud mental están capacitados en una variedad de técnicas de intervención que tienen como objetivo ayudarlo a enfrentar problemas emocionales, mejorar su salud mental y desarrollar habilidades de autogestión. Estas técnicas se adaptan a sus necesidades individuales y se pueden utilizar para abordar una amplia gama de desafíos. Técnicas comunes utilizadas en la terapia:

Psicoterapia cognitivo-conductual (TCC): La TCC es un enfoque altamente eficaz que se centra en identificar patrones de pensamiento negativo y comportamientos perjudiciales. Los terapeutas trabajan con usted para desafiar estos patrones, reemplazarlos con pensamientos más realistas y desarrollar estrategias para lidiar con situaciones desafiantes.

Terapia de aceptación y compromiso (ACT): La ACT le ayuda a aceptar pensamientos y emociones difíciles en lugar de intentar suprimirlos. Se centra en la construcción de valores personales y acciones que estén alineadas con esos valores, incluso cuando las emociones son incómodas.

Terapia interpersonal: Este enfoque se centra en mejorar las relaciones interpersonales y resolver conflictos. Los terapeutas lo ayudan a desarrollar habilidades de comunicación, establecer límites saludables y mejorar la calidad de sus relaciones.

Terapia del esquema: Este enfoque examina patrones de pensamiento y comportamiento profundamente arraigados que se originan en la infancia. Los terapeutas ayudan a identificar esquemas disfuncionales y trabajan para modificarlos, promoviendo cambios positivos.

Mindfulness y terapia de aceptación: Estos enfoques se centran en la práctica de la atención plena y la aceptación de pensamientos y emociones sin juicio. Te enseñan a estar presente en el momento presente y a lidiar con el estrés y la ansiedad de manera más saludable.

Terapia de grupo: Participar en terapia grupal le permite compartir sus experiencias con otros individuos que enfrentan desafíos similares. Esto proporciona un sentido de comunidad y apoyo, además de ofrecer la oportunidad de aprender de las experiencias de los demás.

Psicoanálisis: Este enfoque explora los aspectos inconscientes de sus pensamientos y emociones, buscando comprender las raíces de sus desafíos. Puede implicar el análisis de sueños, memorias y sentimientos reprimidos.

Terapia de pareja y familiar: Estos enfoques tienen como objetivo mejorar las relaciones interpersonales. La terapia de pareja aborda cuestiones entre parejas románticas, mientras que la terapia familiar aborda las dinámicas dentro de las familias.

Terapia de arte o expresiva: Estos enfoques implican el uso de actividades creativas, como arte, música o escritura, como una forma de explorar y expresar emociones.

Independientemente de la técnica utilizada, los profesionales de la salud mental adaptarán el enfoque a sus necesidades específicas, trabajando con usted para desarrollar estrategias prácticas y eficaces para enfrentar sus desafíos emocionales y psicológicos.

Herramientas para la autogestión

Además de proporcionar apoyo y orientación durante las sesiones de terapia, los profesionales de la salud mental a menudo enseñan técnicas y habilidades que puedes aplicar por tu cuenta. Estas herramientas están diseñadas para ayudarte a enfrentar los desafíos cotidianos, mejorar tu salud mental y mantener el progreso alcanzado a lo largo del tiempo. Herramientas comunes para la autogestión:

Técnicas de relajación: Aprender técnicas de relajación, como la respiración profunda, el relajamiento muscular progresivo y la visualización, puede ayudar a reducir los niveles de estrés y ansiedad. Estas prácticas promueven un estado de relajación física y mental, proporcionando alivio inmediato.

Meditación: La meditación es una práctica que implica enfocar la mente y calmar los pensamientos. Existen diferentes tipos de meditación, como la meditación de la respiración, la meditación guiada y la meditación mindfulness. La meditación regular puede mejorar el enfoque, la atención plena y la resiliencia emocional.

Mindfulness (Atención Plena): La atención plena implica estar completamente presente en el momento presente, observando tus pensamientos, emociones y sensaciones sin juicio. La práctica regular de mindfulness puede ayudar a reducir el estrés, mejorar la claridad mental y aumentar la capacidad de lidiar con situaciones desafiantes.

Ejercicios de respiración: Técnicas de respiración, como la respiración diafragmática, pueden ayudar a reducir la ansiedad y promover un estado de calma. Estos ejercicios son fácilmente aplicables en momentos de estrés o cuando necesitas calmarte.

Diario de gratitud y autorreflexión: Mantener un diario en el que escribas diariamente cosas por las que estás agradecido puede ayudar a cultivar una perspectiva más positiva y enfocada en el presente. Además, escribir sobre tus sentimientos y experiencias puede promover la autorreflexión y el autoconocimiento.

Establecimiento de metas y planificación: Definir metas realistas y crear un plan de acción para alcanzarlas puede proporcionar un sentido de dirección y realización. Esto también ayuda a mantener el foco en las actividades y objetivos que son importantes para ti.

Ejercicio físico y alimentación saludable: Cuidar de tu cuerpo a través del ejercicio físico regular y de una alimentación saludable tiene un impacto positivo directo en tu salud mental. El ejercicio libera endorfinas, que son neurotransmisores que promueven sensaciones de bienestar.

Prácticas de autocompasión: La autocompasión implica tratarte con gentileza y comprensión, de la misma manera que tratarías a un amigo cercano. Las prácticas de autocompasión pueden ayudar a reducir la autocrítica y a desarrollar una relación más positiva contigo mismo.

Establecimiento de límites: Aprender a decir "no" cuando sea necesario y establecer límites saludables en tus relaciones y actividades puede ayudar a reducir el estrés y mejorar el equilibrio entre tus demandas personales y profesionales.

Mantenimiento de las relaciones sociales: Mantener conexiones sociales y buscar apoyo de amigos y familiares es crucial para la salud mental. Mantener relaciones saludables ayuda a combatir el aislamiento y proporciona un sistema de apoyo.

Al aprender y aplicar estas herramientas de autogestión, te conviertes en más capaz de lidiar con los desafíos emocionales y psicológicos que pueden surgir en tu vida cotidiana. La práctica regular de estas técnicas puede contribuir a tu resiliencia emocional, bienestar general y mantenimiento de la salud mental a lo largo del tiempo.

Enfoque personalizado

El enfoque personalizado es uno de los pilares fundamentales de la terapia y el asesoramiento eficaces. Los terapeutas y consejeros entienden que cada persona es única, con experiencias, necesidades y objetivos individuales. Reconocen la importancia de adaptar sus enfoques terapéuticos para garantizar que el apoyo ofrecido sea lo más relevante y eficaz posible para cada cliente. Los aspectos importantes del enfoque personalizado son:

Evaluación holística: Los profesionales de la salud mental comienzan por comprender su historia, sus preocupaciones actuales y sus objetivos. Realizan una evaluación holística de su salud mental, teniendo en cuenta factores como historial personal, contexto cultural, traumas pasados, relaciones, etc.

Establecimiento de objetivos: Junto con el terapeuta, establecerá objetivos terapéuticos que se alinean con sus necesidades y aspiraciones individuales. Estos objetivos pueden ser a corto o largo plazo y pueden abordar áreas específicas de su vida, como la autoestima, las relaciones, la ansiedad, la depresión o las habilidades de afrontamiento.

Elección de enfoques terapéuticos: Existen diferentes enfoques terapéuticos, como la terapia cognitivo-conductual, la terapia psicodinámica, la terapia de aceptación y compromiso, la terapia familiar, entre otros. Un terapeuta cualificado elegirá los enfoques que mejor se adapten a sus necesidades y preferencias personales.

Flexibilidad y adaptación: A medida que la terapia avanza, el terapeuta sigue su progreso y ajusta el enfoque según sea necesario. Esto puede implicar la introducción de nuevas técnicas, la exploración de diferentes ángulos o la adaptación de las estrategias existentes para abordar desafíos específicos.

Enfoque en la relación terapéutica: La relación entre usted y su terapeuta es fundamental para el éxito de la terapia. Los terapeutas crean un ambiente acogedor, empático y no juzgador, donde se siente cómodo para explorar sus pensamientos y sentimientos más profundos. Esta relación de confianza es un elemento esencial del enfoque personalizado.

Prácticas flexibles: Los terapeutas están dispuestos a ajustar las prácticas y estrategias según su capacidad y comodidad. Si no se siente cómodo con una determinada técnica o enfoque, el terapeuta puede adaptar el proceso para satisfacer sus necesidades.

Atención al progreso: Los terapeutas monitorean su progreso a lo largo del tiempo, evaluando los cambios positivos y los desafíos enfrentados. Esta evaluación continua ayuda a garantizar que la terapia esté siendo eficaz y permite que los ajustes necesarios se hagan para satisfacer sus necesidades.

Buscar ayuda profesional no es solo una forma de enfrentar dificultades; es una inversión en su salud mental y calidad de vida. El enfoque personalizado en la terapia reconoce que cada individuo es único, con una historia y un viaje personal distintos. Al beneficiarse de un enfoque terapéutico que se adapta a sus necesidades, tiene una mayor probabilidad de lograr resultados positivos y duraderos en su camino de crecimiento, sanación y autodescubrimiento.

Los terapeutas y consejeros cualificados pueden ser socios esenciales en su viaje de autocuidado y crecimiento personal, ofreciendo orientación, apoyo y herramientas valiosas para ayudarlo a superar desafíos y prosperar.

Cómo encontrar un terapeuta adecuado para sus necesidades

Encontrar un terapeuta adecuado es un paso crucial en la búsqueda del apoyo profesional necesario para cuidar de su salud mental. Cómo encontrar al terapeuta adecuado para atender a sus necesidades:

Evalúe sus necesidades

Antes de comenzar la búsqueda de un terapeuta, es esencial dedicar un tiempo para evaluar sus necesidades, objetivos y lo que espera lograr a través de la terapia. Esta etapa de autorreflexión es fundamental para orientar su búsqueda y encontrar un terapeuta que sea capaz de atender a sus demandas específicas. Son consideraciones importantes:

Identifique sus preocupaciones: Comience haciendo una lista de las principales preocupaciones o problemas emocionales que está enfrentando. Esto puede incluir cuestiones como ansiedad, depresión, estrés, problemas de relación, autoestima baja, trauma, entre otros.

Defina sus objetivos: Pregúntese cuáles son sus objetivos para la terapia. ¿Desea aprender a manejar la ansiedad? ¿Mejorar sus habilidades de comunicación? ¿Superar un trauma pasado? Tener claridad sobre sus objetivos ayudará a orientar la búsqueda del terapeuta adecuado.

Considere su enfoque preferido: Piense en qué tipo de enfoque terapéutico cree que sería más eficaz para usted. Algunas personas prefieren un enfoque más práctico y enfocado en el presente, mientras que otras pueden estar interesadas en explorar cuestiones más profundas del pasado.

Evalúe la frecuencia y duración deseadas: Piense en cuánto tiempo y con qué frecuencia le gustaría comprometerse con la terapia. Algunas personas prefieren sesiones semanales, mientras que otras pueden optar por sesiones quincenales.

Considere preferencias culturales y de género: Sentirse a gusto con el terapeuta es crucial. Considere si tiene preferencia por un terapeuta de determinada cultura, género u orientación sexual, ya que esto puede influir en su capacidad de conectarse y compartir abiertamente.

Reflejase sobre los enfoques terapéuticos: Investigue sobre diferentes enfoques terapéuticos, como terapia cognitivo-conductual, psicoanálisis, terapia humanista, terapia sistémica, entre otros. Considere cuál enfoque resuena más con usted.

Considere el presupuesto y la cobertura de seguro: Verifique si el terapeuta elegido se ajusta a su presupuesto y si acepta su seguro de salud, si lo tiene. Muchos terapeutas ofrecen opciones de pago asequibles o trabajan con seguros.

Al evaluar sus necesidades y objetivos, estará mejor preparado para iniciar su búsqueda de un terapeuta que pueda ofrecer el soporte necesario. Recuerde que la terapia es un proceso colaborativo y encontrar un profesional que comprenda y respete sus necesidades individuales es un paso importante hacia su bienestar emocional y mental.

Solicitar recomendaciones

Hablar con amigos, familiares, médicos u otros profesionales de salud mental en los que confías es una estrategia valiosa para obtener recomendaciones de terapeutas. Estas personas pueden ofrecer conocimientos basados en sus propias experiencias o conocimientos, ayudando a identificar terapeutas que puedan ser adecuados para tus necesidades. Son pasos importantes a considerar al buscar recomendaciones:

Hablar con amigos y familiares: Habla con amigos y familiares que hayan buscado terapia anteriormente. Pueden compartir sus experiencias e indicar terapeutas que hayan encontrado útiles y confiables.

Consultar a médicos y profesionales de la salud: Los médicos de familia, psiquiatras u otros profesionales de la salud mental pueden ser una fuente confiable de recomendaciones. Frecuentemente tienen conocimiento sobre terapeutas en la zona y pueden dirigirte a profesionales cualificados.

Participar en grupos de apoyo: Participar en grupos de apoyo relacionados con tus preocupaciones o intereses también puede ser una forma de obtener recomendaciones. Los miembros de estos grupos a menudo comparten información sobre terapeutas que les han sido útiles.

Buscar recomendaciones en línea: Además de hablar personalmente, también puedes buscar recomendaciones en línea. Plataformas de redes sociales, foros de salud mental y grupos en línea pueden ser lugares donde las personas comparten sus experiencias con terapeutas.

Ten en cuenta tus necesidades únicas: Al recibir recomendaciones, ten en cuenta que las necesidades de cada persona son diferentes. Lo que funcionó para alguien puede no ser la mejor opción para ti. Considera tus propias preocupaciones, preferencias y objetivos al evaluar las recomendaciones recibidas.

Pregunta sobre la experiencia personal: Al pedir recomendaciones, intenta obtener información detallada sobre la experiencia de la persona con el terapeuta. Pregunta sobre lo que les gustó de la aproximación del terapeuta, cómo fue la dinámica de las sesiones y si alcanzaron los resultados deseados.

Investiga más detalles: Después de recibir recomendaciones, reserva un tiempo para investigar más sobre los terapeutas recomendados. Comprueba sus sitios web profesionales, perfiles en línea y lee evaluaciones de pacientes, si están disponibles.

Las recomendaciones son un punto de partida útil, pero es importante que hagas tu propia investigación y evaluación para garantizar que el terapeuta sea una buena coincidencia para tus necesidades individuales. La elección del terapeuta adecuado desempeña un papel significativo en el éxito de la terapia y en tu progreso emocional y mental.

Búsqueda en línea

La búsqueda en línea es una forma eficaz de encontrar terapeutas en tu área que satisfagan tus necesidades. A través de plataformas especializadas y sitios web dedicados, puedes acceder a información detallada sobre terapeutas, sus especialidades y enfoques terapéuticos. Cómo aprovechar al máximo la búsqueda en línea:

Perfiles detallados: Al explorar los perfiles de terapeutas en plataformas en línea, encontrarás información detallada sobre sus calificaciones, experiencia, enfoques terapéuticos, áreas de especialización y mucho más. Esto te permite evaluar si el terapeuta tiene la experiencia relevante para tus preocupaciones.

Lectura de biografías y enfoques: Al leer las biografías de los terapeutas, puedes aprender sobre sus trayectorias, filosofías de trabajo y enfoques terapéuticos. Esto te ayudará a determinar si el terapeuta se alinea con tus valores y objetivos de tratamiento.

Especialidades y áreas de enfoque: Además de su información general, verifica si los terapeutas tienen experiencia en lidiar con las cuestiones específicas que deseas abordar en la terapia. Muchos terapeutas tienen áreas de enfoque, como depresión, ansiedad, traumas, relaciones, entre otros.

Valoraciones y comentarios de pacientes: Algunas plataformas permiten que los pacientes dejen valoraciones y comentarios sobre sus experiencias con terapeutas. Estas valoraciones pueden ofrecer perspectivas importantes sobre la calidad del servicio, el enfoque del terapeuta y la eficacia del tratamiento.

Programación de consultas iniciales: Después de identificar terapeutas que parecen adecuados a tus necesidades, a menudo es posible programar consultas iniciales. Estas consultas te permiten conocer al terapeuta, hacer preguntas y evaluar la compatibilidad antes de tomar una decisión final.

Investigación atenta y comparativa: Haz una investigación atenta y comparativa para explorar diferentes opciones de terapeutas. Lee varios perfiles, compara sus especialidades y enfoques, y considera qué terapeutas resuenan más contigo.

Realimentación de terceros: Además de investigar en línea, también puedes compartir información con amigos, familiares o profesionales de salud mental en quienes confías. Ellos pueden ofrecer perspectivas adicionales y ayudarte a tomar una decisión informada.

La búsqueda en línea ofrece una forma conveniente y exhaustiva de explorar las opciones de terapeutas en tu área. Al aprovechar la información disponible y reservar tiempo para una investigación cuidadosa, aumentarás tus posibilidades de encontrar un terapeuta calificado que pueda proporcionar el apoyo necesario para tus preocupaciones emocionales y mentales.

Citas iniciales

Las citas iniciales, también conocidas como sesiones de evaluación, son una parte importante del proceso de encontrar un terapeuta adecuado. Estas citas ofrecen la oportunidad de conocer al terapeuta, discutir tus preocupaciones y objetivos, y evaluar si te sientes cómodo y seguro trabajando con ellos. Orientaciones para aprovechar al máximo las citas iniciales:

Explorando la relación: Una de las principales finalidades de la cita inicial es evaluar la relación terapéutica. Debes sentirte cómodo, seguro y capaz de abrirte con el terapeuta. Presta atención a cómo te sientes al interactuar con ellos y si crees que puedes construir una relación de confianza.

Haz preguntas: Usa la cita inicial como una oportunidad para hacer preguntas al terapeuta. Esto puede incluir preguntas sobre su enfoque terapéutico, experiencia trabajando con cuestiones similares a las tuyas, métodos de tratamiento y resultados esperados.

Discuta tus necesidades: Explica tus principales preocupaciones y objetivos para la terapia. Esto permitirá que el terapeuta entienda tus necesidades y determine si tienen la experiencia necesaria para ayudarte.

Evalúa la comunicación: Observa cómo el terapeuta se comunica contigo durante la cita. ¿Demuestran empatía, escucha activa y comprensión? La comunicación es fundamental para una terapia exitosa.

Claridad sobre la aproximación: Asegúrate de entender la aproximación terapéutica del profesional. ¿Explica cómo trabajan y cómo la aproximación se alinea con tus necesidades? Esto te ayudará a evaluar si la aproximación es adecuada para tus preocupaciones.

Expectativas y plan de tratamiento: Discute tus expectativas para la terapia y cómo el terapeuta planea abordar tus preocupaciones. Tener una comprensión clara del plan de tratamiento puede ayudarte a tomar una decisión informada.

Evalúa tu conexión: Además de la experiencia y aproximación del terapeuta, considera si sientes una conexión personal con ellos. La terapia involucra confianza y vulnerabilidad, por lo que es esencial sentirte a gusto con el terapeuta.

Citas iniciales múltiples: Considera marcar citas iniciales con varios terapeutas para tener una variedad de opciones para comparar. Esto te permitirá evaluar diferentes estilos, aproximaciones y personalidades antes de tomar una decisión final.

Las citas iniciales son una oportunidad para que tú entrevistes al terapeuta y evalúes si son la elección correcta para ti. Confía en tu intuición y toma el tiempo necesario para tomar una decisión informada. Encontrar un terapeuta con quien te sientas a gusto y seguro puede hacer toda la diferencia en tu jornada de búsqueda por el bienestar emocional.

Evalúa la conexión personal

La conexión personal que estableces con el terapeuta es uno de los factores más cruciales para el éxito de la terapia. Sentirte escuchado, comprendido y a gusto para expresar tus pensamientos y sentimientos es fundamental para crear un ambiente terapéutico eficaz. Durante la sesión inicial y a lo largo de las primeras sesiones de terapia, puedes evaluar la conexión personal considerando los siguientes aspectos:

Empatía y comprensión: ¿El terapeuta demuestra empatía genuina y una comprensión profunda de tus preocupaciones? ¿Parecen interesados y dedicados a ayudarte a comprender y superar tus desafíos emocionales?

Escucha activa: ¿El terapeuta practica una escucha activa? Esto significa que no solo escuchan lo que estás diciendo, sino que también hacen preguntas reflexivas y buscan entender el significado detrás de tus palabras.

Ausencia de juicio: ¿Te sientes seguro para compartir tus pensamientos y sentimientos sin miedo a ser juzgado? ¿El terapeuta crea un ambiente de confianza en el que puedes ser honesto sobre tus experiencias, incluso las más desafiantes?

Confort y respeto: El ambiente terapéutico debe ser acogedor y respetuoso. ¿Te sientes a gusto en presencia del terapeuta? ¿Ellos respetan tu individualidad y valores personales?

Sensación de conexión: Al interactuar con el terapeuta, ¿sientes una conexión personal? ¿La química entre ustedes es positiva? Una buena conexión terapéutica puede crear una sensación de seguridad que alienta la apertura y la exploración emocional.

Confianza mutua: La confianza es esencial en cualquier relación terapéutica. ¿Crees que el terapeuta está comprometido a ayudarte y apoyarte en tu camino de crecimiento y sanación?

Sentimiento de ser escuchado: Durante la sesión, ¿el terapeuta te da la oportunidad de hablar y expresar tus sentimientos? ¿Hacen preguntas que te animan a explorar más profundamente tus pensamientos y emociones?

Intuición e instinto: Confía en tu intuición e instinto al evaluar la conexión personal. ¿Cómo te sientes después de la sesión? ¿Sales de la sesión sintiendo que tuviste una experiencia valiosa?

La relación terapéutica es colaborativa y debe basarse en la confianza mutua y el respeto. Si no sientes que estás construyendo una conexión personal positiva con el terapeuta, puede ser útil considerar la búsqueda de otro profesional que mejor se adapte a tus necesidades emocionales y de comunicación. Tu sensación de comodidad y confianza es esencial para crear un espacio terapéutico eficaz y beneficioso.

Elección de la aproximación adecuada

Cuando se trata de terapia, existen varias aproximaciones terapéuticas, cada una con sus propias teorías, técnicas y métodos. Encontrar la aproximación adecuada para tus necesidades y objetivos es esencial para una experiencia terapéutica exitosa. Cómo elegir la aproximación terapéutica adecuada:

Investigación de las aproximaciones: Investiga y familiarízate con diferentes aproximaciones terapéuticas disponibles. Algunas de las aproximaciones más comunes incluyen Terapia Cognitivo-Conductual (TCC), Terapia de Aceptación y Compromiso (ACT), Terapia Psicodinámica, Terapia de Grupo, Terapia Familiar y Terapia Existencial, entre otras. Cada aproximación tiene sus propias filosofías y técnicas.

Reflexión sobre tus necesidades: Reflexiona sobre tus necesidades y objetivos en la terapia. ¿Estás buscando lidiar con síntomas específicos, mejorar la relación interpersonal, desarrollar autoconocimiento o enfrentar traumas pasados? Identificar tus prioridades te ayudará a dirigir tu elección.

Consulta con el terapeuta: Al contactar con potenciales terapeutas, pregunta sobre la aproximación terapéutica que practican. Explica tus preocupaciones y objetivos para que ellos puedan indicar cómo su aproximación puede atender a tus necesidades.

Compatibilidad con tu estilo: Cada aproximación terapéutica tiene un estilo único de interacción terapeuta-cliente. Algunas aproximaciones pueden ser más estructuradas y enfocadas en metas, mientras que otras pueden enfatizar la exploración emocional profunda. Elige una aproximación que resuene con tu estilo personal y preferencias.

Abierta a nuevas perspectivas: Sé dispuesta a considerar diferentes aproximaciones, incluso aquellas que no conoces bien. A veces, una aproximación terapéutica que nunca consideraste puede ser sorprendentemente eficaz para tus necesidades.

Experimentación: Si es posible, experimenta diferentes aproximaciones terapéuticas por algunas sesiones para determinar cuál te sientes más cómoda y beneficiada. Muchos terapeutas están dispuestos a adaptar su aproximación para mejor atender a tus necesidades.

Flexibilidad: Sé consciente de que la terapia no es un proceso estático. A medida que progresas y evolucionas, tus necesidades terapéuticas pueden cambiar. Un terapeuta flexible puede ajustar la aproximación a medida que creces.

Encontrar la aproximación terapéutica adecuada es una parte esencial del proceso de terapia. Al elegir una aproximación que resuene con tus necesidades, estarás dando un paso importante hacia tu bienestar emocional y crecimiento personal.

Estar abierto a experimentar

Encontrar el terapeuta adecuado para tus necesidades es un proceso único y personal. No siempre es un camino lineal, y puede ser necesario experimentar diferentes terapeutas antes de encontrar el ajuste perfecto. Razones por las que estar abierto a experimentar es esencial:

Conexión personal: La terapia es una relación colaborativa, y la conexión personal entre tú y el terapeuta es fundamental para el éxito del proceso. No todos los terapeutas serán la combinación adecuada para ti en términos de personalidad, estilo y enfoque. Experimentar diferentes terapeutas te permite descubrir con quién te sientes más cómodo y comprendido.

Perspectivas diferentes: Cada terapeuta aporta su propia perspectiva y enfoque a la terapia. Experimentar diferentes terapeutas puede proporcionarte perspectivas variados y nuevas maneras de abordar tus desafíos. El terapeuta adecuado puede presentarte perspectivas que no habías considerado antes.

Encontrar una sintonía: La terapia es un espacio íntimo y personal para explorar tus emociones y pensamientos. Encontrar un terapeuta con quien te sientas cómodo para compartir estas partes de ti mismo es crucial. Si no sientes una sintonía con el terapeuta después de unas sesiones, puede ser indicativo de que no es el ajuste adecuado.

Adaptándose a tu ritmo: Cada persona progresa en la terapia de manera única. A veces, puede ser necesario experimentar diferentes terapeutas para encontrar a alguien que esté dispuesto a adaptarse a tu ritmo de crecimiento y cambio.

Autoconocimiento: El proceso de experimentar diferentes terapeutas también puede ayudarte a desarrollar un mayor autoconocimiento sobre tus preferencias y necesidades terapéuticas. Esta jornada de exploración puede ser una parte valiosa de tu propio crecimiento personal.

No te rindas rápidamente: Recuerda que la primera experiencia con un terapeuta puede no ser representativa de todas las experiencias terapéuticas. Si no sientes que estás progresando con un terapeuta específico, eso no significa que la terapia en sí no sea útil. Es más sobre encontrar el ajuste adecuado.

Comunica tus necesidades: Durante el proceso de experimentación, no dudes en comunicar tus necesidades y preocupaciones a los terapeutas. Esto ayuda a crear un ambiente abierto y colaborativo, donde puedes recibir el soporte necesario.

Experimentar diferentes terapeutas es una inversión en tu propia salud mental y bienestar. Entiende que encontrar el terapeuta adecuado puede llevar tiempo, pero el proceso de búsqueda y descubrimiento es una parte valiosa del camino hacia el crecimiento personal y emocional.

Verifica las credenciales

Al buscar un terapeuta, es crucial asegurarse de que tengan las credenciales y la licencia adecuadas para brindar atención de calidad. Pasos importantes para verificar las credenciales de un terapeuta:

Licencia y certificaciones: Verifique si el terapeuta tiene una licencia válida para practicar en el área en la que se encuentra. Los terapeutas con licencia han pasado por un proceso riguroso de educación, capacitación y evaluación para obtener la licencia necesaria. Además, busque certificaciones adicionales en áreas específicas de especialización.

Formación académica: Investigue la formación académica del terapeuta. Deben haber completado un programa de grado en psicología, consejería, trabajo social clínico u otra área relacionada. Una sólida formación académica es fundamental para brindar atención de calidad.

Experiencia clínica: Además de la formación académica, verifique la experiencia clínica del terapeuta. Muchos terapeutas completan programas de residencia o pasantías supervisadas como parte de su formación. Cuanta más experiencia clínica tengan, más preparados estarán para abordar una variedad de problemas.

Verificaciones de reputación: Realice investigaciones en línea para verificar la reputación del terapeuta. A menudo, puede encontrar evaluaciones de pacientes anteriores o recomendaciones en sitios especializados. Esto puede ayudar a obtener una comprensión más amplia de la experiencia de otras personas con el terapeuta.

Consultas iniciales: Al programar consultas iniciales con terapeutas potenciales, use ese tiempo para hacer preguntas sobre sus credenciales. Pregunte sobre su formación, experiencia clínica y áreas de especialización. Esto ayudará a garantizar que está tomando una decisión informada.

Verifique la validez de la licencia: Verifique con los organismos reguladores relevantes si la licencia del terapeuta está actualizada y válida. Esto se puede hacer en línea o por teléfono.

Escoger un terapeuta es una decisión importante para su bienestar emocional y mental. Hacer la debida diligencia al verificar las credenciales del terapeuta es una forma de garantizar que está recibiendo el mejor cuidado posible. Un terapeuta calificado y con licencia puede brindar el apoyo necesario para enfrentar desafíos emocionales y trabajar hacia el crecimiento personal.

Considere la especialización

Encontrar un terapeuta con experiencia y especialización en las áreas que son relevantes para sus preocupaciones específicas puede hacer una diferencia significativa en el éxito de su terapia. Puntos importantes a considerar al buscar un terapeuta especializado:

Comprensión específica: Los terapeutas especializados tienen un conocimiento más profundo y específico sobre las cuestiones con las que trabajan. Entienden los matices y desafíos asociados a estas áreas y pueden ofrecer enfoques terapéuticos más enfocados.

Entrenamiento específico: Los terapeutas especializados generalmente reciben capacitación adicional en el área de su especialización. Esto puede incluir cursos, talleres y supervisión clínica enfocados en enfoques y técnicas específicas para abordar estas cuestiones.

Abordajes efectivos: Al enfrentar preocupaciones específicas, es importante utilizar enfoques terapéuticos comprobados y eficaces para tratar estas cuestiones. Los terapeutas especializados generalmente son más experimentados en aplicar estos enfoques de manera efectiva.

Conexión y empatía: Los terapeutas especializados a menudo desarrollan una conexión más fuerte y empatía con los clientes que enfrentan las mismas cuestiones. Pueden ofrecer un espacio de comprensión genuina y apoyo, ya que están familiarizados con los desafíos que usted está enfrentando.

Experiencia práctica: Los terapeutas que se especializan en áreas específicas generalmente tienen una extensa experiencia práctica en lidiar con casos similares. Esto los hace más capaces de ofrecer orientación informada y estrategias prácticas para enfrentar sus preocupaciones.

Variedad de opciones: Dependiendo de su área de preocupación, puede haber diferentes especializaciones disponibles, como terapia de trauma, terapia de pareja, terapia de grupo, terapia infantil, entre otras.

Elegir la especialización adecuada para sus necesidades puede aumentar las posibilidades de una terapia exitosa.

Al considerar la especialización de un terapeuta, tenga en cuenta sus preocupaciones específicas y los resultados que desea alcanzar con la terapia. Un terapeuta especializado puede proporcionar un nivel más profundo de comprensión y apoyo, permitiéndole trabajar de manera más eficaz para superar sus desafíos emocionales y alcanzar sus objetivos.

Escuche a la intuición

Cuando se trata de elegir un terapeuta, confiar en su intuición es un aspecto esencial. Su intuición puede ofrecerle información valiosa sobre si el terapeuta es la persona adecuada para usted. Puntos para considerar al escuchar su intuición al elegir un terapeuta:

Conexión personal: Durante la primera sesión o las primeras sesiones con un terapeuta, preste atención a cómo se siente en su presencia. ¿Se siente cómodo compartiendo sus preocupaciones y experiencias? ¿Se siente escuchado y comprendido? Si algo no parece correcto o si la conexión no es satisfactoria, es importante reconocer esos sentimientos.

Confianza y seguridad: La terapia es un espacio seguro y confidencial, y debe sentirse seguro para explorar sus sentimientos y pensamientos sin juicio. Si siente que no puede confiar plenamente en el terapeuta o si no se siente seguro para compartir, es válido buscar a alguien que pueda ofrecerle esa confianza.

Sincronía: A veces, puede sentir una sensación de "sincronía" al hablar con un terapeuta. Esto puede expresarse como una sensación de resonancia o alineación con las palabras y enfoques del terapeuta. Preste atención a estos momentos, ya que pueden indicar una buena correspondencia.

Respeto por sus elecciones: Un buen terapeuta respetará sus decisiones y elecciones. Si siente presión para seguir un enfoque específico o si se siente irrespetado en sus preferencias, esto puede ser una señal de que el terapeuta no es la mejor opción para usted.

Empoderamiento: La terapia es un proceso colaborativo, en el que debe sentirse capacitado para participar activamente y tomar decisiones informadas sobre su tratamiento. Si siente que está siendo pasivo o que sus preocupaciones no están siendo tomadas en serio, puede ser necesario reconsiderar su elección.

Buscar ayuda profesional a través de la terapia o el asesoramiento es un paso valiente hacia el autocuidado y la superación. Reconocer cuándo es necesario buscar ayuda, valorar la importancia de un apoyo calificado y encontrar un terapeuta adecuado son pasos esenciales para mejorar su salud mental y emocional. Recuerde que no tiene que enfrentar sus desafíos solo y que la ayuda está disponible para apoyarlo en su viaje de crecimiento y sanación.

13

CELEBRANDO EL PROGRESO

Cada paso es una victoria, cada victoria es una razón para celebrar.

A lo largo de este camino de autocuidado y desarrollo personal, es fundamental reconocer y celebrar cada conquista, no importa lo pequeña que pueda parecer. Cada paso hacia tu bienestar emocional y mental es digno de reconocimiento, y encontrar maneras de valorar tu experiencia de automejora puede fortalecer tu motivación y resiliencia. En este capítulo, exploraremos la importancia de celebrar el progreso, valorar tu caminata y mantenerte motivado para continuar creciendo y fortaleciéndose.

Reconociendo y celebrando logros

El camino del automejora está repleto de momentos dignos de celebración. Reconocer y celebrar tus logros es crucial para mantenerte motivado y apreciar el progreso que has hecho. Estas son estrategias para reconocer y celebrar tus victorias:

Practica la gratitud

La gratitud es una herramienta poderosa que puede elevar tu apreciación por el progreso que has logrado a lo largo de tu trayectoria de automejora. Al incorporar la gratitud en tu vida diaria, desarrollas una perspectiva más positiva y valoras aún más las conquistas que has logrado. Estas son maneras de practicar la gratitud:

Diario de gratitud: Mantén un diario de gratitud en el que registres tres cosas por las que estás agradecido todos los días. Puede ser algo relacionado con tu progreso personal, a las personas que te rodean, a las oportunidades que has tenido o a los momentos significativos. Escribir estas cosas positivas puede aumentar tu conciencia de lo que está yendo bien en tu vida.

Reflexión matutina o nocturna: Dedícate unos minutos todas las mañanas o a la noche para reflexionar sobre las cosas por las que estás agradecido. Esto puede hacerse mientras te estiras, tomas un desayuno tranquilo o te preparas para dormir. La práctica regular de gratitud crea un patrón mental positivo que te ayuda a reconocer tu progreso.

Foco en las pequeñas cosas: Además de reconocer las grandes conquistas, concéntrate en las pequeñas cosas por las que estás agradecido. Puede ser una conversación edificante, un día soleado o un momento de tranquilidad. Valorar estos detalles cotidianos ayuda a construir una mentalidad de gratitud.

Ejercicio de gratitud: Reserva un tiempo para hacer un ejercicio de gratitud consciente. Cierra los ojos y reflexiona sobre las bendiciones en tu vida, incluyendo las conquistas que has alcanzado hasta ahora. Siente la gratitud fluyendo a través de ti mientras te concentras en estas cosas positivas.

Expresar la gratitud: Además de practicar la gratitud internamente, exprésala externamente. Dile "gracias" a las personas que te han apoyado en tu experiencia de automejora. Expresar gratitud no solo refuerza tu propio sentimiento de realización, sino que también fortalece los lazos con los demás.

Gratitud por las lecciones aprendidas: No te olvides de expresar gratitud por las lecciones aprendidas con desafíos y dificultades. Cada obstáculo que superas es una oportunidad de crecimiento y aprendizaje. Reconoce estas experiencias como parte integral de tu trayectoria de progreso.

Cultiva la conciencia del momento presente: Al practicar la atención plena y estar presente en el momento, te vuelves más consciente de las cosas por las que puedes estar agradecido. Cuando te permites apreciar plenamente el momento presente, percibes las pequeñas alegrías y bellezas que pueden pasar desapercibidas.

La práctica de la gratitud no solo te ayuda a reconocer y celebrar tus logros, sino que también moldea una mentalidad positiva que te mantiene motivado y comprometido con tu experiencia de automejora. Al enfocarte en las cosas por las que estás agradecido, construyes una base sólida para valorar tu caminata y continuar avanzando.

Mantén un diario de logros

Mantener un diario de logros es una manera tangible y poderosa de registrar y celebrar tus hitos a lo largo de tu experiencia de automejora. Al anotar tus realizaciones, grandes o pequeñas, creas un registro visual del progreso que estás haciendo. Aquí hay formas de aprovechar al máximo tu diario de logros:

Compromiso regular: Establece el hábito de reservar un tiempo específico, ya sea diariamente o semanalmente, para registrar tus logros. Mantén la consistencia para crear una rutina de reconocimiento de progreso.

Detalles significativos: Al registrar tus logros, incluye detalles significativos que agreguen contexto a la realización. Describe la situación, cómo te sentiste al conquistar esa victoria y cómo contribuye a tu jornada.

Pequeñas y grandes victorias: No subestimes el valor de las pequeñas victorias. Anota desde los hitos más significativos hasta las tareas diarias que completaste. Esto te ayudará a mantenerte enfocado en el progreso constante.

Refuerzo positivo: Al escribir tus logros, incluye palabras de refuerzo positivo para ti mismo. Recuerda que cada paso en dirección a tus objetivos es un motivo de celebración.

Registro de desafíos superados: Además de los logros, registra los desafíos que superaste. Esto no solo enfatiza tu resiliencia, sino que también proporciona un registro de cómo enfrentaste los obstáculos.

Reflexión y aprendizaje: Utiliza tu diario de logros como una oportunidad para reflexionar sobre lo que aprendiste a lo largo del camino. ¿Cómo cada logro contribuye a tu crecimiento y automejora?

Revisión y celebración: Periódicamente, reserva un tiempo para revisar tu diario de logros. Esto te permite ver el progreso que has hecho y celebrar tus realizaciones acumuladas.

Inspiración en momentos difíciles: Cuando te enfrentes a desafíos o momentos de duda, relee tus logros anteriores. Esto te recuerda lo mucho que ya has superado y puede servir como una fuente de motivación.

Visualización de progreso: A medida que continues llenando tu diario de logros, tendrás un registro visual de tu crecimiento a lo largo del tiempo. Ver tu historia documentada puede ser increíblemente inspirador.

Al mantener un diario de logros, creas un testimonio escrito de tu progreso y valoras cada paso en tu experiencia de automejora. Esto no solo te ayuda a reconocer tus realizaciones, sino que también ofrece una fuente continua de motivación e inspiración.

Celebra las pequeñas victorias

Celebrar las pequeñas victorias es un componente esencial para mantenerte motivado y valorar tu experiencia de automejora. Cada paso que das en dirección a tus objetivos es un hito significativo y merece reconocimiento. Formas de celebrar las pequeñas victorias a lo largo del camino:

Reconocimiento inmediato: Tan pronto como alcances una pequeña victoria, tómate un momento para reconocerla. Di a ti mismo: "¡Lo hice!" o "Estoy orgulloso de mí mismo por conquistar esto."

Celebración simbólica: Date una recompensa simbólica por tu logro. Esto puede ser algo tan simple como aplaudirte a ti mismo, hacer un pequeño movimiento de celebración o incluso sonreírte al espejo.

Anota las victorias: Mantén un registro de las pequeñas victorias en un diario o cuaderno. Anotar tus realizaciones te ayuda a recordar y valorar el progreso que estás haciendo.

Comparte con alguien: Comparte tus pequeñas victorias con un amigo cercano, miembro de la familia o colega que te apoye. Compartir tus logros te permite recibir reconocimiento e incentivo externo.

Practica la autocompasión: Al celebrar las pequeñas victorias, practica la autocompasión. Recuerda que todo progreso, independientemente de cuán pequeño, es un paso en la dirección correcta. Sé amable contigo mismo.

Visualiza el impacto: Imagina cómo cada pequeña victoria contribuye a tus objetivos de largo plazo. Visualiza cómo se encaja en la imagen más grande de tu jornada.

Mantén un registro visual: Crea un tablero de visión o mural de logros donde puedas agregar símbolos visuales de tus victorias. Esto sirve como un recordatorio constante de tu progreso.

Crea rituales de celebración: Crea rituales especiales para conmemorar tus victorias. Puede ser encender una vela, escribir una nota de agradecimiento a ti mismo o practicar una breve meditación de gratitud.

Asociar sentimientos positivos: Al celebrar cada pequeña victoria, asocia sentimientos positivos a esa realización. Esto crea una conexión emocional con tu progreso.

Construcción de confianza: Recordar las pequeñas victorias fortalece tu confianza en ti mismo. Esto crea una mentalidad de que eres capaz de superar desafíos y alcanzar tus objetivos.

Al celebrar las pequeñas victorias, no solo refuerzas tu autoestima y motivación, sino que también cultivas una mentalidad positiva en relación con tu crecimiento. Cada paso que das, por menor que sea, es un testimonio de tu compromiso contigo mismo y con tu proceso de automejora.

Recompensarse

Recompensarse por alcanzar hitos significativos es una manera poderosa de mantenerse motivado y valorar su experiencia de automejora. Al asociar sus logros con recompensas positivas, crea una conexión entre su esfuerzo y reconocimiento. Modos de recompensarse de manera saludable y gratificante:

Definir metas y recompensas claras: Antes de comenzar a trabajar hacia una meta, defina una recompensa específica que recibirá al alcanzarla. Esto puede crear una motivación extra para avanzar.

Elegir recompensas significativas: Asegúrese de que sus recompensas sean personalmente significativas para usted. Pueden variar de algo material a una experiencia que le traiga alegría.

Mantener el equilibrio: Encuentre un equilibrio entre recompensas pequeñas y grandes. Las recompensas pequeñas pueden utilizarse para hitos menores, mientras que las recompensas grandes pueden reservarse para objetivos más desafiantes.

Tener un sistema de puntos o marcadores: Cree un sistema de puntos o marcadores para realizar un seguimiento de sus conquistas. A medida que acumula puntos o alcanza marcos, puede intercambiarlos por recompensas predeterminadas.

Reservar un tiempo para celebrar: Al alcanzar un hito, reserve un tiempo para celebrar su conquista antes de lanzarse al siguiente objetivo. Esto le permite disfrutar plenamente del reconocimiento por lo que ha logrado.

Experimentar nuevas experiencias: Considere la posibilidad de elegir recompensas que le permitan experimentar algo nuevo. Esto puede agregar un elemento de emoción a su viaje.

Crear una lista de deseos de recompensas: Mantenga una lista de deseos de recompensas que desea concederse a sí mismo. Esto puede incluir cosas que le encanta hacer o experiencias que desea experimentar.

Practicar la gratitud por la conquista: Al recibir una recompensa, practique la gratitud por el esfuerzo que puso en alcanzar su objetivo. Esto fortalece su conexión con el progreso que ha hecho.

Variar las recompensas: Varie las recompensas para mantener el proceso interesante. A veces, una pequeña recompensa simbólica puede ser tan gratificante como una recompensa material.

Disfrutar del momento: Cuando se recompense, hágalo con intención. Disfrute del momento y permítase sentir alegría y realización por su conquista.

Recompensarse es una forma poderosa de reconocer su esfuerzo y dedicación a su caminata de crecimiento. Estas recompensas no solo ofrecen un incentivo adicional, sino que también ayudan a fortalecer su motivación intrínseca para continuar avanzando hacia sus objetivos.

Compartir con otros

Compartir tus logros con personas cercanas a ti es una manera valiosa de reforzar la sensación de realización y celebrar el progreso en tu experiencia de automejora. Al compartir tus éxitos, creas un sentido de conexión, recibes reconocimiento e incluso puedes inspirar y motivar a otras personas. Formas de compartir tus logros de manera significativa:

Elige las personas adecuadas: Identifica personas en tu vida en las que confíes y con las que te sientas cómodo compartiendo tus victorias. Esto puede incluir amigos, familiares, compañeros de trabajo o miembros de grupos de apoyo.

Sé auténtico: Cuando compartas tus logros, sé auténtico sobre tus sentimientos y el esfuerzo que pusiste. Esto permite que los demás comprendan la importancia del hito alcanzado.

Comparte con grupos de apoyo: Si participas en grupos de apoyo, talleres o comunidades online relacionadas con tu objetivo, considera compartir tus logros en esos espacios. Estos entornos ofrecen un apoyo específico y comprensión para tus realizaciones.

Usa las redes sociales de forma positiva: Si te sientes cómodo con ello, compartir tus logros en las redes sociales puede ser una manera de llegar a un público más amplio. Asegúrate de mantener un tono positivo e inspirador en tus publicaciones.

Celebra en grupo: Organiza un encuentro con amigos o familiares para celebrar tus logros. Esto no solo refuerza tu sensación de realización, sino que también permite que los demás compartan tu alegría.

Inspira a los demás: Al compartir tus propias conquistas, puedes inspirar a los demás a perseguir sus objetivos y a celebrar sus propias victorias. Sé un modelo de motivación y positividad.

Recibe el apoyo de la comunidad: Al compartir tus logros, puedes recibir mensajes de apoyo, aliento y felicitaciones de los que te rodean. Esto puede impulsar tu motivación y autoestima.

Mantén una perspectiva equilibrada: Aunque es beneficioso compartir tus victorias, también es importante encontrar un equilibrio y no hacer de tus logros el foco central de todas las interacciones. Mantén una perspectiva respetuosa con los demás y esté dispuesto a escuchar sobre sus experiencias también.

Reconoce los logros de los demás: Así como compartes tus victorias, esté dispuesto a reconocer y celebrar los logros de los demás. Esto crea un ambiente de apoyo mutuo y fortalece los lazos interpersonales.

Al practicar estas estrategias, estás cultivando una mentalidad de celebración y apreciación. Cada paso adelante merece ser reconocido, independientemente del tamaño. Celebrar tus logros no solo fortalece tu autoestima, sino que también crea un ambiente positivo que impulsa tu crecimiento continuo.

Valorizando su viaje de automejora

El viaje de automejora es un camino de crecimiento personal y transformación. Valorar esta experiencia es fundamental para mantener una perspectiva positiva y motivadora. Aquí hay algunas formas de valorar su viaje de automejora:

Abrazando la imperfección

En su viaje de automejora, es esencial entender y aceptar que el crecimiento no ocurre de manera lineal o perfecta. Abrazar la imperfección implica adoptar una perspectiva realista y compasiva sobre sus experiencias y desafíos a lo largo del camino. Cómo abrazar la imperfección en su viaje:

Practica la autocompasión: En lugar de criticarte por cada error o contratiempo, cultiva la autocompasión. Trátese con la misma gentileza y compasión que le ofrecería a un amigo. Sepa que todos tienen momentos de dificultad y usted merece apoyo y aceptación, independientemente de los desafíos que enfrenta.

Vea los errores como oportunidades de aprendizaje: Cada error o desliz puede ser una oportunidad valiosa de aprendizaje. En lugar de sentirse derrotado por un error, reflexione sobre lo que puede aprender de él. Los errores a menudo ofrecen información valiosa para ajustar su enfoque y crecer.

Enfócate en el progreso, no en la perfección: En lugar de buscar la perfección absoluta, concéntrate en el progreso continuo. Celebra las pequeñas mejoras y los pasos hacia tus objetivos. Entiende que el crecimiento es un proceso gradual y acumulativo.

Acepta la fluidez del crecimiento: El crecimiento personal no es un destino final, sino una ruta continua. A medida que evolucionas, tus objetivos y prioridades pueden cambiar. Esté abierto a ajustar sus metas y estrategias a medida que gana nuevas perspectivas.

Cultiva la resiliencia: La resiliencia es la capacidad de recuperarse y adaptarse ante las adversidades. Desarrolla esta habilidad, entendiendo que los desafíos son parte integral del proceso de crecimiento. Vea las dificultades como oportunidades para fortalecer su resiliencia.

Practica la flexibilidad mental: La rigidez mental puede llevar a la frustración cuando las cosas no salen como se planearon. Cultiva la flexibilidad mental, esté dispuesto a adaptarse a los cambios y considere diferentes perspectivas para lidiar con los obstáculos.

Celebra el progreso, no la perfección: En lugar de buscar la perfección, celebra cada paso adelante, sin importar cuán pequeño sea. Reconocer y celebrar el progreso es una forma de valorar tu progreso.

Cultiva la paciencia: La transformación personal lleva tiempo. Cultiva la paciencia y entiende que los resultados significativos a menudo requieren consistencia y dedicación a lo largo del tiempo.

Abrazar la imperfección es una actitud empoderadora que le permite abordar su experiencia de crecimiento con compasión y resiliencia. Al aceptar los altibajos, está creando un espacio para el aprendizaje continuo y para el desarrollo de una mentalidad de crecimiento saludable. Recuerde que cada paso, sin importar cuán pequeño pueda parecer, es una parte importante de su viaje de automejora.

Autoaceptación

La autoaceptación es un componente fundamental del viaje de automejora y crecimiento personal. Implica acoger todas las partes de ti mismo, incluyendo tus cualidades positivas, características únicas e incluso las áreas que percibes como "fallas". Aquí hay algunas maneras de cultivar la autoaceptación en tu vida:

Practica la autocompasión: Trátate con gentileza y comprensión, especialmente cuando enfrentas desafíos o cometes errores. En lugar de criticarte severamente, practica la autocompasión, ofreciéndote a ti mismo el mismo apoyo y compasión que ofrecerías a un amigo querido.

Desafía la autocrítica destructiva: Identificar y cuestionar pensamientos autocríticos y autodespectivos. Muchas veces, somos nuestros propios críticos más severos. Sustituye esos pensamientos negativos por afirmaciones positivas y realistas sobre ti mismo.

Reconoce tu humanidad: Todos tienen imperfecciones y desafíos. Ser humano es una experiencia compleja que incluye altos y bajos. Acepta que es natural tener momentos de dificultad y que eso no disminuye tu valor como persona.

Cultiva la gratitud por tus cualidades: Reconoce tus cualidades, talentos y logros. Anota lo que te gusta de ti mismo y practica la gratitud por esas características. Esto ayuda a equilibrar las autocríticas con una apreciación genuina.

Libérate de la comparación social: Evita compararte con los demás, ya que esto puede socavar tu autoaceptación. Cada persona tiene un viaje único, con desafíos y victorias distintos. Concéntrate en tu propio progreso y crecimiento.

Practica el perdón, incluyéndote a ti mismo: Perdónate a ti mismo por errores pasados y por las veces en que no alcanzaste tus propias expectativas. El perdón te permite soltar el peso del auto juicio y moverte hacia una relación más saludable contigo mismo.

Cultiva una mentalidad de crecimiento: Adopta una mentalidad de crecimiento, donde ves los desafíos como oportunidades de aprendizaje y mejora. En lugar de fijarte en las áreas que consideras inadecuadas, concéntrate en cómo puedes crecer y desarrollar esas áreas.

Sé paciente contigo mismo: La autoaceptación es un proceso continuo. No esperes convertirte en perfecto de la noche a la mañana. Date a ti mismo el tiempo y el espacio para crecer, aprender y desarrollarte.

La autoaceptación es un acto de amor propio que crea una base sólida para el crecimiento y el desarrollo saludable. Al valorarte y reconocer tu propia singularidad, construyes una relación positiva contigo mismo, lo que influye positivamente en tu viaje de automejora.

Reflexionando sobre el progreso

La práctica de reflexionar sobre el progreso es una manera poderosa de conectarse con su viaje de automejora y valorar los cambios positivos que ha hecho. Aquí hay algunas maneras de incorporar la reflexión en su rutina:

Establecer un tiempo para la reflexión: Defina un horario regular para la reflexión, ya sea diariamente, semanalmente o mensualmente. Reserve un momento tranquilo para concentrarse en esta práctica.

Mantener un diario de reflexiones: Mantenga un diario dedicado a sus reflexiones de progreso. Anote los momentos de crecimiento, las realizaciones, los desafíos superados y los cambios positivos que ha observado.

Listar sus logros: Escriba una lista de las conquistas que ha alcanzado a lo largo del tiempo. Esto puede incluir metas alcanzadas, cambios de comportamiento, perspectivas ganadas y avances emocionales.

Registrar cambios de mentalidad: Evalúe cómo su mentalidad ha evolucionado desde el inicio de su trayectoria. Anote pensamientos autodestructivos que ha superado, creencias limitantes que ha desafiado y nuevas perspectivas que ha adquirido.

Celebrar las pequeñas victorias: Resalte las pequeñas victorias y realizaciones que tal vez hayan pasado desapercibidas. Esto puede incluir momentos de autorreflexión, elecciones saludables y la superación de desafíos del día a día.

Reconocer los cambios conductuales: Observe cómo sus comportamientos han cambiado a lo largo del tiempo. Esto puede estar relacionado con hábitos saludables, habilidades sociales mejoradas o maneras más eficaces de lidiar con el estrés.

Apreciar el bienestar emocional: Registre cómo sus emociones y bienestar general han mejorado. Puede ser una mayor sensación de tranquilidad, felicidad más frecuente o una aproximación más positiva ante los desafíos.

Evaluar los desafíos superados: Reflexione sobre los desafíos que ha enfrentado y superado. Anote cómo lidió con estos desafíos y las lecciones que aprendió de ellos.

Visualizar el futuro: Además de reflexionar sobre el progreso pasado, visualice el futuro que desea crear. Imagine cómo será la próxima fase de su historia y las realizaciones que espera alcanzar.

Ser amable consigo mismo: Recuerde que el camino de crecimiento siempre involucra altibajos. Si no está viendo el progreso que desea, sea amable consigo mismo y reconozca que el crecimiento lleva tiempo.

La práctica regular de reflexión sobre el progreso ayuda a mantener su viaje de automejora en perspectiva. Destaca sus realizaciones, refuerza su motivación y le permite seguir el rastro de los cambios positivos en su vida.

Mantener una mentalidad de aprendizaje

Tener una mentalidad de aprendizaje es fundamental para continuar su experiencia de crecimiento y automejora de manera saludable y productiva. Esto implica adoptar una mentalidad que valora el aprendizaje continuo, la resiliencia y la capacidad de transformar desafíos en oportunidades. Aquí hay algunas maneras de cultivar una mentalidad de aprendizaje:

Abrir-se a nuevas experiencias: Esté dispuesto a explorar nuevas situaciones y desafíos. Enfrentar lo desconocido como una oportunidad de aprendizaje expande su perspectiva y enriquece su historia.

Aprender de errores y fracasos: Vea los errores como oportunidades de crecimiento, en lugar de fracasos. Analice lo que salió mal, identifique lecciones valiosas y use esas experiencias para mejorar en el futuro.

Estar dispuesto a salir de la zona de confort: La zona de confort puede ser un obstáculo para el crecimiento. Acepte desafíos que lo empujen fuera de ese espacio, ya que es donde ocurre el mayor aprendizaje y desarrollo.

Cultivar la resiliencia: La resiliencia es la capacidad de recuperarse de los desafíos y adversidades. Cuando enfrenta dificultades, vea-las como oportunidades de desarrollar resiliencia y superar obstáculos.

Ser curioso y hacer preguntas: Desarrolle una actitud curiosa en relación con el mundo que lo rodea. Haga preguntas, busque conocimiento y explore diferentes perspectivas para expandir su comprensión.

Transformar desafíos en oportunidades: En lugar de sentirse derrotado por obstáculos, vea-los como oportunidades para encontrar soluciones creativas e innovadoras. Esto no solo le ayuda a superar problemas, sino que también desarrolla habilidades de resolución de problemas.

Aceptar la incertidumbre: La experiencia de aprendizaje es a menudo marcada por incertidumbres. En lugar de evitar la incertidumbre, acéptela como parte de la caminata y esté dispuesto a adaptarse a los cambios.

Buscar comentarios constructivos: Pida comentarios de personas confiables en su vida. Esté dispuesto a escuchar opiniones honestas y usar las críticas constructivas para ajustar su camino de crecimiento.

Definir metas de aprendizaje: Además de sus metas de desarrollo personal, defina metas específicas relacionadas con el aprendizaje. Esto puede incluir adquirir nuevas habilidades, aprender sobre temas de interés o explorar diferentes áreas de conocimiento.

Cultivar la paciencia: El aprendizaje y el crecimiento llevan tiempo. Tenga paciencia consigo mismo y con el proceso. Valore cada paso, incluso si es pequeño, y celebre el progreso a lo largo del camino.

Cultivar una mentalidad de aprendizaje no solo enriquece su jornada de automejora, sino que también lo capacita a enfrentar desafíos de manera constructiva y a continuar evolucionando a lo largo del tiempo.

Cultivar la resiliencia

La resiliencia es una cualidad esencial para navegar con éxito por el viaje de automejora. Se refiere a la capacidad de adaptarse y recuperarse ante adversidades, desafíos y situaciones difíciles. Cultivar la resiliencia es crucial para mantener la motivación y el compromiso a lo largo del tiempo. Aquí hay algunas estrategias para desarrollar la resiliencia en su experiencia de crecimiento personal:

Desarrollar una mentalidad positiva: Cultivar una mentalidad positiva ayuda a ver los desafíos como oportunidades de aprendizaje y crecimiento. Mantenga el foco en las soluciones en lugar de centrarse en los problemas.

Construir una red de apoyo: Tener una red de amigos, familiares o colegas en los que usted confía puede proporcionar apoyo emocional durante momentos difíciles. Compartir sus preocupaciones y desafíos puede aliviar la carga emocional.

Practicar la flexibilidad: Esté dispuesto a adaptarse a los cambios y ajustar sus enfoques según sea necesario. La flexibilidad le permite lidiar con diferentes situaciones de manera más eficaz.

Fortalecer la confianza en sí mismo: Desarrolle su confianza en sí mismo y su autoestima. Cuanto más seguro se sienta de sus habilidades y capacidades, más resiliente será ante los desafíos.

Aprender de la adversidad: Encare las adversidades como oportunidades de crecimiento y aprendizaje. Reflexione sobre cómo puede superar desafíos pasados y aplique esas lecciones a los desafíos presentes.

Practicar la autocompasión: Trátese con bondad y autocompasión. Reconozca que todos enfrentan momentos difíciles y que usted merece cuidado y gentileza, incluso durante los contratiempos.

Mantener el foco en el progreso: Concéntrese en el progreso que ya ha hecho, en lugar de fijarse en los obstáculos que enfrenta. Valore cada paso, incluso que sea pequeño, en dirección a sus objetivos.

Desarrollar habilidades de resolución de problemas: Mejore sus habilidades de resolución de problemas para lidiar de manera eficaz con los desafíos que surjan. Aborde los problemas con una mentalidad de solución y creatividad.

Mantener una rutina de autocuidado: Priorice el autocuidado físico, emocional y mental. Mantener una rutina saludable ayuda a construir una base sólida de resiliencia.

Cultivar la aceptación de la incertidumbre: Aceptar que no siempre podemos controlar todas las situaciones ayuda a lidiar mejor con la incertidumbre. La resiliencia se construye al enfrentar lo desconocido con calma y adaptabilidad.

Valorizar su viaje de automejora es una manera de honrarse y reconocer su esfuerzo continuo para convertirse en la mejor versión de sí mismo. Cada paso en dirección al crecimiento merece apreciación y celebración, ya que contribuye a la persona increíble que usted está convirtiéndose.

Manteniendo la motivación para seguir creciendo

Mantener la motivación a lo largo de su viaje de automejora es esencial para garantizar que siga creciendo y fortaleciéndose. Aquí hay algunas estrategias para mantener su motivación alta:

Definir nuevos objetivos

Después de alcanzar sus metas iniciales, es natural que desee continuar progresando y desarrollándose. Definir nuevos objetivos es una manera eficaz de mantener el impulso, el entusiasmo y la emoción en su camino de crecimiento personal. Aquí hay algunos consejos para definir y perseguir nuevos objetivos de manera efectiva:

Evalúe su progreso actual: Antes de definir nuevos objetivos, reserve un tiempo para evaluar su progreso hasta el momento. Reflexione sobre las realizaciones que ya ha logrado, las lecciones que ha aprendido y las áreas en las que desea seguir creciendo.

Sea específico y medible: Al definir nuevos objetivos, hágalos específicos y medibles. En lugar de simplemente decir "quiero mejorar mi salud", defina un objetivo como "quiero hacer ejercicio físico al menos tres veces por semana durante 30 minutos".

Manténgalos desafiantes, pero realistas: Defina metas que sean desafiantes lo suficiente para motivarlo, pero también realistas. Evite establecer objetivos que estén más allá de sus capacidades actuales, lo que puede conducir a la frustración.

Defina plazos tangibles: Establezca plazos claros para alcanzar sus nuevos objetivos. Tener un plazo tangible ayuda a mantener el enfoque y la determinación.

Divida en pasos más pequeños: Divida sus objetivos más grandes en etapas más pequeñas y alcanzables. Esto hace que el proceso sea más manejable y le permite realizar un seguimiento de su progreso de manera más efectiva.

Alinee con sus valores e intereses: Elija objetivos que estén alineados con sus valores, intereses y pasiones. Esto aumenta su motivación y hace que la historia sea más significativa.

Aprenda de metas anteriores: Considere lo que aprendió al alcanzar metas anteriores. Use esas lecciones para definir objetivos futuros de manera más efectiva y evitar trampas anteriores.

Manténgase flexible: Aunque es importante definir metas específicas, esté dispuesto a ajustarlas a medida que surjan nuevas información y circunstancias. La flexibilidad le permite adaptarse a los cambios.

Celebre las conquistas intermedias: A medida que avanza hacia sus nuevos objetivos, celebre las conquistas intermedias. Reconozca cada paso que da hacia su objetivo final.

Aprenda de los desafíos: Esté preparado para enfrentar desafíos en el camino. Vea cada obstáculo como una oportunidad de aprendizaje y crecimiento, y use esas experiencias para ajustar su enfoque según sea necesario.

Definir nuevos objetivos proporciona una dirección clara y una sensación de propósito continuo en su viaje de auto mejoramiento. A medida que avanza hacia estos objetivos, continúa creciendo, aprendiendo y evolucionando, transformándose en una versión aún más realizada de sí mismo.

Visualiza tu futuro

La práctica de la visualización es una herramienta poderosa para estimular tu motivación y enfoque en el camino continuo de crecimiento personal. Al imaginar vívidamente cómo te sentirás y lo que lograrás al seguir avanzando en tu trayectoria, creas una conexión emocional con tus objetivos y fortaleces tu determinación para alcanzarlos. Estrategias para mejorar tu capacidad de visualizar el futuro:

Imagina los detalles: Cierra los ojos e imagínate en el futuro, viviendo tus objetivos alcanzados. Concéntrate en detalles sensoriales, como colores, sonidos, texturas e incluso olores. Cuanto más vívida y realista sea tu visualización, más poderosa será tu motivación.

Explora las emociones: Además de imaginar los aspectos visuales, sumérgete en las emociones que experimentarás al alcanzar tus objetivos. Siente la satisfacción, la alegría y el orgullo que acompañan a tus logros. Esta conexión emocional aumenta tu compromiso.

Crea un escenario positivo: Visualiza un escenario en el que tus objetivos se alcancen con éxito. Evita pensar en obstáculos o dificultades en esta fase. Esto te permite concentrarte en las posibilidades positivas.

Sé específico: Al visualizar, sé específico sobre los detalles de lo que deseas alcanzar. Cuanto más claro seas sobre tus objetivos, más dirigida y eficaz será tu visualización.

Practica regularmente: Reserva un tiempo todos los días para practicar la visualización. Esto puede ser parte de tu rutina matutina o antes de dormir. Cuanto más practiques, más natural se vuelve y más eficaz será en aumentar tu motivación.

Usa el poder de las afirmaciones: Combina la visualización con afirmaciones positivas relacionadas con tus objetivos. Di a ti mismo frases como "Estoy avanzando hacia mis objetivos todos los días" o "Me estoy convirtiendo en la mejor versión de mí mismo cada día".

Crea un tablero de visualización: Crea un tablero de visualización o un panel visual que represente tus objetivos. Usa imágenes, palabras y citas que inspiren y te recuerden tu visión para el futuro.

Practica la visualización guiada: Si lo prefieres, puedes usar recursos de visualización guiada, como audios o videos, para ayudarte a orientar tu práctica. Esto puede ser especialmente útil para principiantes en la técnica de visualización.

Sé flexible y abierto: Todo puede evolucionar y cambiar con el tiempo. Esté abierto a ajustar tu visualización a medida que surjan nuevos perspectivas y objetivos.

La visualización no solo aumenta tu motivación, sino que también crea una mentalidad positiva y orientada al éxito. A medida que te conectas regularmente con tu visión de futuro, construyes una base sólida para persistir en tu camino de crecimiento y alcanzar tus objetivos con determinación renovada.

Recuerde su progreso

Recordar el progreso que ya ha logrado a lo largo de su viaje de auto mejoramiento es una manera poderosa de mantener su motivación e impulso. A menudo, cuando estamos enfocados en nuestros objetivos futuros, podemos olvidar lo mucho que ya hemos conquistado. Recordar su progreso anterior puede renovar su confianza en sí mismo y recordarle lo lejos que ha llegado. Estrategias para recordar y celebrar su progreso:

Mantenga un registro: Mantenga un registro o diario de sus logros, realizaciones e hitos a lo largo del tiempo. Puede ser tan simple como enumerar las cosas que ha superado, los obstáculos que ha enfrentado y los cambios positivos que ha percibido. Esto sirve como un recordatorio tangible de cuánto ha progresado.

Compare con el pasado: Compare su situación actual con lo que era antes de comenzar su viaje de autoperfeccionamiento. Reflexione sobre los cambios positivos en su mentalidad, comportamientos, relaciones y calidad de vida. Esto puede darle una nueva perspectiva sobre cuánto ha crecido.

Recuerdo de desafíos superados: Piense en los desafíos que ha enfrentado y superado a lo largo del camino. Recuerde cómo se sintió al enfrentarlos y cómo se sintió después de superarlos. Estos recuerdos pueden fortalecer su determinación para enfrentar los desafíos futuros.

Haga una evaluación regular: Tómese un tiempo regularmente para evaluar su progreso. Esto puede ser mensual, trimestral o anual. Analice sus metas, objetivos alcanzados, lecciones aprendidas y áreas donde aún desea crecer.

Celebre los hitos: Celebre cada hito significativo a lo largo del camino. Esto puede ser algo tan simple como completar un curso, mejorar un hábito o lidiar con una situación desafiante de manera saludable. Reconocer estas victorias ayuda a mantener su motivación alta.

Comparta con otros: Comparta su progreso con amigos, familiares o grupos de apoyo. Contar la historia de su progreso no solo le da una oportunidad de celebrar, sino que también inspira a los demás en sus propias historias.

Cultive un sentido de orgullo: Permita que se sienta orgulloso del trabajo que ha invertido en su caminata de crecimiento. Reconozca que cada paso, por pequeño que sea, es una conquista digna de reconocimiento.

Revise sus metas: A medida que revise sus metas, observe cómo han cambiado a lo largo del tiempo. Esto demuestra su adaptación y progreso continuo. Puede sorprenderse de lo lejos que ha llegado.

Use el progreso como motivación: Use las memorias de su progreso anterior como una fuente de motivación cuando se enfrente a desafíos actuales. Recuerde cómo superó desafíos similares en el pasado y use esa confianza para enfrentar el presente.

Ser consciente del progreso que ya ha logrado no solo refuerza su confianza en sí mismo, sino que también ayuda a mantener la perspectiva positiva necesaria para seguir creciendo y fortaleciéndose. A cada paso que recuerda, fortalece su sentido de realización y fortalece su determinación para seguir avanzando.

Crea una rutina de autocuidado

Priorizar el autocuidado en su rutina diaria es esencial para sostener su viaje de auto mejoramiento a largo plazo. Una rutina saludable y equilibrada no solo mantiene su energía y motivación, sino que también fortalece su capacidad de lidiar con desafíos y mantenerse enfocado en sus objetivos. Estrategias para crear una rutina de autocuidado eficaz:

Practica la atención plena (Mindfulness): Incorpora la atención plena en tu rutina diaria. Reserva unos minutos para concentrarte en el presente, observar tus pensamientos y emociones sin juicio. La atención plena ayuda a reducir el estrés, aumentar la conciencia y mejorar la capacidad de lidiar con las demandas del día a día.

Ejercítate regularmente: La actividad física regular no solo mejora tu salud física, sino que también tiene un impacto positivo en tu salud mental. Elige una forma de ejercicio que te guste y que sea sostenible a largo plazo. Esto puede ser caminar, correr, nadar, practicar yoga o cualquier otra actividad que te motive.

Prioriza el sueño de calidad: El sueño adecuado es fundamental para tu bienestar general. Establece una rutina de sueño consistente, crea un ambiente propicio para dormir y reserva tiempo para relajarte antes de dormir. El sueño de calidad ayuda a recargar tu energía, mejorar el enfoque y regular el estado de ánimo.

Aliméntate de forma saludable: Una alimentación equilibrada y nutritiva proporciona la energía y los nutrientes necesarios para sustentar tu mente y cuerpo. Incluye una variedad de alimentos frescos, vegetales, proteínas magras y granos integrales en tus comidas. Evita el consumo excesivo de azúcar y alimentos procesados.

Cultiva relaciones positivas: Nuestras relaciones tienen un impacto significativo en nuestro bienestar emocional. Mantén conexiones saludables y significativas con amigos, familiares y seres queridos. Reserva tiempo para interacciones sociales y construye relaciones que te apoyen en tu camino de crecimiento.

Reserva tiempo para el ocio: No te olvides de reservar tiempo para actividades de ocio que te traigan alegría y relajación. Esto puede ser leer un libro, ver una película, practicar un pasatiempo, escuchar música o pasar tiempo en la naturaleza. El ocio ayuda a recargar tus energías y aumentar tu creatividad.

Practica la gestión del estrés: Aprende técnicas de gestión del estrés, como la respiración profunda, la meditación y el relajamiento muscular progresivo. Estas prácticas ayudan a reducir los niveles de estrés y a aumentar tu capacidad de lidiar con desafíos.

Define límites saludables: Aprende a decir "no" y establece límites claros para el tiempo que dedicas al trabajo, actividades sociales y otras demandas. Definir límites saludables ayuda a evitar el agotamiento y preserva tu energía.

Practica la autorreflexión: Reserva un tiempo regular para reflexionar sobre tus emociones, pensamientos y metas. La autorreflexión ayuda a mantener el foco en tus objetivos y a identificar áreas que necesitan ajustes.

Sé amable contigo mismo: Trátate con compasión y gentileza. No te exijas la perfección y permítete cometer errores. El autocuidado también implica ser tu propio defensor y cuidar de ti mismo con cariño.

Crear una rutina de autocuidado no solo mejora tu salud mental y física, sino que también construye la base necesaria para sostener tu progreso a largo plazo. Una rutina equilibrada y saludable te ayuda a mantenerte motivado, energizado y listo para enfrentar los desafíos con resiliencia.

Busca inspiración

Buscar inspiración externa es una manera poderosa de mantenerte motivado y revigorado en tu viaje de auto mejoramiento. Al aprender de los éxitos y experiencias de otras personas, puedes ganar nuevas perspectivas, ideas y abordajes para enfrentar desafíos y alcanzar tus objetivos. Formas de buscar inspiración:

Lectura: La lectura es una forma valiosa de expandir tus horizontes y adquirir nuevos conocimientos. Lee libros relacionados con los temas que estás interesado en mejorar. Esto puede incluir libros de autoayuda, biografías inspiradoras, ficción motivacional y literatura que promueva el crecimiento personal.

Podcasts: Los podcasts son una forma conveniente de acceder a información inspiradora mientras realizas otras actividades, como conducir, hacer ejercicio o realizar tareas domésticas. Busca podcasts que aborden temas de desarrollo personal, éxito, superación de desafíos y motivación.

Conferencias y Ted Talks: Ver conferencias, conferencias y Ted Talks en línea es una excelente manera de escuchar a líderes, expertos e individuos inspiradores compartiendo sus historias y perspectivas. Muchos de estos eventos están disponibles de forma gratuita en internet y pueden ofrecer una dosis valiosa de motivación.

Vídeos inspiradores: Plataformas de intercambio de vídeo, como YouTube, ofrecen una amplia gama de vídeos inspiradores. Busca vídeos de conferencias motivacionales, historias de superación y testimonios de personas que han alcanzado el éxito en sus áreas.

Sigue a personas inspiradoras: En las redes sociales, puedes seguir a personas que comparten mensajes inspiradores, consejos de desarrollo personal e historias de éxito. Esto puede hacerse siguiendo perfiles de autores, conferencistas motivacionales, coaches y otros influenciadores que resuenan con tus intereses.

Comparte experiencias: Participa en grupos de apoyo o comunidades en línea donde las personas comparten sus experiencias, desafíos y éxitos en sus jornadas de auto mejoramiento. Estas interacciones pueden ofrecer perspectivas preciosas y crear un sentido de camaradería.

Mentorías y networking: Establece conexiones con personas que están más adelante en sus propias experiencias de crecimiento. Mentores y contactos profesionales pueden proporcionar orientación, compartir sus historias de éxito y ofrecer consejos prácticos.

Participación en eventos: Participa en workshops, seminarios y eventos en vivo relacionados con el desarrollo personal y profesional. La interacción personal y la oportunidad de conocer a conferencistas inspiradores pueden reforzar tu motivación.

Mantén una mente abierta: Sé abierto a aprender de diferentes fuentes y perspectivas. No todas las fuentes de inspiración necesitan estar directamente relacionadas con tus objetivos; a menudo, las mejores ideas vienen de lugares inesperados.

Conciencia de que la jornada de auto mejoramiento es continua y única para cada individuo. Al reconocer y celebrar tus conquistas, valorar tu trayectoria y mantenerte motivado, estás creando un ciclo positivo de crecimiento y bienestar. Cada paso es una victoria y cada desafío es una oportunidad para fortalecer tu resiliencia y sabiduría. Felicitaciones por invertir en ti mismo y por todo lo que ya has logrado. Tu historia está apenas comenzando, y el potencial para crecimiento es infinito.

14

ABRAZA UN FUTURO EMPODERADO

El futuro es una tela en blanco; tú eres el pintor de tu camino.

Mientras continúas tu viaje de auto mejoramiento, es importante mirar hacia el futuro con esperanza, confianza y una sensación de empoderamiento. Cada paso que has dado hacia el crecimiento personal te ha traído más cerca de una vida más gratificante y significativa. En este capítulo final, exploraremos cómo abrazar un futuro empoderado, recordar la importancia del amor propio y ofrecer consejos finales para mantener una vida emocionalmente saludable y equilibrada.

Mirando hacia adelante con esperanza y confianza

Al reflexionar sobre tu trayectoria hasta ahora, es esencial mirar hacia el futuro con esperanza y confianza. Ya has superado desafíos, alcanzado metas y crecido de maneras que quizás ni siquiera imaginabas que fueran posibles. Recuerda que el progreso es continuo, y cada nuevo día trae la oportunidad de aprender, crecer y evolucionar aún más. Mantén tu visión en tus me-tas y visualiza el éxito que deseas alcanzar.

Cultiva una mentalidad de posibilidades y esté abierto a nuevas experiencias. Cree en tu capacidad de superar obstáculos y lidiar con lo desconocido. La vida es un desafío repleto de altos y bajos, y tu capacidad de enfrentarlos con resiliencia y optimismo es una fuerza poderosa. Al abrazar el futuro con esperanza, creas un terreno fértil para el crecimiento continuo y la realización de tus objetivos.

Recordatorio final sobre la importancia continua del amor propio

A medida que avanzas hacia un futuro empoderado, es fundamental recordarte la importancia continua del amor propio. El amor propio es la base de todo tu crecimiento personal. Nutre tu autoestima, construye tu resiliencia emocional y fortalece tu capacidad de enfrentar desafíos con confianza.

Practica la autocompasión, especialmente en los momentos de dificultad. Trátate con gentileza, como harías con un amigo querido. Reconoce tus logros, por menores que sean, y valora quien eres, independientemente de las imperfecciones. El viaje de superación personal no se trata de alcanzar la perfección, sino sobre crecer, aprender y ser la mejor versión de ti mismo.

Ten en cuenta que cuidar de ti mismo no es egoísmo, sino una necesidad. Prioriza tu bienestar emocional, físico y mental. Establece límites saludables y sepa cuándo pedir ayuda. El amor propio es un compromiso continuo contigo mismo, y al cultivarlo, estarás fortaleciendo la base para un futuro empoderado y gratificante.

Consejos finales para mantener una vida emocional sana y equilibrada

A medida que concluyes este viaje de auto amejoramiento, aquí hay algunos consejos finales para mantener una vida emocional sana y equilibrada:

Practica el autocuidado regularmente

Mantén una rutina de autocuidado que incluya actividades que nutran tu mente, cuerpo y alma. Esto puede incluir ejercicio, meditación, lectura, pasatiempos, tiempo con amigos y familiares, o cualquier cosa que te rejuvenezca.

Cuida tus relaciones

Nuestras conexiones interpersonales desempeñan un papel fundamental en nuestra salud emocional. Mantén relaciones sanas y nutridas, comunicándote de manera abierta y respetuosa. Sé presente para los demás y permite que ellos también sean presentes para ti.

Define límites y di no cuando sea necesario

Aprende a decir no cuando algo no está alineado con tus necesidades y objetivos. Respetar tus propios límites es una forma de autocompasión.

Practica la gratitud regularmente

Continúa practicando la gratitud diariamente. Recuerda las cosas por las que estás agradecido y reconoce los aspectos positivos de tu vida, incluso en los momentos más desafiantes.

Encuentra tiempo para la alegría

Incorpora momentos de alegría en tu vida diaria. Haz cosas que te hagan sonreír, reír y sentirte vivo. La alegría es una parte esencial de tu viaje de bienestar.

Aprende del pasado, vive el presente y planifica el futuro

Mira tus experiencias pasadas como oportunidades de aprendizaje. Vive el momento presente con atención plena e intención. Al mismo tiempo, haz planes y metas realistas para el futuro.

Sé amable contigo mismo

Ten en cuenta que eres humano y estás en constante evolución. No te critiques por fallas o momentos difíciles. Trate-te con la misma compasión que mostrarías a un amigo.

Busca ayuda profesional

Si estás enfrentando desafíos emocionales complejos, no dudes en buscar ayuda de un terapeuta, consejero o profesional de la salud mental. Pedir ayuda es un signo de fuerza, no de debilidad.

Celebra tu progreso

No olvides celebrar todas las victorias, grandes y pequeñas, a lo largo del camino. Cada paso en dirección al crecimiento es una conquista digna de reconocimiento y celebración.

A medida que abrazas un futuro empoderado, recuerda que eres el autor de tu propia historia. Su viaje de superación personal es única y valiosa. Con amor propio, determinación y las herramientas que has adquirido a lo largo de este proceso, estás preparado para enfrentar cualquier desafío y crear una vida emocional sana y significativa. Que tu caminata sea una fuente continua de crecimiento, realización y alegría.

CONCLUSIÓN

A medida que llegamos al final de este viaje a través de las páginas de "Curación de La Dependencia Emocional", es natural reflexionar sobre lo que se ha explorado a lo largo de esta experiencia de autodescubrimiento y crecimiento. Esta obra fue creada con la intención de ofrecer una visión integral sobre la dependencia emocional, proporcionando perspectivas, herramientas y orientaciones para ayudar en la búsqueda de una vida más saludable, equilibrada y auténtica.

Conocimos los fundamentos de la dependencia emocional, desentrañando sus orígenes y efectos en nuestras vidas. A lo largo de este libro, nos sumergimos en las raíces de las relaciones disfuncionales y los patrones repetitivos, abriendo espacio para la autocompasión y la transformación. Reconocemos la importancia de cultivar una relación sana consigo mismo como base para cualquier relación externa.

El camino hacia la independencia emocional implica el entendimiento de nuestras necesidades, límites y valores individuales. Aprendemos que el amor propio es el ancla que nos mantiene firmes mientras navegamos por las aguas de la vida, independientemente de las mareas de las relaciones pasadas o presentes.

Al explorar estrategias para construir relaciones más saludables y equilibradas, descubrimos la importancia de expresar nuestras emociones y necesidades de manera clara y respetuosa. Aprendemos a establecer límites que honran nuestro bienestar emocional y a cultivar conexiones que se basan en el respeto mutuo y la reciprocidad.

"Curación de La Dependencia Emocional" es un recordatorio constante de que el camino hacia la independencia emocional es una búsqueda continua. Cada día es una oportunidad para aplicar el aprendizaje y las estrategias adquiridas para construir una vida más saludable y gratificante. A medida que cerramos este libro, entienda que usted es el protagonista de su historia, capacitado para crear cambios significativos en su vida.

Al mirar hacia el futuro con esperanza y confianza, sepa que la senda de autodescubrimiento y crecimiento es infinita. Abrase su poder interior, alimente su amor propio y recuerde que, incluso en los momentos desafiantes, usted posee las herramientas necesarias para recorrer un camino de sanación y transformación. Que su trayectoria esté marcada por la autenticidad, el crecimiento y una profunda conexión consigo mismo.

Le dejo con un sincero deseo de paz, alegría y realización en su historia. Que encuentre la fuerza para enfrentar los desafíos, la sabiduría para buscar ayuda cuando sea necesario y el coraje para abrazar cada nuevo comienzo con optimismo y esperanza.

Con gratitud,

Leonardo Tavares

ACERCA DEL AUTOR

Leonardo Tavares es un hombre que lleva consigo no solo el equipaje de la vida, sino también la sabiduría adquirida al enfrentar las tempestades que ella trajo. Viudo y padre dedicado de una encantadora niña, comprendió que el viaje de la existencia está repleto de altibajos, una sinfonía de momentos que moldean nuestra esencia.

Con una vivacidad que trasciende su juventud, Leonardo enfrentó desafíos terribles, navegó por fases difíciles y enfrentó días sombríos. Aunque el dolor fue un compañero en su camino, transformó esas experiencias en peldaños que lo impulsaron a alcanzar un nivel de serenidad y resiliencia.

El autor de obras de autoayuda notables, como los libros "Ansiedad S.A.", "Combatiendo la Depresión", "Curación de la Dependencia Emocional", "Derrotando el Burnout", "Enfrentando el Fracaso", "Encontrando el Amor de tu Vida", "Sobreviviendo al Duelo", "Superando la Ruptura" y "¿Cuál es Mi Propósito?", encontró en la escritura el vehículo para compartir sus lecciones de vida y transmitir la fuerza que descubrió dentro de sí. A través de su escritura clara y precisa, Leonardo ayuda a sus lectores a encontrar fuerza, coraje y esperanza en momentos de profunda tristeza.

Ayuda a otras personas compartiendo sus obras.

BIBLIOGRAFÍA

American Psychological Association. (2020). Mental health. Em American Psychological Association (Ed.), The road to resilience: Navigating life's challenges (pp. 13-37). Washington, DC: American Psychological Association.
Bard, J. L., & Schwartz, J. E. (2021). The psychology of resilience: A new era of understanding. New York, NY: Guilford Press.
Bradshaw, J. J. (2006). Healing the shame that binds you. Deerfield Beach, FL: Health Communications.
Carnes, P. J. (2007). The betrayal bond: Breaking the cycle of addiction, codependency, and abuse. Deerfield Beach, FL: Health Communications.
Chou, E., & Goldston, D. B. (2010). Codependency: What it is and how to overcome it. New York, NY: Guilford Press.
Clifton, D. O., & Nelson, J. (2014). Positive psychology alive: Practical exercises for building resilience, compassion and well-being. Oakland, CA: New Harbinger Publications.
Covey, S. R. (1989). The 7 Habits of Highly Effective People. New York: Fireside. National Association for Sport and Physical Education.
Gratz, K. L., & Tull, M. T. (2011). The mindful self-compassion workbook: A guide to finding inner peace. Oakland, CA: New Harbinger Publications.
Kaufman, G. (2005). Shame: The power of owning your story. New York, NY: HarperCollins.
Mckay, M., Rogers, P. D., & McKay, J. (2013). Self-esteem: A proven program of cognitive behavioral techniques for assessing, improving, and maintaining your self-esteem. Oakland, CA: New Harbinger Publications.
Melody, P. (1992). Facing codependency: What it is, where it comes from, how to recover. New York, NY: Harper & Row.

LEONARDO TAVARES

Curación de la
dependencia emocional

www.ingramcontent.com/pod-product-compliance
Lightning Source LLC
LaVergne TN
LVHW041743060526
838201LV00046B/899